최신서양조리

(양식조리기능사 자격증 실기 수록)

박 정 준

창지사

머 리 말

현대사회는 인간의 다양성 추구와 더불어 독자적인 개인 가치관을 추구하는 현상을 보이고 있다. 특히 21세기 정보화 사회는 단순한 지식을 전달하는 관점에서 벗어나 모든 사람이 보편적으로 가치인식이 가능하고 공유할 수 있는 실용적인 지식을 필요로 한다. 작지만 강한 호텔 레스토랑과 외식기업도 이 같은 실용 지식을 갖춘 유능한 인재채용에 성패가 달려 있다고 한다. 그리고 트렌드를 잘 반영한 호텔 레스토랑은 누구나 벤치마킹하기를 원한다. 레스토랑 영업 활동의 증인은 그곳의 매출 숫자를 보면 경영이 보인다고 한다.

당신의 레스토랑 비즈니스를 최고의 레벨로 끌어올리는 전략이 필요하다. 끊임없는 변화와 극심한 글로벌 경쟁, 피할 수 없는 혁신의 경쟁 세계에서 성장의 느림보들이 레스토랑 비즈니스에 뒤처지지 않고 앞서갈 수 있는 방법은 무엇일까? 누구나 생각해 보게 된다. 이 책은 성장 추진 프로세스의 구체적인 단계와 혁신 역량 개발 방법을 안내하면서 레스토랑 성장 잠재력을 최대한 발휘할 수 있도록 비즈니스 노하우를 알려주는 책으로 엮고 싶다.

이 책은 호텔 레스토랑 경영 오너나 총 주방장, 주방장 등 최고경영자를 위한 경영정보의 지식충전소 역할을 한다. 총 주방장은 최고경영자로서 다양한 경영지식과 이노베이션을 만나게 된다. 공부하는 직장인이 창의적인 성장을 이끈다고 한다. 세계경영연구원에서 제시한 CEO가 꼭 알아야 할 경영의 7가지 핵심 포인트는 창조경영 능력, 가치경영 능력, 소통 능력, 인재개발 능력, 마케팅 능력, 위기관리 능력, 재무·회계 관리 능력 등으로 우리는 이를 꼭 참고해야 한다.

레스토랑 비즈니스는 자기가 수용할 수 있는 핵심 역량을 찾아내고, 확장하고, 진화시켜야 한다. 그리고 요즘은 소비자 권력이 시장을 지배하고 주도하는 시대에 진입했다고 할 수 있다. 우리는 이 소비자 권력에 능동적으로 대처하며 고객의 서비스 품질을 업그레이드 해야 한다. 레스토랑 최고경영자는 지속가능한 경영전략을 짜서 소비자 권력의 위험에 노출되는 것을 최소화시켜야 한다.

요리사는 자기 정답을 고집하지 말아야 한다고 한다. 잘 듣는 것도 요리사의 덕목이다. 그래야 불확실성을 타개할 수 있는 길이 보인다.

이 책은 저자가 특급호텔 현장과 조리교육 현장에서 발굴한 경험과 사례, 이론을 알기 쉽고 체계적으로 소개한다. 요리는 끝없이 단련하고 수행해야 하는 것이다. 서양요리의 기초는 프랑스요리를 바탕으로 한다. 우리는 선진국의 외식현장 사례 등을 통해 다양한 상황에 대처하는 지혜를 갖추어야 한다.

또 호텔 레스토랑 경영도 사회구조의 현상 변화에 따라 사업구조 혁신, 조직구조 혁신, 수익구조 혁신, 기업문화 혁신 등 혁신과제를 제시하면서 운영하는 방법론이 필요한 시점이다. 총 주방장, 주방장, 부문별 책임자, 오너 경영자들은 업무수행이 힘들수록 더 배워야 한다는 기치 아래 내 가치를 높여 재도약의 밑천으로 삼아야 한다.

이 책은 국가직무능력표준(NCS)에 기반한 내용을 충실히 담은 양식조리기능사 실기시험 콘텐츠로, 총 3부로 꾸며져 있다. 책의 모든 이야기가 요리를 만드는 여러분에게 디딤돌 역할을 할 수 있길 바란다.

끝으로 이 책이 출판되기까지 도와주신 도서출판 창지사 김기섭 사장님과 이윤희 과장님, 나영주 과장님을 비롯한 모든 임직원에게 심심한 감사의 말을 전한다.

2018년 2월

저자 박정준

계량단위 약자와 미터법

계량단위	약자	미터법
• teaspoon	ts	5cc = 5ml
• Tablespoon	Ts	15cc = 3ts = 15ml
• Cup	C	240cc = 200ml = 0.24l
• Pint	pt	2cup
• Quart	qt	4cup
• Gallon	gal	16cup = 128fl.oz = 4l
• Gram	g	
• Milliliter	ml	
• Liter	lt	
• Ounce	oz	28.35grams
• Fluid Ounce	fl.oz	
• Pound	lb	454grams
• Kilogram	kg	2.2pound
• Dash	ds	1/8teaspoon
• Each	ea	
• Inch		2.54centimeter

온도 변환 환산법

– 섭씨(℃)를 바꾸는 공식 = 5/9×(℉−32)
– 화씨(℉)를 바꾸는 공식 = 9/5×(℃+32)

온도 표시 비교 수치

분류 구분	섭씨(℃)	화씨(℉)
Cool (차가운 온도)	140℃	275℉
Warm (따뜻한 온도)	150℃	300℉
Moderate (적당한 보통 온도)	170~190℃	325~375℉
Moderate Hot (적당한 뜨거운 온도)	200℃	400℉
Hot (뜨거운 온도)	220℃	425℉
Very Hot (아주 뜨거운 온도)	230~240℃	450~500℉

조리온도 측정 기준

섭씨(℃)		화씨(℉)
• 0℃	물이 얼기 시작하는 온도 (Freezing)	32℉
• 82℃	스톡을 끓이는 온도 (Simmering, Poaching)	180℉
• 100℃	물이 끓는 온도 (Boiling)	212℉
• 116℃	설탕시럽이 끓기 시작하는 온도	240℉
• 127℃	설탕시럽에 방울이 생기는 온도	260℉
• 147℃	설탕시럽이 농도가 생기는 온도	300℉
• 170℃	설탕시럽이 갈색으로(카라멜화) 되는 온도	338℉

목 차

제 1 부 서양조리의 개론

제 2 부 서양조리의 응용요리 레시피 실제

제 3 부 서양조리기능사 실기시험 문제

제1부

서양조리의 개론

1장 서양조리의 역사적 배경

서양요리는 일반적으로 미국요리를 가리키는 경우가 종종 있으나 사실 그 요리의 근본은 프랑스요리에 기초를 두고 있다. 서양요리가 우리나라에 전래된 것은 대체로 일제 식민지 때 일본식 서양요리가 도입되었고 또 해방 이후에 미군이 주둔하면서 미군 내 클럽 하우스에서 도입되었다고도 할 수가 있다. 따라서 서양요리는 프랑스, 미국, 영국, 독일, 스위스, 이탈리아, 스페인, 헝가리, 체코, 불가리아, 폴란드 등 서구 여러 나라에서 각 지방의 향토 음식의 형태로 나타나고 있다.

서양요리의 기본적 조리법은 프랑스요리에 그 바탕을 두고 발전되어 왔으며 이 프랑스요리의 원천은 고대 로마에서 전래되었다고 문헌에 기록되어 있다.

아울러 서양요리가 프랑스요리에 근본 바탕을 두고 있는 것는 여러 가지 측면에서 이해될 수 있다.

우선 프랑스는 역사적으로 정치, 경제, 문화, 예술, 전통 등을 중시하는 유럽의 중심지였다. 독일, 스페인, 이탈리아, 스위스, 헝가리, 폴란드 등의 주변 지리적 환경으로 말미암아 문화적, 경제적, 예술적 교류가 쉽게 이루어졌고, 전 국토가 기후 환경과 기름진 평야로 되어 있어서 요리의 필수 식재료인 유제품, 버터, 와인, 특수재료들을 풍부하고 다양하게 획득할 수가 있었다. 훌륭하고 탁월한 요리를 개발할 수 있도록 천혜의 자연환경 혜택을 받은 나라라고 할 수 있다. 또한 프랑스 국민들의 요리에 대한 열렬한 국민성과 자긍심, 예술적 감각, 왕성한 식도락가적 기질에서 기인한다고 할 수 있다.

따라서 프랑스요리의 발전 과정을 알면 서양요리를 이해하는데 큰 도움이 된다. 그 역사적 세기별 과정은 다음과 같은 요리문헌 기록들에 나와 있다.

12세기 이전에는 끓여서 먹는 조리법에 익숙하지 않았기 때문에 구워서 먹는 요리와 삶은 야채를 주로 먹었다. 따라서 그 당시 주방에는 긴 쇠꼬챙이를 이용해 굽는 장치와 냄비를 올릴 수 있는 화로가 고작이었다.

13세기에 들어서면서 건축가들에 의해 주방에 조리대가 설치되고 부뚜막 형태의 구조물도 갖춰지기 시작했다.

14세기 이후에는 조리기술 중 소스가 개발되어 요리에 소스를 사용하는 것이 최고의 으뜸으로 평가되기 시작했다. 이 시대의 대 연회에서는 화려한 요리가 제공되었는데 이 시기부터 주방 시설물의 필요성에 따라 시설 확충은 물론 조리도구와 기구도 매우 다양하게 개발되기 시작하였다.

15세기에는 요리의 다양화와 일반화가 이루어졌는데 타이방(Taillevent)의 저서 『르 비앙디에(*Le Viandier*)』를 보면 이 시대 요리의 실제와 식생활 식습관에 대한 모든 것이 서술되어 있다. 그 내용을 소개하면 다음과 같다.

포타지(Potage)는 보통 우유를 끓여 꿀과 샤프랑 향, 와인을 넣고 여기에 달걀 노른자와 버터를 첨가하여 만들었다. 또한 쌀로 만든 포타지와 다양한 야채와 과일을 이용한 퓌레(Puree)가 만들어졌다. 이런 요리는 프랑스 서남부 베아른 지방 특유의 수프요리인 가브레스(Garbures)와 같은 것으로 그 속에 슈페(Soupes)라는 빵을 잘라 넣어 먹었다.

16세기에는 프랑수와 1세 치하에서 요리기술이 더욱 발전하고 번창하여 갔다. 르네상스의 세련된 문화와 예술미가 요리에까지 파급되어 요리가 예술의 경지에까지 이르기 시작하였다.

17세기에는 국왕 앙리 2세와 왕후 카트린느 드 메디시스(Gatherine de Medicis)가 혼인해 다양한 향신료로 맛과 풍미를 자랑하는 이탈리아 명가 메디시스(Medicis)가의 영향을 받아 더욱 요리가 발전하게 되었다는 문헌 기록들이 있다.

루이 13세(1601~1643) 시대에는 새로운 요리법칙과 다양한 조리법을 체계적으로 기술해 놓은 요리책이 1651년 베레네(Varenne)에 의해서 간행되었는데 이것이 『큐진 프랑세스(*Cuisinier Francais*)』라는 요리책이다.

루이 14세와 루이 15세 시대부터는 프랑스요리가 한층 더 발전하였고 프랑스요리에 지명, 사람이름, 왕실명, 요리 개발자, 유명인, 유명 식당 등 요리 명칭을 다양하게 붙이는 것이 유행하였다.

그리고 루이 15세 때에는 왕비가 정해지면 보우치스(Bouchees)의 여왕풍이라고 요리에 명명하는 등 유명 요리에 이름을 붙인 사례가 빈번하게 이루어졌다.

또한 이 시대에는 유명 요리장인 마리 앙투안 카렘(Marie-Antoine Carême)이 나타났다. 그는 빵 만드는 기술자로 시작하여 당대의 세계 최고 유명 요리장이 되었고 그 유명세는 러시아 황실에도 알려져 초대를 받아 오랫동안 요리 봉사를 할 정도였다고 한다. 그는 19세기에 요리책을 내기도 하는 등 프랑스요리 발전에 지대한 공헌을 하였다.

루이 16세 초기에는 새 조리방법을 개발하여 대 연회장 메뉴를 보다 세련되고 읽기 좋고 선택하기 좋도록 만들었다. 따라서 요리 메뉴가 더욱 합리적으로 구성되어 한층 화려함과 우아함, 세련됨을 갖추게 되었다.

이 시기에 프랑스요리 발전에 많은 기여를 한 사람들이 있었는데 부리야 사바랑(Briiat Savarin)은 『미각의 철학(*Physoilogie de Goat*)』이란 요리책으로 유명하였고, 알렉산드르 듀마스(Alexandre Dumas)는 『요리대사전(*Le grand Dictionaire*)』을 1893년에 저술하였다. 이 요리장들은 19세기까지 계속 유명세를 이어갔다.

19세기 초에는 주방의 모양새가 근사하게 갖추어지기 시작하였는데, 빅토르 위고는 이 시기의 주방을 "주방은 하나의 세계이며 스토브는 태양이다."라고 비유하기도 했다.

20세기에 들어오면서 조르주 오귀스트 에스코피에(George Auguste Escoffier)라는 세계적 명 요리장이 이전까지의 프랑스요리를 체계적으로 잘 정리하여 현재의 기초가 되는 프랑스요리를 완성하였다. 그는 20세기 최고의 명 요리장으로서 조리 지침서인 『요리의 길잡이(*Le guide culinaire*)』도 저술하였다.

프랑스요리는 이와 같은 오랜 역사 속에서 많은 요리장들의 피나는 노력을 통해 만들어졌으며 현재까지 서양요리의 근간을 이루고 있다.

프랑스요리의 특징을 보면 다른 나라 요리에 비하여 뛰어난 소스를 많이 개발하였는데, 소스의 종류가 대략 500여 가시에 달하는 것으로 알려져 있다. 그 중 한 가지인 폰드 뷰(Fond de Veau) 소스를 만드는 데는 1주일에서 10일 이상이 걸린다. 농축시켜서 만드는 조리법이 사용되는데 다른 어떤 나라에서도 그 유래를 찾아 볼 수가 없다. 이 소스를 기본 바탕으로 와인, 리큐르, 치즈, 유제품, 향신료, 허브 등을 첨가하여 파생되는 소스의 종류가 수백 종에 이른다고 할 수 있다.

그리고 프랑스 지역은 따뜻한 기후 환경과 광활하고 기름진 옥토에서 생산되는 여러 가지 유제품과 다양한 치즈류 식재료, 향신료, 특수야채, 허브류 등이 뛰어나기 때문에 이를 토대로 역사가 깊은 요리와 세계적인 요리법이 발전하게 되었다.

우리나라에 서양요리가 처음 도입된 시기는 1900년 러시아인이 서울 정동에 손탁(Son Tag)호텔을 세워 서양식 레스토랑을 만든 것이 그 시초라고 볼 수 있다. 그 호텔은 외국 공사나 비즈니스인, 각국의 VIP를 접대하는 장소로도 유명하였다고 한다. 그 이후에는 일본인들이 들어와 서양식당을 운영하기 시작하였고 본격적인 서양요리 발전의 계기가 되었다. 그리고 이후 미군인들이 정착하면서 미군 내 클럽 하우스에서 서양요리가 국내로 보급되기 시작하였다.

현재 우리나라 서양요리는 1986년 서울 아시안 게임과 1988년 서울 올림픽을 계기로 1978년부터 외국 관광객들이 대거 입국해 서울에 세계적 초특급 호텔들을 도입하며 활성화되었다. 이때부터 호텔 내 서양요리 레스토랑이 고급화, 전문화, 세분화, 고도화되기 시작하였다.

그리고 호텔조리를 전문으로 공부하는 대학의 학과가 개설되어 더욱 요리 분야 고급 인력을 양성하고 배출할 수 있게 되었다. 따라서 국내 호텔의 요리사들은 요리기술을 더욱 전문화, 고도화시키기 위해 요리기술 개발에 박차를 가했다. 특히 1992년에는 싱가포르 국제요리경진대회와 독일 프랑크프루트에서 국제요리경진대회에서 요리 금메달을 획득하여 한국적 서양요리의 위상을 높였다. 또한 2001년도에는 세계기능올림픽에서 롯데호텔 요리선수가 서양요리 부분에서 은메달을 수상하기도 하였다.

현대적 요리의 의미는 매우 다양하게 이해되고 있다. 요리는 양적인 측면에서 질적인 측면을 더욱 강조하게 되었으며, 인간관계의 매개체와 품위 유지의 역할도 하고 있다.

따라서 현대사회에서의 요리는 건강, 로하스(LOHAS), 웰빙(WELL-BEING), 웰니스(WELLNESS) 등 건강 가치성 뉴 트렌드로 발전하고 있다.

요리는 문화의 창조물이다. 매일매일 발전되어 나오는 요리는 음식문화의 창조물인 것이다. 요즘 현대음식은 모디 슈머(Modisumer) 열풍이다. 모디 슈머는 영어의 Modify(개선)와 Consumer(소비자)를 합성한 신조어로, 레시피를 재창조하는 소비자를 말한다. 미식 전성시대에 음식은 생각거리가 있어야 한다는 지론이다.

특히 요리는 화려한 볼거리 먹을거리도 좋지만 단순한 욕망이 아닌 철학이 담겨야 한다. 또한 현대적 요리의 의미는 전통적 음식문화(Traditional Culture)를 계승해야 하며, 요리의 테크닉(Technique)과 기술(Skill)이 필요하다. 아울러 창의적 상상력(Creative Thinking) 발휘가 반드시 있어야 요리의 가치성이 더 커진다.

2장 유럽 각국 요리의 특성

1. 프랑스요리의 특성

고대 그리스 로마에서부터 전래된 요리가 프랑스요리의 시초였다. 루이 왕조시대에 왕실의 보호를 받음으로써 요리의 미각과 예술성을 갖추고 맛과 풍미가 좋은 프랑스요리가 만들어졌다. 프랑스요리 이름에는 국가명, 지역명, 인명, 유명인 등의 대표 이름이 사용되어 그 우월성을 높이고 존재 가치를 확인시켰는데 이것이 프랑스요리의 특성이라고 할 수 있다. 또 프랑스요리는 특수한 소스를 개발해 사용함으로써 요리의 맛을 한층 배가시켰다.

프랑스는 전 국토에서 생산되는 풍부한 식재료와 뛰어난 요리기술, 국민들의 요리에 대한 열정과 식도락가적 기질과 자존감, 우월감, 존재감 등을 기반으로 세계적인 요리를 탄생시킨 것이다.

세계적으로 잘 알려진 유명 요리는 달팽이 요리, 개구리 다리 요리, 콩소메 수프, 프렌치 어니언 수프, 캐비아, 치즈, 타르트, 마카롱 등이 있다.

그리고 프랑스의 미쉐린(Michelin) 음식 평가단은 세계 최고의 권위 있는 음식평가로 유명하다. 이 평가는 식재료 품질, 요리기술의 능숙함, 요리사 식당만의 독창성, 가성비, 전체 메뉴의 통일성 및 변함 없는 일관성 등 5가지 항목으로 평가를 하고 있다.

프랑스요리는 요리 시 대체로 버터, 생크림, 치즈, 독창적인 소스 등을 이용하여 요리를 개발하고 만들어 내는 것이 특징이다.

아울러 프랑스요리는 레스토랑 음식메뉴를 볼 줄 알면 음식의 맛을 더욱 잘 즐길 수 가 있다. 예를 들면 프랑스의 레스토랑 음식메뉴는 요리이름+조리법+재료명+지역명의 순서로 이루어진다.

2. 영국요리의 특성

영국요리는 대체로 보수적인 가정에서 가족끼리 요리를 자주 만들어서 즐기기 때문에 가정요리로 일컫는다. 또한 영국이 약소 국가들을 지배할 때 영국음식을 사교적 방식으로 이용했던 역사가 세계 여러 나라에 영국요리를 전하는 계기가 되었다고 볼 수 있다.

따라서 영국식 요리는 주로 샐러드, 육류, 오일, 버터를 이용하여 주로 간단하게 요리를 만든다.

특히 영국요리는 가정에서 쉽게 요리할 수 있는 식재료를 사용하는 것이 특징이다. 대체로 로스트 비프, 요크셔 푸딩, 피시 앤 칩스, 머핀, 베이글, 스콘, 홍차, 비스킷, 샌드위치 등의 요리가 발달해 있다.

영국요리는 가족 중심의 요리를 추구하지만, 반면에 귀족요리와 특권요리도 있으며 부유층 고객들을 위한 비싼 레스토랑들도 즐비하다.

예를 들어 모시먼스(Mosimann's) 레스토랑의 경우 가입비는 대략 2,500파운드(한화 약 460만 원)이며 연회비는 600파운드(한화 약 110만 원)고 식사비는 별도로, 영국 최고의 음식 가격을 자랑하고 있다.

3. 이탈리아요리의 특성

이탈리아는 지중해 연안을 끼고 있으므로 어패류를 곁들이는 다양한 파스타요리, 피자, 리소토, 마카로니, 라자냐 등이 유명하다. 올리브 오일과 올리브, 토마토, 치즈 등을 주로 이용하여 요리를 만드는 것이 특징이다.

이탈리아요리는 대체로 올리브 오일을 많이 사용한다. 대표적인 요리는 밀가루 반죽을 기계로 져며서 다진 고기를 넣어 만든 라비올리(Ravioli)와 화이트 소스(White Sauce), 토마토 소스를 끼얹어서 오븐에서 구워내는 카넬로니(Cannelloni), 미트 소스와 토마토 소스를 함께 넣어 구운 라자냐(Lasagna), 피자(Pizza) 등이 유명하다. 이탈리아요리는 올리브 오일과 함께 다양한 향신료, 토마토 소스, 치즈, 유제품들을 많이 이용하는 특성이 있다.

4. 독일요리의 특성

독일 지역은 기후와 환경이 한냉지에 속해 옛날부터 식재료가 많이 부족하였다고 한다. 따라서 독일 지역 사람들은 육류 고기를 이용한 육가공 요리와 햄 가공, 소시지 가공 등의 제조법이 매우 발달되어 있다.

감자, 양파, 양배추, 식초, 베이컨 등을 이용한 요리들이 유명한데, 대표적인 요리로는 양배추와 감자, 식초, 베이컨을 넣어 졸여 삭힌 샤워크락(Sauerkraut)이 있다. 또 돼지 족발을 소금에 절인 아이스바인, 말린 소시지, 말린 햄 등이 대표적 독일요리다. 특히 독일요리는 라드(Lard)유를 많이 사용하는 특성이 있다.

5. 스페인요리의 특성

스페인은 유럽의 최대 곡창지대로 프랑스, 이탈리아를 능가하는 요리 강국이다. 특히 스페인요리는 정열적인 국민성을 담고 있다고 한다.

스페인요리는 대체로 해산물을 많이 요리에 이용하는데 이런 요리들은 세계적으로 아주 정열적인 요리로 평가되고 있다. 스페인요리는 다양한 식재료를 사용하는데 스페인 빠에야(Paella)가 대표적인 국민음식이다.

빠에야는 본래 동그랗고 납작한 프라이팬을 말한다. 우선 쌀과 마늘, 해산물 등의 여러 가지 재료를 넣어 볶다가 육수를 붓고 익힌다. 여기에 토끼고기, 달팽이, 해산물, 오징어 먹물, 오렌지, 올리브, 토마토를 넣어 만든다.

특히 마늘을 많이 쓰는 조리법을 사용하며, 조리는 세밀하고 맛과 건강에 신경을 쓰는 것이 특징이다. 흑미 오징어 먹물 볶음밥인 빠에야는 일품요리이다.

이 밖에 대표적 스페인요리는 하몽 하몽 이라는 말린 햄과 하몽 크로켓 등이 있다.

6. 북유럽 국가 요리의 특성

북유럽 국가인 스웨덴, 노르웨이, 덴마크 등에서는 어패류가 풍부하여 이를 식재료로 이용한 훈제요리, 소금 저림의 가공요리가 대단히 발달해 있다.

특히 이들 나라에서는 예전부터 바이킹족들이 큰 식탁 위에 각종 요리를 아름답게 차려 놓고 초대한 사람들이 직접 원하는 식탁 위 요리를 마음대로 가져다 먹는 풍습이 있다. 이것이 바로 스모가스보드(Smorgasbord)라는 식탁 풍습으로, 바로 오늘날 호텔 레스토랑에서 이용하는 뷔페(Buffet) 식습관 방식의 토대가 되었다.

7. 러시아요리의 특성

서양의 코스요리에서 이용되는 전채 코스요리는 러시아에서 전래되었다는 기록이 있다. 러시아는 아주 추운 지역에 위치해 국민들이 추위를 이기기 위해 독한 술 쟈구스카(Zakuska)와 함께 안주 대용으로 전채요리를 즐겼다고 한다.

캐비아(Caviar)는 유명한 전채요리 중 하나로, 세계적으로 유명한 식재료라고 할 수 있다. 또한 보르스치(Borsch)는 육수에 고기와 야채, 향신료를 넣은 러시아식 수프로 세계적으로 널리 알려진 요리다.

8. 미국요리의 특성

미국은 전 세계 인종들이 모여 사는 나라인 만큼 각국의 특징 있는 요리들이 많은 곳이다. 식재료가 풍부하고 조리방식도 다양해 국민들의 식관습도 독톡함을 유지하고 있는 것이 특징이다.

지역에 모여 사는 사람들이 각 나라별 음식을 가져와 토론하고 담소하면서 즐기는 음식을 우리는 포트락(Pot luck)이라고 한다. 이것이 융합적 요리 형태로 발전되어 우리가 즐겨 먹는 패스트푸드 요리가 발달하게 되었다.

또 미국은 풍부한 농수산물로 인하여 가공식품, 각종 통조림, 다양한 유제품, 반제품 요리, 인스턴트 식품 등이 발달했으며, 이를 전 세계적으로 최초로 보급하고 음식창업을 비지니즈로 발전시키기도 했다. 미국음식은 대체로 맥도날드, 샐러드 바 등과 같이 음식의 편리성을 추구하는 것이 특징 중 하나다.

9. 헝가리, 폴란드, 체코, 불가리아요리의 특성

헝가리, 폴란드, 체코, 불가리아요리는 전통을 중시하고 건강을 중요시 하는 국민성이 깃들어 있다. 대표적 헝가리 음식은 파프리카 요리, 쿨라쉬 수프, 생선 매운탕 요리, 할스리 요리 등이 있다. 그리고 동유럽 지역 음식은 프랑스요리, 독일요리, 이탈리아요리, 스페인요리 등에 지대한 영향을 미쳤다.

3장 서양조리의 향신료와 허브 종류 및 용도

향신료는 식물의 뿌리나 열매, 어린 잎, 껍질 등을 말려서 만드는 것으로, 방향성 향기와 물질을 가지고 있다. 스파이스(Spices)는 대체로 말려서 사용하는 것을 일컫고, 허브(Herbs)는 그와 반대로 신선한 어린 잎을 즉석에서 요리에 사용하는 용도이다.

향신료는 현대요리에 대체적으로 많이 사용되고 있는 실정이다. 허브와 스파이스는 다양한 요리를 만드는데 사용되고 있으며, 요리의 맛과 향기를 배가시켜 사람들의 입맛과 건강을 유지시켜 준다.

일반적으로 허브는 식물의 어린 잎 또는 꽃봉오리의 부드러운 부분을 사용하고, 스파이스는 열매 씨, 줄기, 껍질, 과실의 핵 등 비교적 딱딱한 부분을 이용한다.

허브와 스파이스는 향과 맛이 강하게 때문에 적절히 사용하는 것이 지혜라고 할 수 있다. 특히 허브는 요즘 요리에 필수적으로 사용되고 있으며 요리의 품질을 높여주고 요리의 디스플레이 하는 데도 많이 쓰이고 있다. 세계적으로 허브와 스파이스와 수백 종에 이른다. 그 종류와 용도를 몇 가지만 분류해 소개한다.

허브(Herbs)와 스파이스(Spices) 종류와 용도

종 류	원산지 및 생김새	요리 쓰임새
올스파이스 (All Spices)	서인도산 물레나무의 씨를 말린 것이다. 계피, 넛맥, 정향 등 여러 가지 향을 합한 냄새가 난다.	피클링, 스튜요리, 수프, 생선요리, 육류요리, 굽는 요리, 소시지 만들 때 사용된다.
바질 (Basil)	박하류 식물로 유럽, 미국 등지에서 재배하는 약초류이다.	토마토를 이용한 요리에 대체로 사용 가능함. 수프, 스파게티요리, 달걀요리, 양고기, 사슴고기, 들오리고기 등에 사용된다.
월계수 잎 (Bay leaves)	월계수 잎은 세계 여러 곳에서 재배되지만 동부지중해 연안에서 재배된 것이 최고이다. 특히 이탈리아, 터키가 재배 중심지이다.	스튜요리, 브라운 소스, 육류요리, 생선절임, 돼지고기요리 등에 다양하게 쓰인다. 그리고 이탈리아요리에 많이 사용된다.
케이퍼 (Caper)	지중해 연안에서 자라는 초록색의 꽃봉오리와 씨를 절여서 만든다. 꽃봉오리가 아주 작은 것이 최상품이다.	생선요리, 훈제요리, 닭고기요리, 감자요리, 그린 샐러드요리, 양고기요리, 혀요리, 각종 소스에 많이 사용된다.
처빌 (Chervil)	당근류의 식물로 파슬리와 같은 향기를 낸다. 향이 좀 더 세련된 잎이다.	신선한 잎으로 쓰이며 샐러드, 수프, 달걀요리, 치즈요리 등에 사용된다.
차이브 (Chive)	실내외에서 재배하는 둥근 실파보다 훨씬 작은 뿌리과로 자란다. 맛이 순하고 둥근 파와 같은 향기가 난다.	생선요리, 치즈요리, 달걀요리, 감자요리, 수프, 샐러드 등에 쓰이고 요리 고명으로 쓰면 색깔도 향도 좋다.
정향 (Clove)	정향나무의 꽃봉오리를 말린 것이다. 인도네시아 등지에서 자란다. 손톱모양으로 맛이 풍요롭고 맵싸한 향기가 난다.	구운 햄, 돼지고기, 쿠키, 흰색 소스, 생선의 절임, 각종 소스 등에 주로 쓰인다.
코리앤더 (Coriander)	지중해 연안의 인도, 모르코, 프랑스 남부 지방 당근과에 속하는 향기나는 풀이다.	커리가루, 과자류, 피클, 육류요리, 소시지 등에 자주 사용된다.
마조랑 (Marjoran)	지중해 연안에서 자라며 박하류에 속하는 약초의 일종이다.	송아지고기, 육류, 감자, 완자요리, 간요리 등에 사용된다.
딜 (Dill)	미국, 유럽 등지에서 자라며 당근과에 속한다. 잎, 씨, 줄기에 향기가 있다.	토마토요리, 콩요리, 생선요리, 피클 등에 신선한 잎 그대로 사용된다.
펜넬씨드 (Fennel Seed)	당근과에 속하는 식물로 향기가 아주 좋다. 잎과 씨는 말려서 사용되며, 신선한 줄기는 샐러드용으로 사용된다.	이태리 음식, 스칸디나비아 음식 등에 사용되고 빵, 보리빵 등 빵류와 완두콩 요리, 수프 등에 많이 사용되고 있다.

종 류	원산지 및 생김새	요리 쓰임새
넛맥 (Nutmeg)	육두구나무 열매로 동인도 등지에서 자란다. 가장 오래된 향신료 중 하나이다.	푸딩요리, 디저트요리, 육류요리, 스튜요리, 야채요리, 소스, 시금치요리에 주로 사용된다.
오레가노 (Oregano)	멕시코, 이탈리아, 미국 등지에서 자라며 방향성이 강하고 상쾌하고 톡쏘는 향기가 있다.	멕시코요리, 이태리요리, 스튜요리, 피자, 수프 등에 주로 사용된다.
파프리카 (Paprika)	헝가리, 스페인, 등지에서 재배되는 빨간 고추이며, 아주 매운 맛이 나고 가공방법에 따라서 맛이 조금씩 다르다. 헝가리산보다 스페인산이 맛이 조금 약하다.	생선요리, 조개요리, 야채요리, 달걀요리, 샐러드 등에 사용되며, 매운맛과 색깔을 내기 위해서 사용된다.
로즈마리 (Rosemary)	박하류 식물에 속하며 남부 유럽과 서아시아 지방에서 재배 건조한다. 바늘같이 생긴 잎사귀로 향을 내기 위해서 사용된다.	생선요리, 로스트 양고기, 육류요리, 오리요리, 토마토를 사용하는 수프 등에 주로 사용되며 맛과 향이 아주 좋다.
샤프랑 (Saffron)	프랑스, 지중해 연안에서 재배되고 꽃순을 건조한 독톡한 향기를 갖는 고가의 향신료이다. 연붉은색을 띠며 즙에 녹으면 황금색이 된다.	생선수프, 소스, 소시지, 볶은밥, 스페인요리, 이태리요리 등에 주로 사용된다. 품질이 좋고 희귀해 가격이 아주 비싸다.
타라곤 (Tarragon)	유럽이 원산지이며, 몽고와 러시아에서 재배되는 다년생 정원초 잎으로, 길고 얇다. 올리브색 단추모양의 꽃을 가지고 있다.	소스, 수프, 샐러드, 피클, 달걀요리, 닭요리, 토마토요리 등에 많이 사용된다.
타임 (Thyme)	지중해가 원산지이다. 유고, 영국, 스페인, 미국 등에서 재배되고 둥글게 말린 잎과 붉그스레한 라일락 색을 내는 입술 모양의 꽃이다.	육류 요리, 피자, 수프, 굽는요리, 소스, 샐러드요리 등에 주로 사용되고 있다.
호스래디시 (Horseradish)	겨자과의 관상용 다년생 초본식물로 중앙유럽과 아시아가 원산지이다. 황갈색 뿌리를 사용하며 특이한 향과 톡 쏘는 매운맛을 가지고 있다. 이 뿌리의 껍질을 벗겨 갈아서 색소와 우유를 끓여서 사용한다.	흰색 소스류, 생선요리, 훈제연어요리, 로스트요리, 육류요리 등에 주로 사용된다.

Dried Lemon Balm

LEMON BALM

Dried Basil

BASIL Sweet Basil

Dried Sweet Woodruff
Golden Sage
WOODRUFF
WINTER SAVORY
SAGE
Dried Sage
BURNET
BAY
Dried Bay

OREGANO
Dried Oregano
MARJORAM
Dried Marjoram
LOVAGE
Dried Lovage
ROSEMARY

Dill Weed
BERGAMOT
Dried Dill
Dill Seeds
Comfrey Root
Dried Fenugreek Leaves
Dried Comfrey
Dried Curry Leaves
COMFREY
NASTURTIUM

Cassia Bark

Ground Cassia

NIGELLA

CELERY SEED

FENNEL SEED

SUNFLOWER SEED

TAMARIND SEED

Black Sesame Seeds

White Sesame Seeds

PUMPKIN SEED

DILL SEED

Ground Coriander
Ground Mace
PAPRIKA
Blasdes of Mace
White Poppy Seeds
Coriander Seeds
Blue Poppy Seeds
SAFFRON
Cinnamon Quills
Cinnamon Bark
Ground Cinnamon
CUMIN

Ginger Root
Ground Anise
Ground Ginger
Anise Seed
Dried Ginger
Ground Fenugreek
AJOWAN
JUNIPER
FENUGREEK
Chili Powder
Chili Flakes

4장 서양조리의 특수야채 종류

야채류는 메인요리에 곁들이는 뜨거운 야채(Legume)를 준비하는 데 사용되며, 샐러드용이나 소스를 만들 때에도 필요하다. 시중에는 아주 많은 야채가 판매되고 있으며 맛과 향과 색깔이 달라 다양하게 사용할 수 있다. 특히 아주 특수한 야채들을 요리에 사용하면 풍미와 맛을 배가시켜 요리품질을 더욱 높일 수 있다.

야채의 기원은 17세기경 프랑스요리에서 시작된다. 로스트 비프 요리에 야채를 곁들이면서 시작되었으며 영양적인 측면에서도 조화를 이룰 수 있게 되었다.

서양요리에 곁들이는 야채(Vegetables)의 종류와 쓰임새

종 류	영 어	요리 쓰임새
아스파라거스	Asparagus	고급스런 맛을 내는 야채이며, 통조림도 있지만 요즘은 신선한 것을 사용한다. 대체로 모든 요리에 잘 어울린다. 샐러드, 오드블, 카나페, 수프 등 고급요리에 주로 애용되고 있다.
아티초크	Artichoke	생산지는 프랑스 지방이며 우유에 삶아서 꽃 껍질을 한 조각씩 떼어내고 뿌리의 하얀 부분만 조리해서 먹는다. 보통 죽순처럼 생겼다.
꽃양배추	Cauliflower	양배추 꽃이라고도 하며, 흰 꽃봉오리를 데쳐서 식용으로 사용한다. 주요리에 잘 어울리는 야채이다. 샐러드용으로도 많이 사용한다.

종 류	영 어	요리 쓰임새
오크라	Okra	삶아서 자르면 끈끈한 진이 나온다. 특별한 맛이 나는 것은 아니며, 삶아서 볶거나 식초에 묻혀서 사용한다. 수프용, 샐러드용으로도 쓰인다.
샬롯	Shallot	양파모양으로 생겼으며 독특한 매운 맛과 향이 있다. 생으로 먹어도 되지만 잘게 다져서 소스나 수프나 샐러드에 주로 사용한다.
송노버섯	Truffle	송노버섯은 뿌리도 머리도 없는 소나무 접목재의 땅속의 약 12cm에서 자생한다. 이 버섯은 돼지나 개가 냄새를 맡아서 채취하며 인공재배는 할 수가 없다. 송노버섯은 프랑스 남부지역인 페이고른 지방에서 채취하는 것이 유명하다. 모양이 크고 색이 까맣고 향기가 높은 것이 상품이다. 또 송노버섯은 마데라주에 담궜다가 통조림 상품으로 만들어진다. 소스, 수프, 육류요리 등 주로 고급요리에 사용한다. 귀하고 비싸다.
물냉이	Watercress	물냉이과에 속하는 야채로, 로스트 칠면조 요리나 로스트 닭요리에 필히 곁들여 첨가한다. 맛이 깔끔하고 신선하다.
실파	Chive	골파인데 실파의 일종이다. 가느다란 녹색의 잎으로 향이 강하고 잘게 썰어서 수프, 드레싱 소스, 버터 소스에 주로 사용한다. 모양을 내는 가니시로도 사용한다.
치커리	Chicory	서양배추의 일종으로, 양상추와 같이 신선한 야채요리에 곁들이거나 샐러드용으로 많이 사용된다. 약간 떫은 맛이 있으나 전체적인 맛은 좋은 편이다. 요즘 야채로 많이 사용한다.
사탕무	Beetroot	사탕무 일종으로 삶아서 껍질을 벗겨서 아름다운 분홍색으로 사용한다. 즙의 물이 색깔이 아주 좋아서 다양하게 애용되고 있다. 식초와 레몬즙으을 넣고 삶아서 샐러드나 곁들이는 야채로 이용한다.
스프라우트	Sprout	한국에서도 재배하기 용이하며, 푸른 색상을 띠고 있다. 둥근모양으로 삶아 양념해서 뜨거운 야채로 육류요리에 곁들이는 데 주로 사용한다.
대파	Leek	보통 파보다 약간 크며 단맛이 강하고 수프, 소스를 끓이는 데 주로 사용되고 있다.
작은 빨간무	Radish	모양은 무와 비슷하며 작고 빨간색으로 아주 예쁘게 생겼다. 샐러드에 사용되고 주로 장식용으로도 이용한다.

종 류	영 어	요리 쓰임새
브로콜리	Broccoli	파란색의 꽃봉오리 모양의 야채로 육류요리, 생선요리, 샐러드요리에 주로 생으로 삶아서 사용한다. 비타민 영양소도 많아 메인요리에는 꼭 사용한다.
앤다이브	Endive	배추의 속 모양처럼 생겼으며, 요즘은 샐러드나 생선요리, 육류요리에도 많이 이용되고 있다.
주키니	Zucchini	애호박과 모양이 비슷하며, 샐러드나 메인 가니시 야채로 사용되고 있다. 주키니 자체로도 요리를 만들 수 있어서 이용하기 편리하다.
양송이	Mushroom	양송이는 일반적으로 수프용, 샐러드용으로 많이 사용한다.
시금치	Spinach	시금치는 대체로 많이 사용되며 다양하게 활용할 수 있다. 시금치는 생선요리, 육류요리, 소스 등으로 주로 이용된다.
가지	Eggplant	자체 가지요리로도 이용되고 있으며 메인요리의 가니시로 많이 사용된다. 샐러드요리, 육류요리 , 생선요리에도 사용된다.

Butterhead Lettuce

WATER CRESS

VINE LEAF

Cos or Romaine Lettuce

Green Broccoli;
Calabrese

GOOD KING HENRY

SPRING GREENS

CAULIFLOWER

Purple Kohlrabi

Purple Hearting Broccoli;
Purple Cauliflower

PALM HEARTS

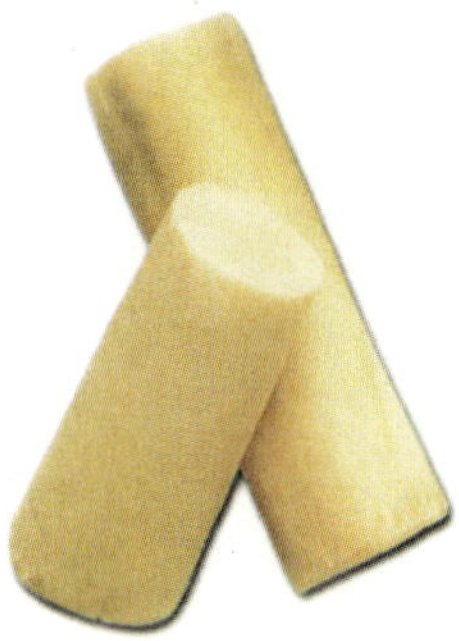

ROUNDHEAD CABBAGE

GLOBE ARTICHOKE

RED CABBAGE

BELGIAN ENDIVE
CELERY
White Asparagus
FIDDLEHEAD
FERN

Purple Thick Eggplant

Beefsteak Tomato

Chili Peppers

PEPPERS

AVOCADO

ACORN SQUASH
SPAGHETTI SQUASH
ZUCCHINI
GOLDEN NUGGET SQUASH

ITALIAN RED ONION
LEEK
TURNIP
RED RADISH
BEET

PENTLAND SQUIRE POTATO
DESIREE POTATO
MARIS PEER POTATO
NEW POTATOES
CARROT
YAM
OKRA
Immature Runner Bean
MONGUETE
FAVA BEAN
French Bean
Garden Pea

5장 식재료 자르는 방법

식재료 자르기

서양요리에 사용되는 식재료는 대체로 모양과 크기가 대단히 중요하여 일정함을 유지해야 훌륭한 요리품질을 만들어 낼 수 있다. 야채를 다듬는 크기와 모양에 따라서 야채의 명칭이 다르다. 야채는 주로 메인요리, 생선요리, 샐러드요리, 그리고 요리 준비과정의 절차대로 진행해야 하는 요리과정시스템의 용도에 따른 규칙이 있다.

서양요리에서는 기본적으로 요리에 맞는 야채 자르는 방법을 이용해야 한다. 야채를 자르는 방법은 다음과 같다.

① 알뤼메트(Allumette) – 당근, 무 등 야채를 길이 4~5㎝의 성냥개비 모양으로 썰기.
② 바토네(Batonne) – 당근, 무 등 야채를 길이 4~5㎝의 막대기 모양으로 썰기.
③ 브루노아즈(Brunoise) – 당근, 무 등 야채를 가로와 세로 3㎜의 작은 주사위 모양으로 썰기.
④ 샤토(Chateau) – 당근, 무, 감자 등을 길이 6㎝의 타원형 모양으로 깍기.
⑤ 쉬보스(Cheveux) – 당근, 감자 등을 머리카락처럼 아주 가늘게 썰기.
⑥ 쉬퍼나드(Chiffonade) – 당근, 무 등을 가는 실처럼 아주 가늘게 썰기.
⑦ 콩카세(Concasser) – 토마토의 껍질을 벗겨 1㎝ 정사각형 주사위 모양으로 썰기.
⑧ 코르네(Cornet) – 당근, 무, 오이 등을 나팔형 모양으로 깍기.
⑨ 큐베(Cube) – 당근, 무, 감자 등을 직사각형 1.5㎝ 크기의 주사위 모양으로 썰기.
⑩ 에멍세(Emincer) – 고기 등을 얇게 저며서 썰기, 양파를 슬라이스형으로 썰기.
⑪ 아세(Hache) – 양파, 마늘, 살롯 등을 아주 잘게 다지기.
⑫ 줄리엔느(Julienne) – 당근, 무, 감자 등을 아주 가늘고 길게 썰기.
⑬ 마세도앙(Macedoine) – 과일, 야채 등을 1~1.5㎝의 주사위 모양으로 썰기.
⑭ 노아젯트(Noisette) – 당근, 무, 감자 등을 지름 3~4㎝로 둥근형으로 썰기.
⑮ 올리베뜨(Olivette) – 당근, 무, 감자 등을 샤토형보다 아주 작게 올리브 모양 썰기.
⑯ 파리지엔느(Parisienne) – 당근, 감자, 무 등을 소도구로 구슬 모양으로 파기.
⑰ 페이잔느(Paysanne) – 당근, 감자, 셀러리, 무, 양배추, 양파 등을 두께 1㎝ 정도로 아주 얇게 장방형, 삼각형, 다이아몬드형 모양으로 만들어 야채수프를 만들 때

이용할 수 있도록 썰기.

⑱ 퐁뇌프(Pont-Neuf) – 감자, 당근, 무 등을 길이 5~6㎝의 직사각형 다리 모양으로 자르기. 크기는 가로와 세로 약 1㎝이며 철제 H빔 형태로 자른다. 예를 들어 프렌치 프라이 포테이토로 사용한다.

⑲ 프랭타니에(Printanier) – 당근, 감자, 무 등을 가로와 세로 3.5㎝ 정도로 주사위 모양으로 썰기. 그리고 가로와 세로 1㎝ 정도 크기의 다이아몬드형으로 썰기.

⑳ 롱델(Rondelle) – 당근, 오이, 무 등을 야채 모양 그대로 돌려가며 깎기.

㉑ 뤼세(Russe) – 딱딱한 야채를 두께 0.5㎝, 길이 3㎝ 정도로 용도에 맞게 썰기.

㉒ 살피콘(Salpicon) – 생선, 육류 등을 0.8㎝의 작은 정사각형 모양으로 썰기.

㉓ 토르네(Tourner) – 감자, 사과, 무, 양송이 등을 둥글게 모양내어 돌리면서 깎기.

㉔ 트랑쉬(Tranche) – 토스트 모양과 크기만큼 생선, 육류, 고기류를 넓은 조각으로 자르기.

㉕ 트롱콩(Troncon) – 생선, 어패류, 갑각류 등을 적당한 토막으로 자르기.

식재료 자른 모양

1. 야채 모양과 명칭

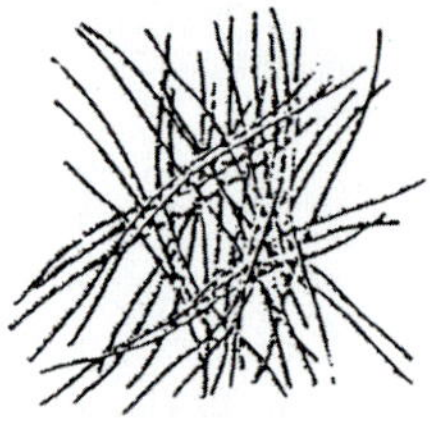

(a) Vegetables Chiffonade
Chiffonade de legumes

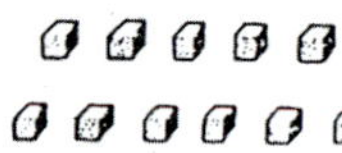

(b) Vegetables Brunoise
Brunoise de legumes

(c) Vegetables Jardinier
Jardinier de legumes

(d) Macedonian Vegetables
Macedoine de legumes

(e) *Mirepoix*

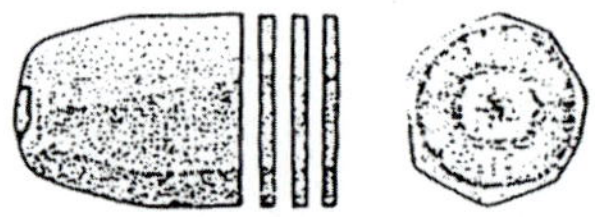

(f) Carrots Vichy
Carrottes vichy

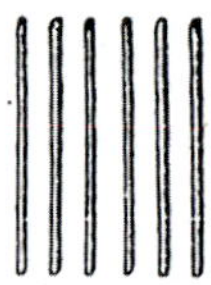

(g) Vegetables Julienne
Julienne de legumes

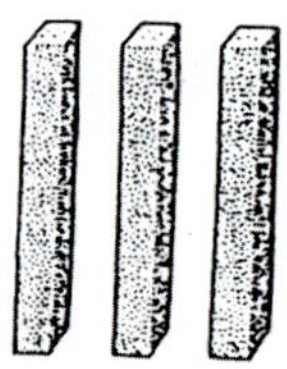

(h) Vegetables Sticks
Balonnets de legumes

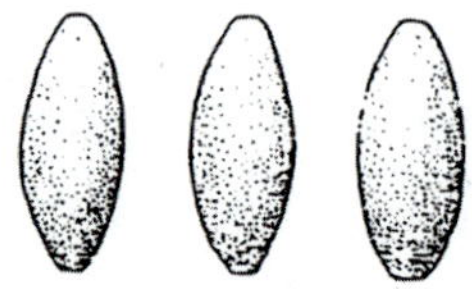

(i) Spring and Garden Vegetables
Printaniere et Jardiniere

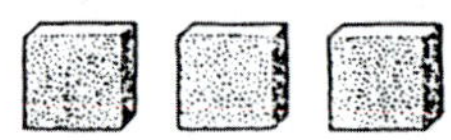

(j) Fermiere, Minestrone
Paysanne, croute au pot

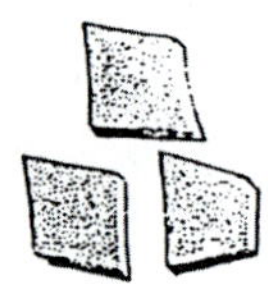

(k) Vegetables Matignon
Matignon de legumes

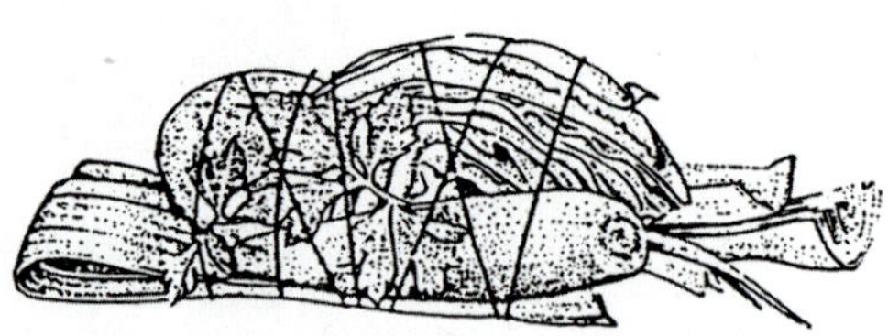

(l) Beuquet garni

2. 야채 및 감자 모양내는 방법

(1)

주요리에 곁들이는 야채

① 크기는 일정해야 한다.
② 당근, 무는 깎을 때 또는 삶을 때 크기가 줄어든다.
③ 다듬고 깨끗이 씻은 야채들을 5~6cm 정도 길이로 자른다.
④ 크기에 따라 각 토막을 여러 개의 조각으로 자른다.
⑤ 각각의 조각을 둥글게 다듬기 위해 모서리를 잘라낸다.
⑥ 큰 올리브 모양을 내기 위하여 각 조각들을 작은 칼(petty knife)로 다듬는다.
⑦ 마지막으로 완전한 모양을 얻기 위해서 세심히 다듬어서 마무리 한다.
⑧ 모양이 완료된 당근과 무는 따로 익힐 것이므로 섞이지 않도록 한다.

(2)

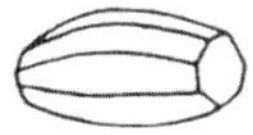

곁들이는 삶은 감자

① 작은 달걀 크기만한 감자를 선택한다.
② 큰 감자를 사용할 수 밖에 없을 때에는 조각으로 잘라서 모양을 낸다.
③ 깨끗이 씻은 감자의 양 끝을 자른다.
④ 한 번은 위에서 아래로 벗겨내어 다듬는다.
⑤ 감자를 모양내기 위해서 필요한 다른 면을 계속 다듬는다.
⑥ 마지막 모양낸 감자는 7개면이 생기면 좋다.

(3)

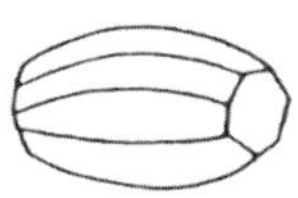

샤토 감자

① (1)번, (2)번과 같은 방법으로 약간 두껍게 모양을 낸다.
② 모양낸 감자는 차갑고 깨끗한 물에 담가둔다.
③ 완전히 다듬어지지 않은 감자를 담가두었다가 모양을 낼 수도 있다.

(4)

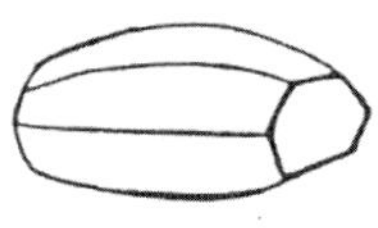

퐁당 감자

① 샤토 감자보다 약간 크고 굵게 다듬는다.
② 샤토 감자보다 약간 많은 절단면으로 다듬는다.
③ 감자의 살이 많이 벗겨지지 않도록 다듬는다.

(5)

코코뜨 감자(곁들이는 감자)

① (1)번보다 약간 길고, 가늘고, 얇게 다듬는다.
② 주요리나 감자만 주는 요리에 사용된다.

3. 감자 모양에 따른 명칭과 종류

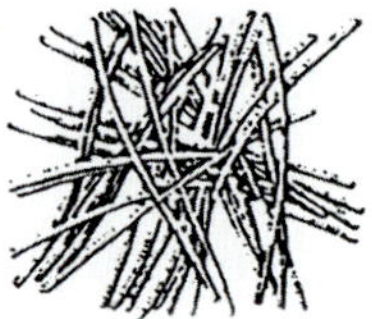

(a) Straw Potatoes
Pommes paille

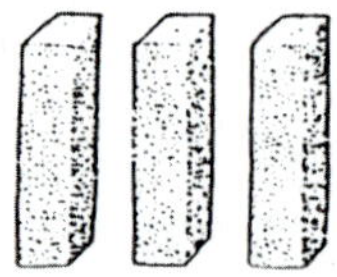

(b) Potatoes Mignonnettes
Pommes mignonnettes

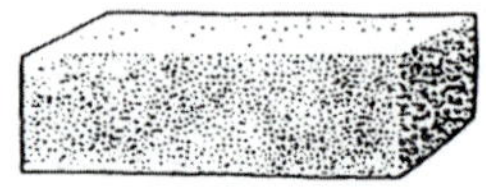

(c) Potatoes Pont−neuf
Pommes pont-neuf

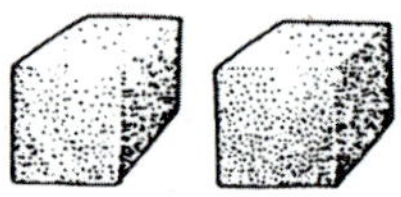

(d) Potatoes Rissolé
Pommes rissole

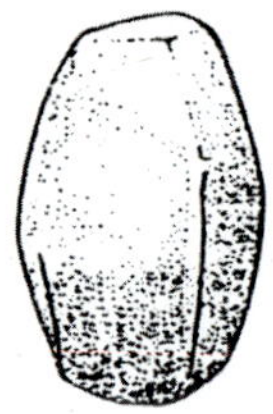

(e) Potatoes Fondante
Pommes fondante

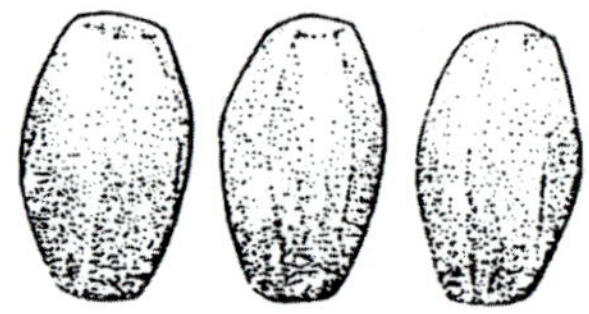

(f) Potatoes, Chateau Style
Pommes chateau

(g) Matchstick Potatoes
Pommes allumettes

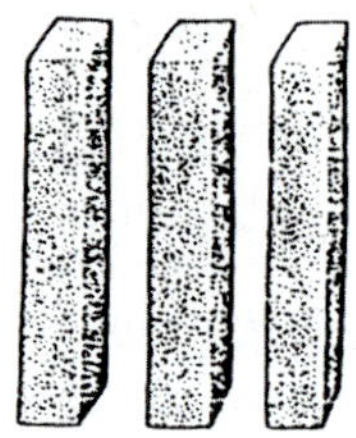

(h) French Fries
Pommes frites

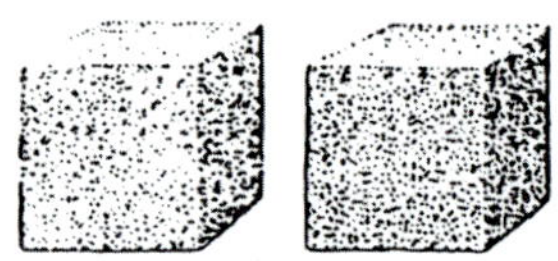

(i) Potatoes Maxim
Pommes Maxim

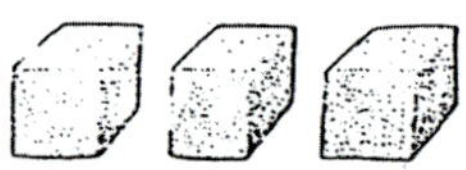

(j) Potatoes Parmentier
Pommes Parmentier

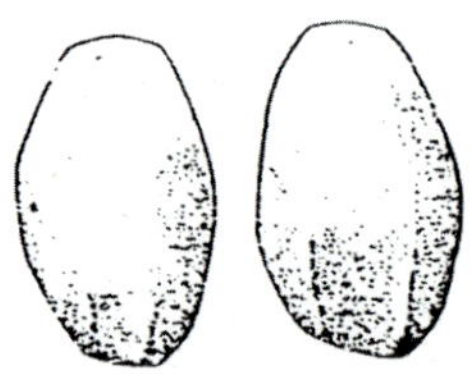

(k) Boiled Potatoes
Pommes nature

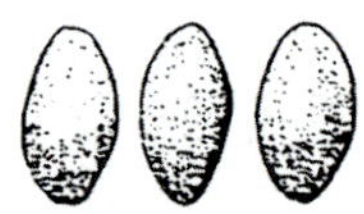

(l) Potatoes Olivette
Pommes olivettes

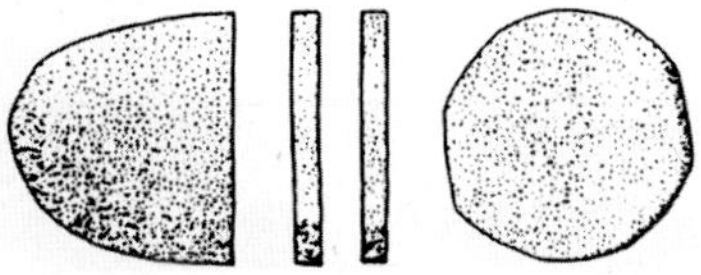

(m) Potatoes Boulangere Potatoes, Savoy Style
Pommes boulangere *Pommes savoyarde*

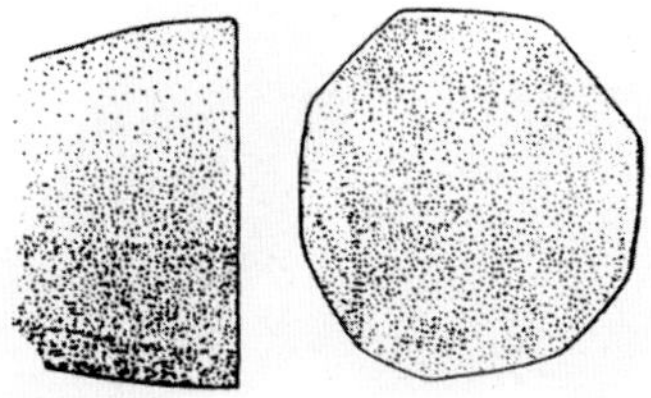

(n) Potatoe chips
Pommes chips

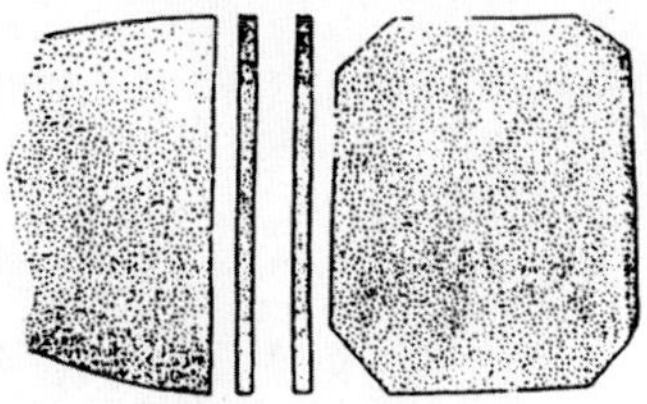

(o) Souffle Potatoes
Pommes soufflees

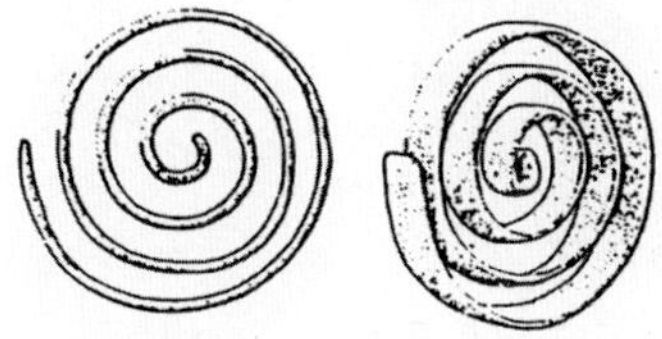

(p) Potatoes Chatouillard
Pommes Chatouillard

(q) Potatoes Berny
Pommes Berny

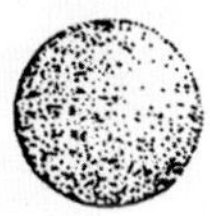

(r) Potatoes St. Florentin
Pommes St. Florentin

(s) Potatoes, Duchess Style
Pommes duchesse

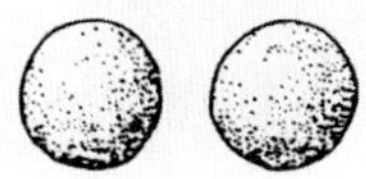

(t) Potatoes, Parisian Style
Pommes parisian

(u) Nut Potatoes
Pommes noisettes

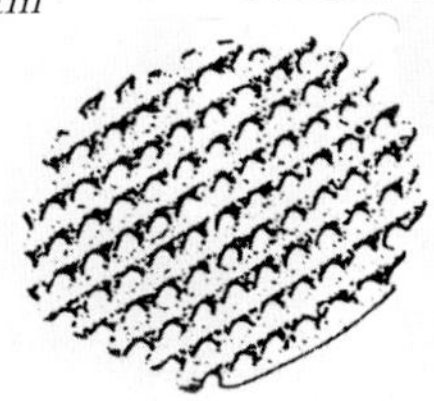

(v) Waffle Potatoes
Pommes gaufrettes

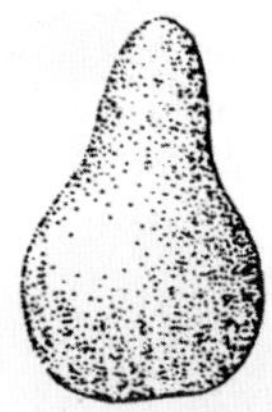

(w) Potatoes Williams
Pommes Williams

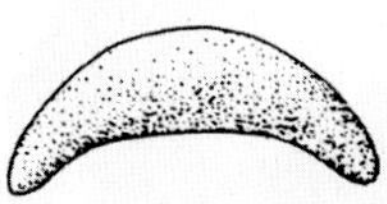

(x) Potatoes Lorette
Pommes Lorette

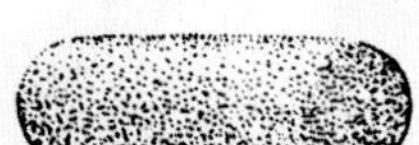

(y) Potato Croquettes
Pommes croquettes

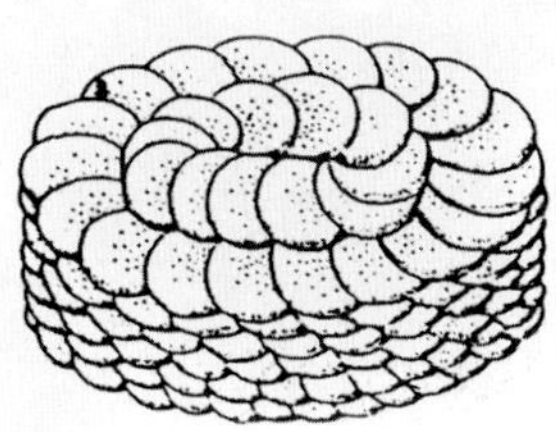

(z) Potatoes Anna
Pommes Anna

▶ Pommes de terre(Potatoes)

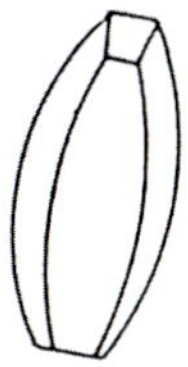
Pommes fondantes
(Potatoes fondente)

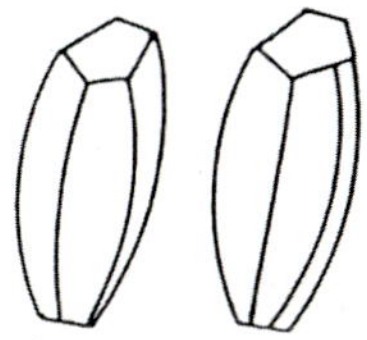
Pommes nature
(Boiled potato)

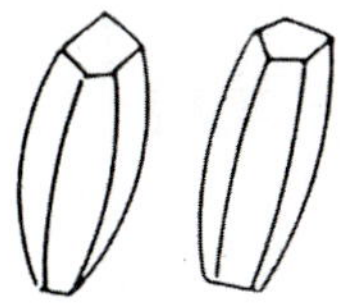
Pommes château
(Potatoes chateau)

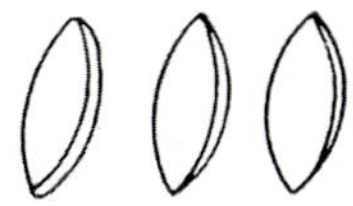
Pommes olivettes
(Potatoes olivette)

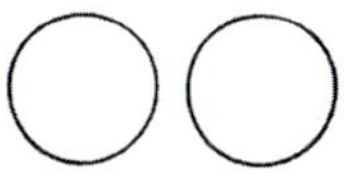
Pommes parisienne
(Potatoes parisian style)

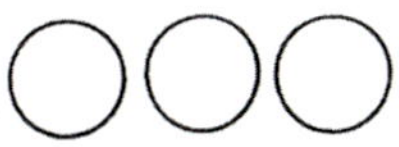
Pommes noisettes
(Nut Potatoes)

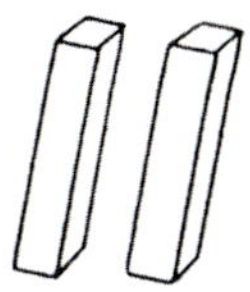
Pommes mignonnettes
(Potatoes mignonnettes)

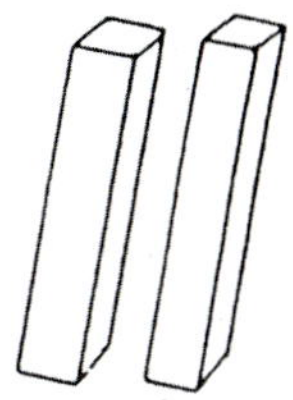
Pommes frites
(French fries)

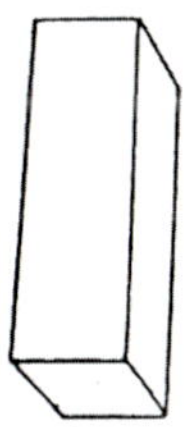
Pommes pont-neuf
(Potatoes pont-neuf)

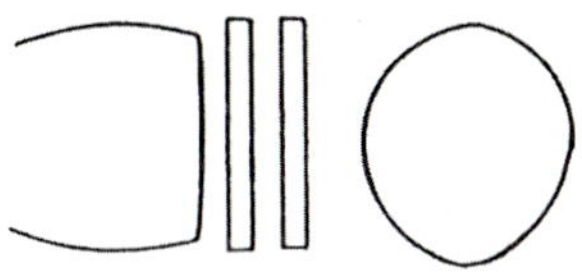
Pommes boulangère
(Potatoes boulangere)

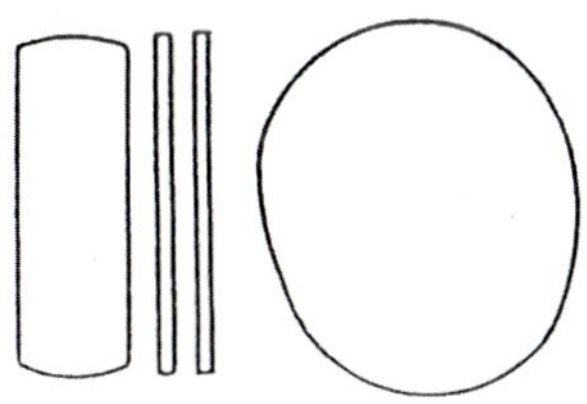
Pommes chips
(Potatoes-chip)

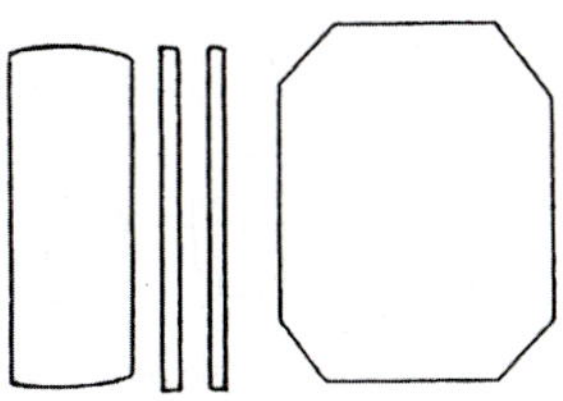
Pommes soufflèes
(soufflee Potatoes)

Pommes duchesse
(Potatoes duchess style)

Pommes Anna
(Potatoes Anna)

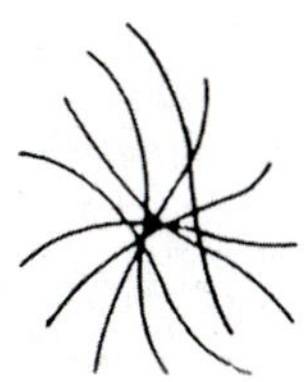
Pommes paille
(Straw Potatoes)

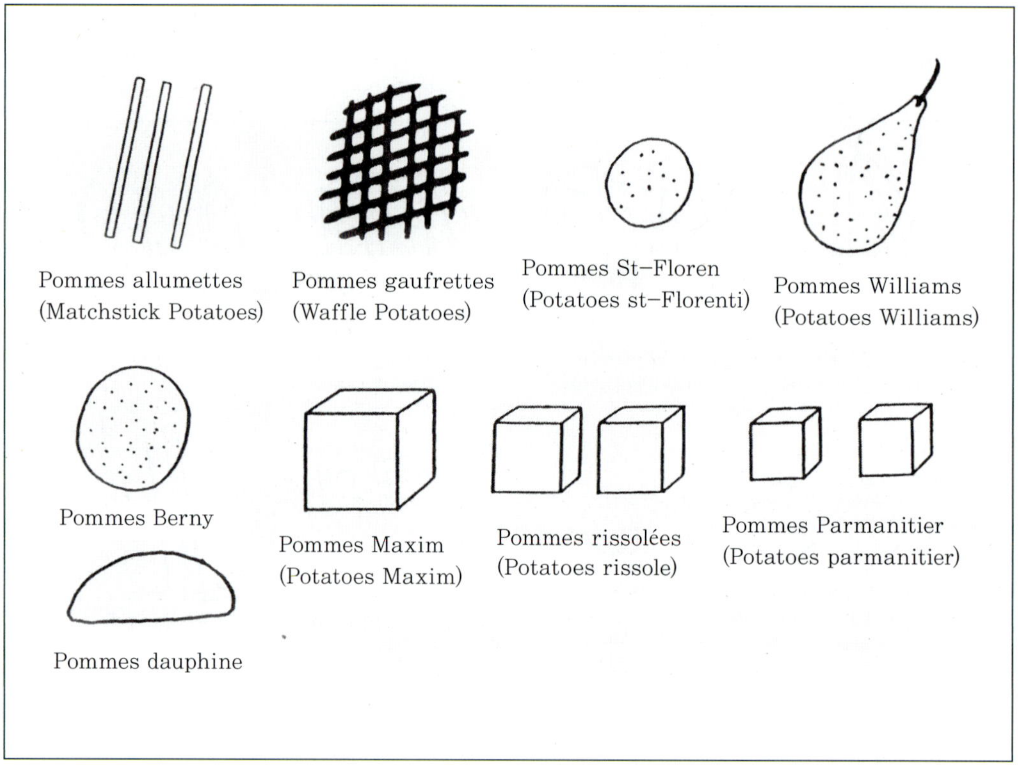
Pommes allumettes
(Matchstick Potatoes)
Pommes gaufrettes
(Waffle Potatoes)
Pommes St-Floren
(Potatoes st-Florenti)
Pommes Williams
(Potatoes Williams)
Pommes Berny
Pommes dauphine
Pommes Maxim
(Potatoes Maxim)
Pommes rissolées
(Potatoes rissole)
Pommes Parmanitier
(Potatoes parmanitier)

▶ Legumes

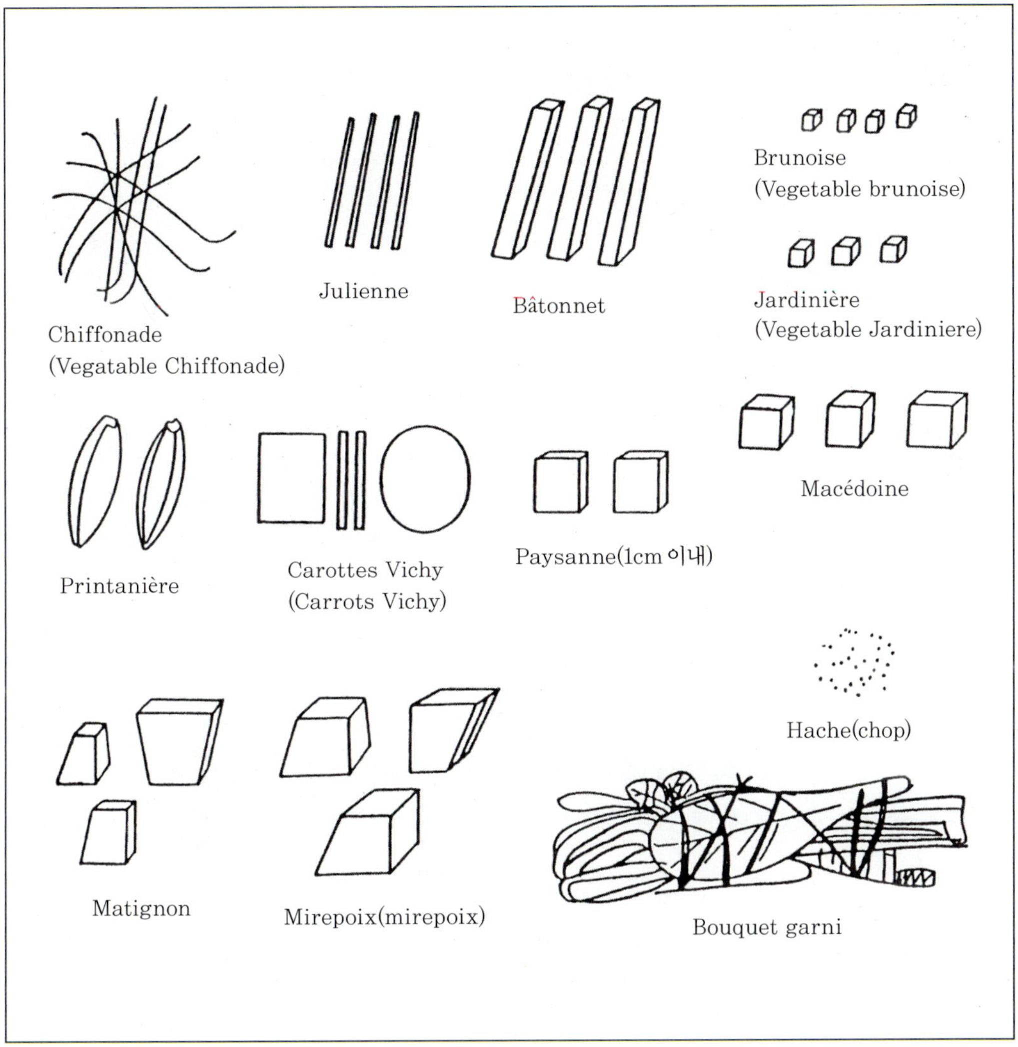
Chiffonade
(Vegatable Chiffonade)
Julienne
Bâtonnet
Brunoise
(Vegetable brunoise)
Jardinière
(Vegetable Jardiniere)
Printanière
Carottes Vichy
(Carrots Vichy)
Paysanne(1cm 이내)
Macédoine
Hache(chop)
Matignon
Mirepoix(mirepoix)
Bouquet garni

6장 생선의 종류와 조리법

1. 생선의 분류

생선요리에서 생선은 크게 해수어(Sea Water Fresh Fish)와 담수어(River Water Fresh Fish) 두 가지로 분류된다.

생선 분류 체계

- 생선
  - 해수어 (Sea Water Fresh Fish)
    - 바다 물고기류 (Sea Fish)
    - 조개류 (Shellfish)
    - 갑각류 (Crustacean)
    - 연체류 (Mollusca)
  - 담수어 (River Water Fresh Fish) – 송어, 연어, 숭어, 잉어 등

1) 바다 물고기류(Sea Fish)

- 멸치(Anchovy)
- 청어(Herring)
- 농어(Seabass)
- 민어(Cracker)
- 도미(Snapper, Sea Bream)
- 정어리(Sardine)

- 대구(Cod)
- 고등어(Mackerel)
- 참치(Tuna)
- 가지미(Flounder)
- 바다장어(Sea Eel)
- 넙치(Sole)
- 뱅어(White Bait)

2) 조개류 (Shellfish)

- 전복(Abalone)
- 가리비(Scallop)
- 굴(Oyster)
- 홍합(Mussel)
- 대합(Clam)
- 조개(Clam)

3) 갑각류 (Crutacean)

- 게(Crab)
- 해삼(Sea Cucumber)
- 새우(Shrimp)
- 왕새우(Prawn)
- 바닷가재(Lobster)
- 성게(Sea Urchin)

4) 연체류 (Mollusca)

- 오징어(Cuttlefish)
- 문어(Octopus)

5) 담수어 (River Water Fresh Fish)

- 잉어(Carp)
- 은어(Sweet Fush)
- 개구리(Frog Leg)
- 송어(Trout)
- 연어(Salmon)
- 자라(Turtle)
- 달팽이(Snail)
- 숭어(Mullet)

TROUT

CARP

RED MULLET

RED SNAPPER

WHITING

SARDINE

WHITEBAIT

SPRAT

HADDOCK

SMELT

PLAICE

SKATE

FLOUNDER

TURBOT

SALTWATER
CRAYFISH

Cooked Jumbo Shrimp

Uncooked Jumbo Shrimp

EDIBLE CRAB

SNAIL
FROGS' LEGS
Portuguese Oyster
SCALLOP
SQUID

Chowder Clam
Cherrystone Clam
Littleneck Clam
WHELK
MUSSEL
WINKLE

2. 생선의 손질법

1) 몸통이 둥근 생선을 스테이크(Steak)용으로 손질하는 방법

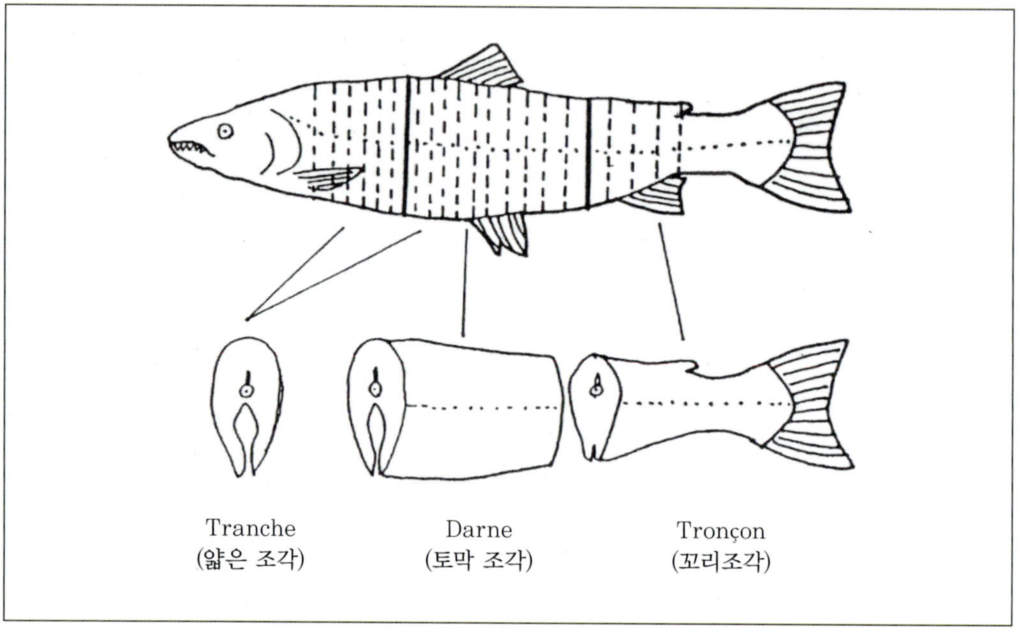

① 생선 내장을 제거한 후 흐르는 물에 깨끗이 씻는다.

② 생선은 요리용에 적절한 두께 만큼 생선에 표시하고 준비한다.

③ 생선의 등쪽에 칼을 대고 나무 망치로 등뼈 부위를 두드려 토막으로 자른다.

④ 생선은 등뼈가 붙어 있는 그대로 생선 스테이크(Fish Steak)용으로 잘라 준비한다.

2) 몸통이 얇은 생선의 껍질을 벗기는 방법

- 레몬 혀넙치(Lemon Sole-Limande)는 머리에서 꼬리 쪽으로 껍질을 벗긴다.

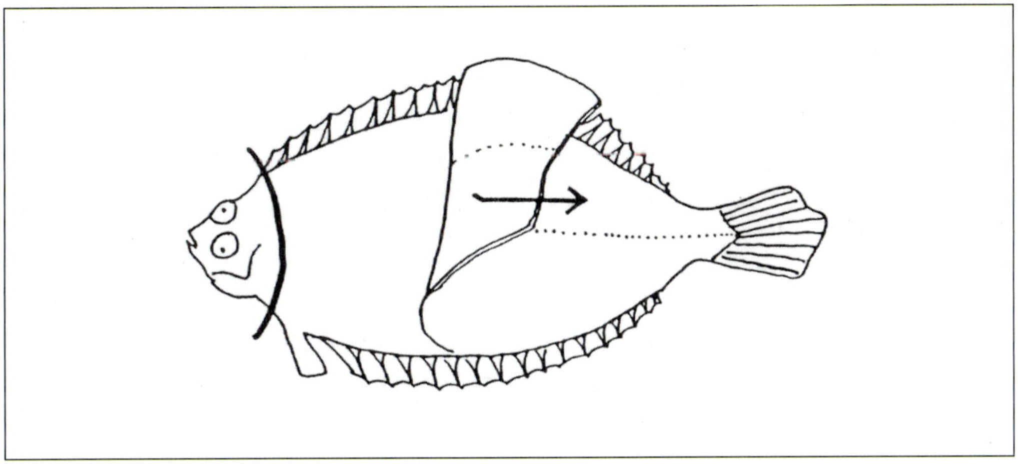

- 박대 생선(Sole)은 꼬리부터 머리 쪽으로 껍질을 벗겨 낸다.
- 이때 굵은 소금을 이용하여 손으로 문지르면서 껍질을 벗기면 쉽게 할 수 있다.

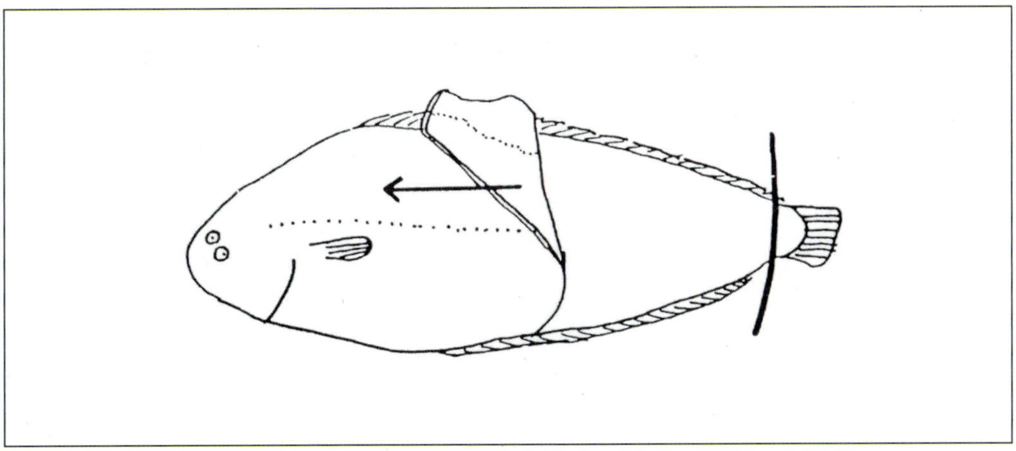

3) 얇은 생선 몸통의 생선살을 저미는 방법

- 얇은 생선은 항상 머리에서부터 생선살 포를 뜬다.
  - a. 넙치 생선 껍질을 벗겨 놓은 넙치 형태
  - b. 넙치 생선 껍질을 벗겨서 가장자리를 다듬어 놓은 넙치 형태
  - c. 넙치 생선살을 저미는 방법 - 포를 뜨는 과정
  - d. 넙치 생선살을 요리에 이용하기 위한 모양

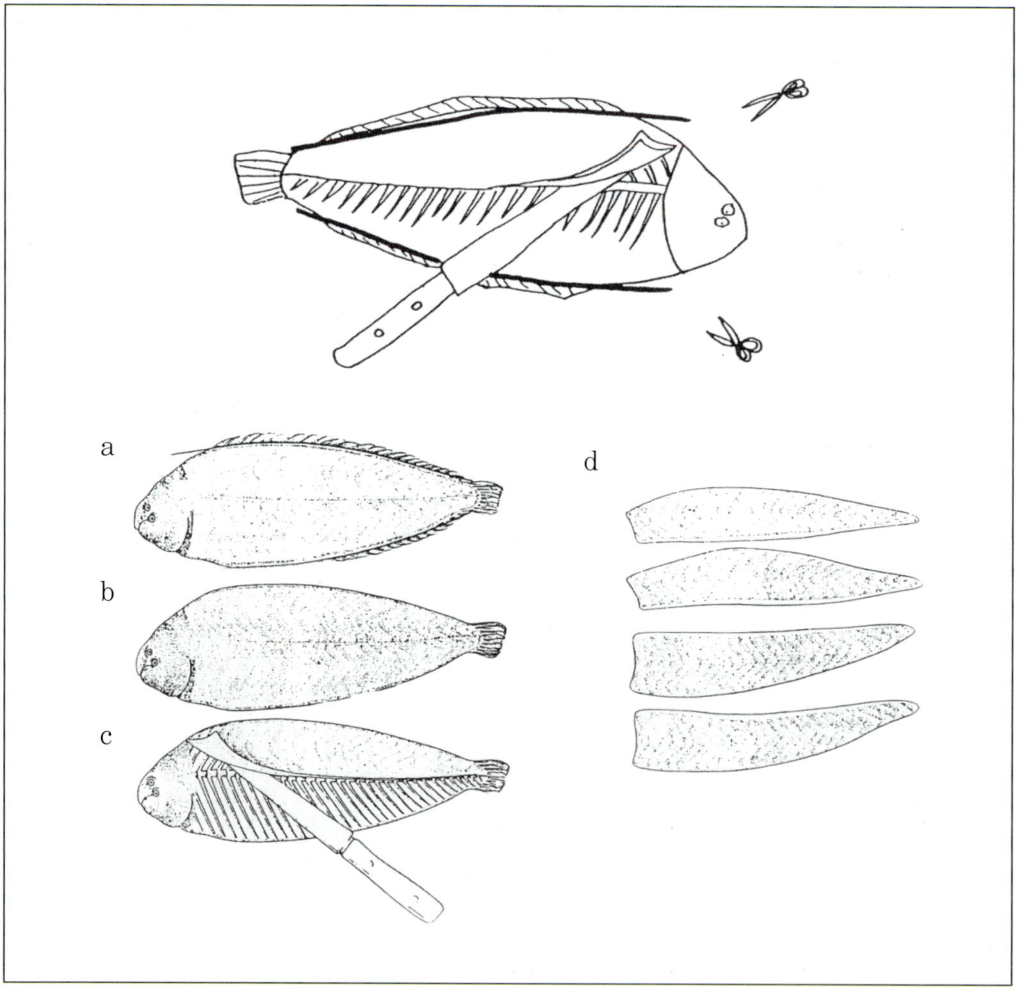

4) 얇은 생선살을 저며서 모양을 내는 방법

① Whole (통살)

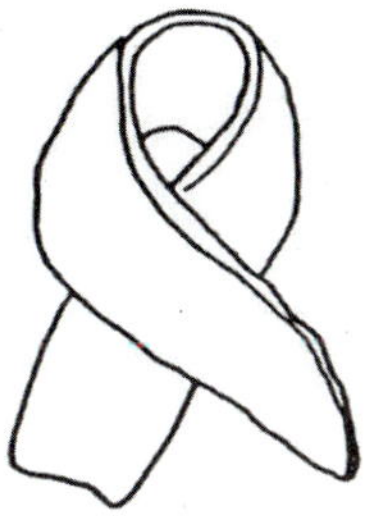

② Collar Shaped (옷깃 형태)

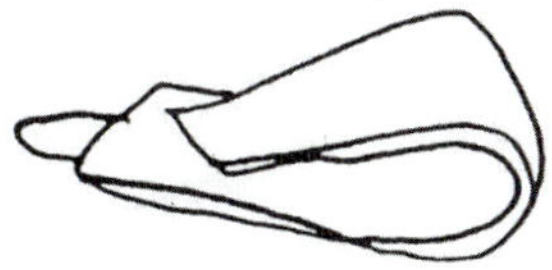

③ Foulard Shaped (손수건 형태)

④ Folded (접은 형태)

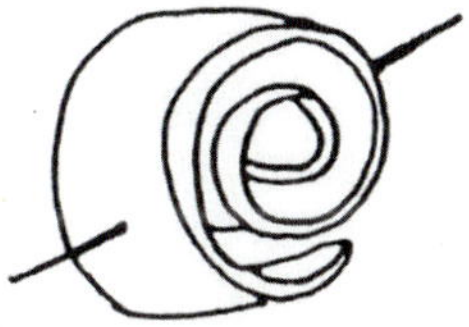

⑤ Rolled(en Paupiette)
(둥글게 말은 형태)

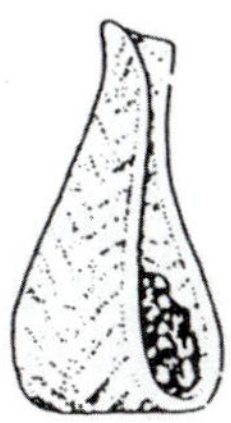

⑥ Stuffed (속채움 형태)

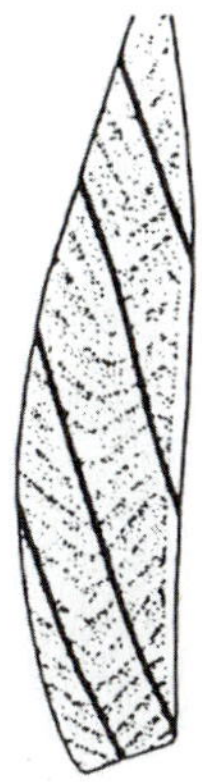

⑦ Goujons (Strips)
(줄무늬 형태의 자르기)

5) 얇은 몸통 생선(넙치)의 속뼈를 발라내고 속을 채우는(Stuffing) 방법

a. 넙치 생선살의 가운데를 칼집을 내어 벌려 놓는다.

b. 넙치 생선을 통째로 오일에 살짝 튀겨 놓는다.

c. 살짝 튀긴 넙치의 생선뼈를 발라 낸다.

d. 넙치 속의 생선뼈를 발라 낸 후 그 속에 콜베르트 버터로 속을 채워 준비한다.

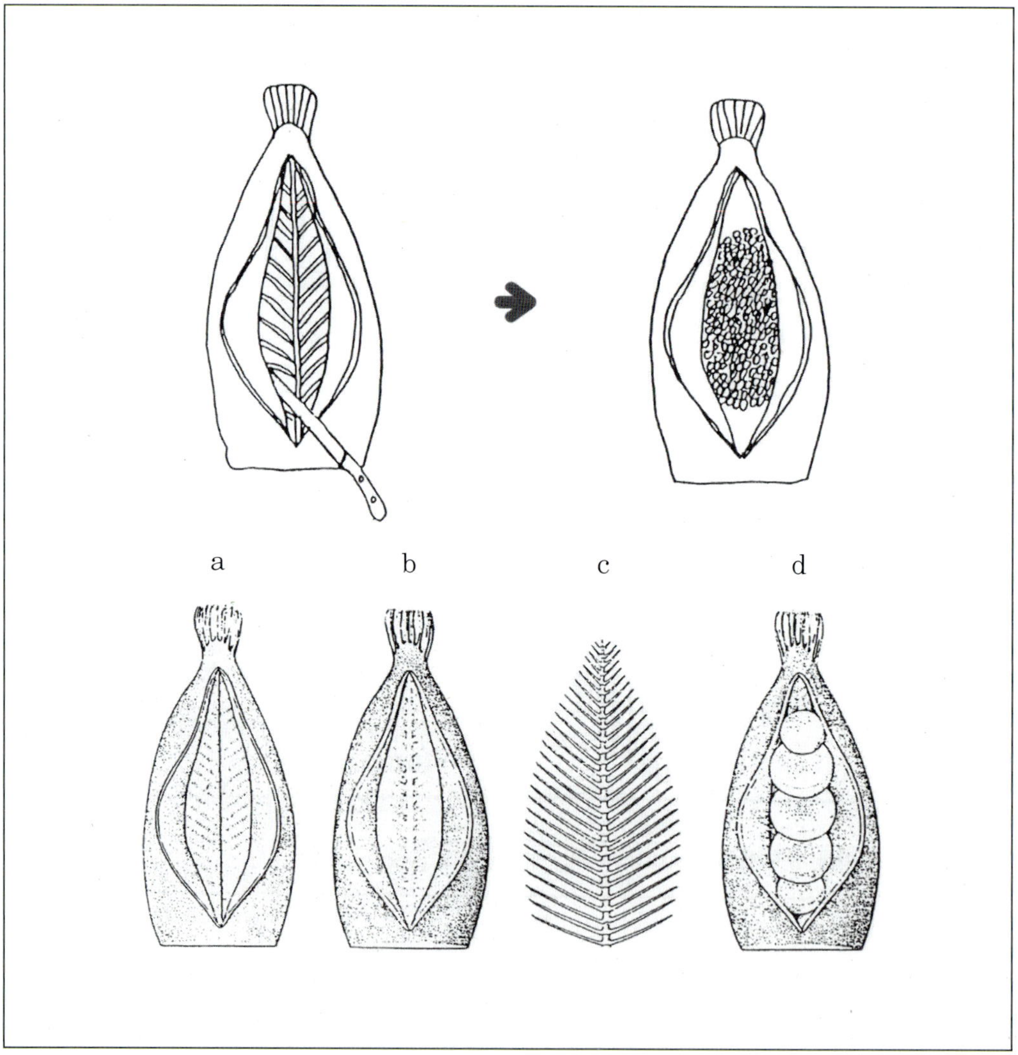

6) 각종 생선의 손질법

• 가자미살(Halibut) 손질법

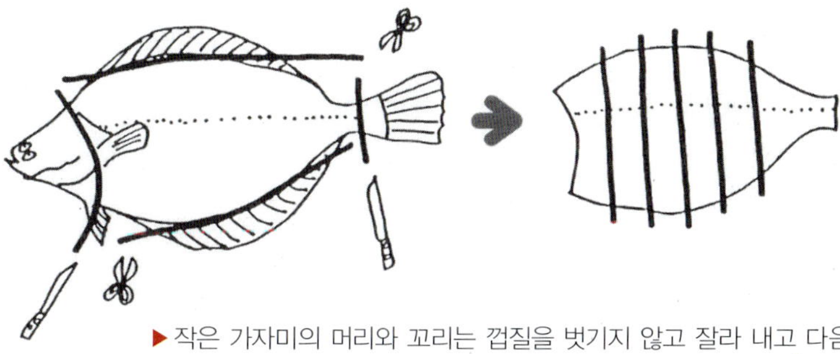

▶ 작은 가자미의 머리와 꼬리는 껍질을 벗기지 않고 잘라 내고 다음과 같이 자른다.

• 유럽산 광어살(Turbot) 손질법

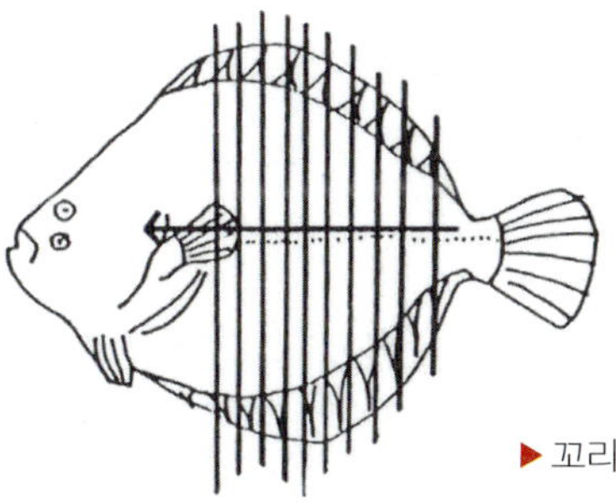

▶ 꼬리 쪽에서 두껍게 자르는데 싱싱한 상태에서 자른다.

• 뫼니에르(Meuniere)할 때 송어(Trout) 생선살 손질법

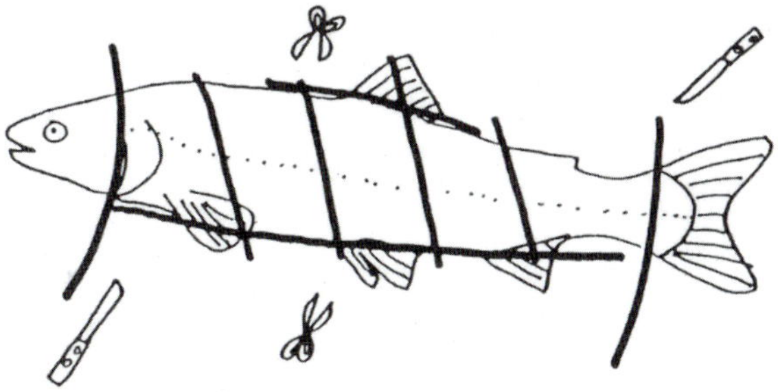

• 송어(Trout)를 포칭할 때(삶을 때) 손질법

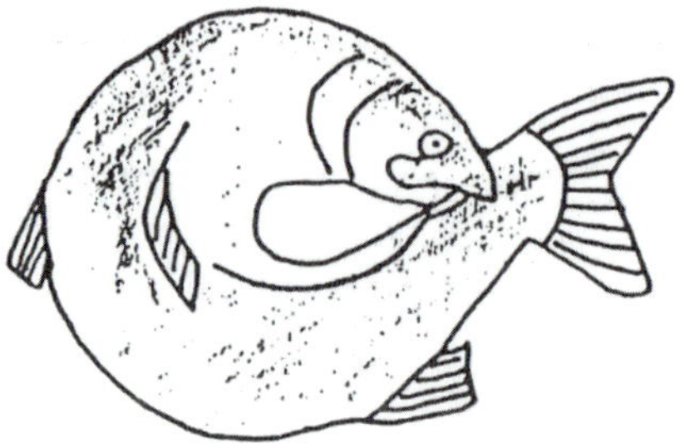

• 송어(Trout) 생선살을 저며서 생선살만 구울 때 손질법

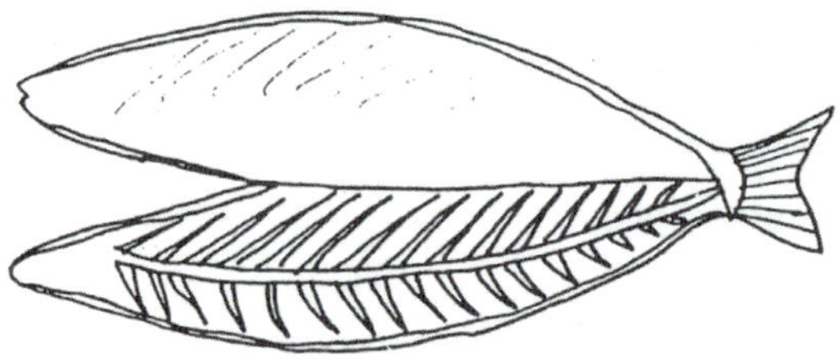

• 뱀장어(Eel)의 껍질을 벗기는 손질법

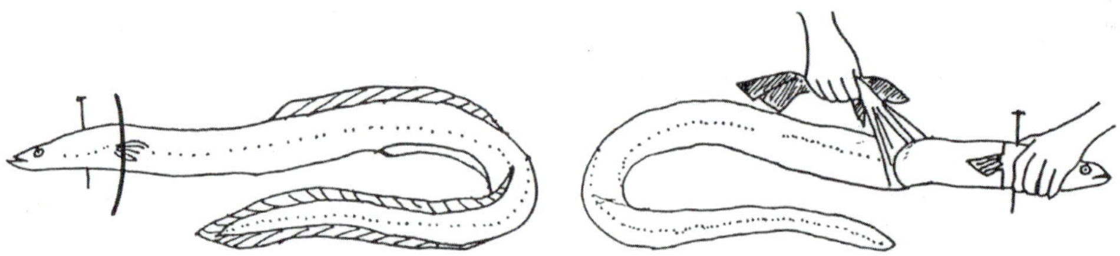

▶ 머리 부분에 핀을 꽂고 목지느러미 밑으로 껍질이 느슨하게 한다.

▶ 타월을 사용해서 껍질을 벗긴다.

7) 담수어 생선살을 저미는 방법

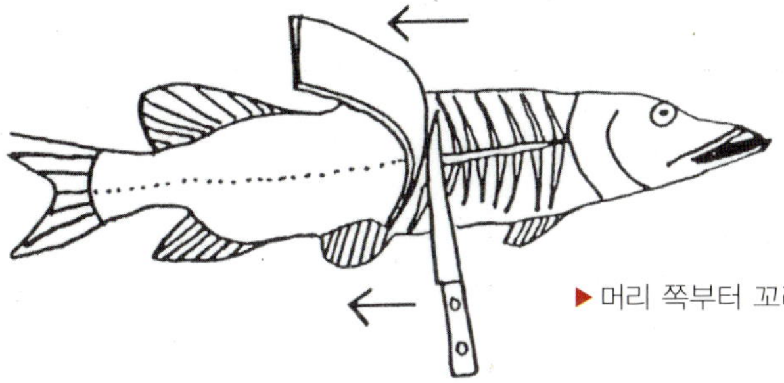

▶ 머리 쪽부터 꼬리 방향으로 살을 저민다.

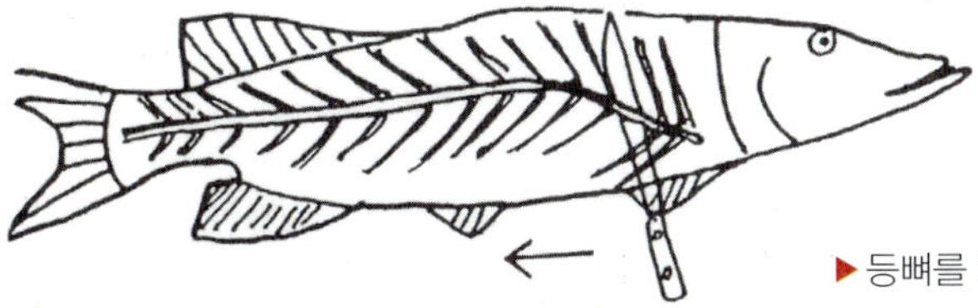

▶ 등뼈를 제거한다.

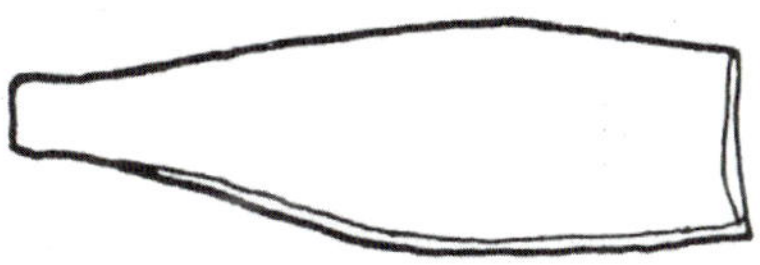

▶ 곧바로 사용할 수 있도록 Fillet을 준비한다.

8) 저민 담수어 생선살의 껍질을 벗기는 방법

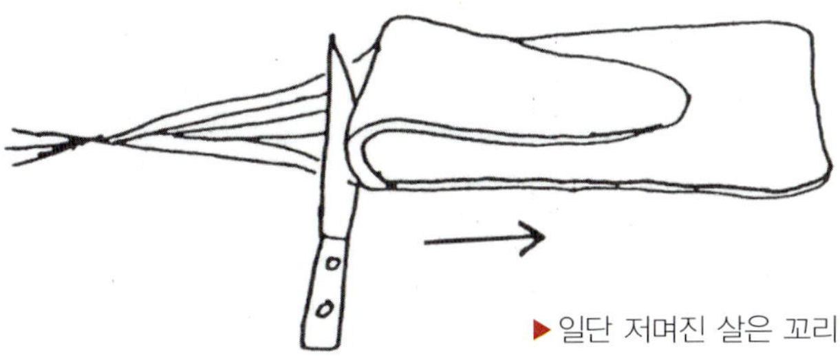

▶ 일단 저며진 살은 꼬리 쪽부터 껍질을 벗긴다.

9) 갑각류(Crustacean)의 손질법

- 바닷가재를 반으로 잘라서 손질하기

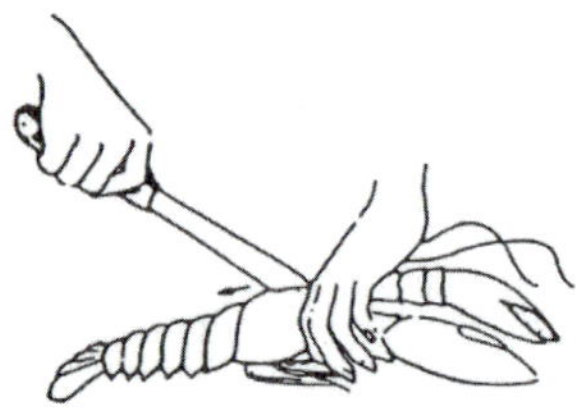

1. 머리 부분에서 꼬리 쪽으로 칼을 세운다.

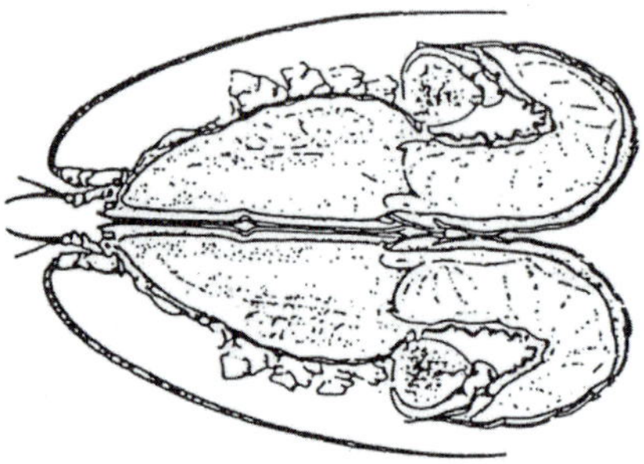

2. 완전히 자른 다음 내장과 지느러미를 제거한다.

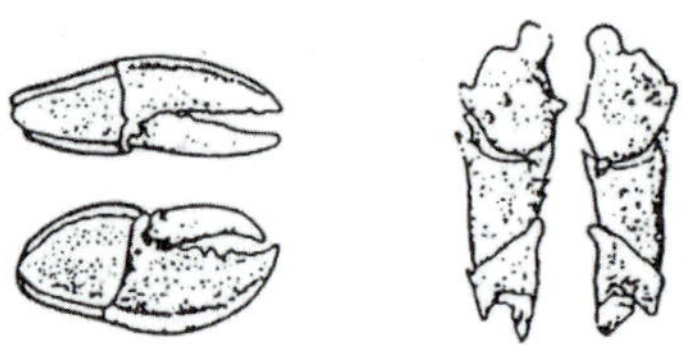

3. 집게발 연결 부위를 잘라 살을 축출한다.

- 찬 요리를 위한 바닷가재 손질하기

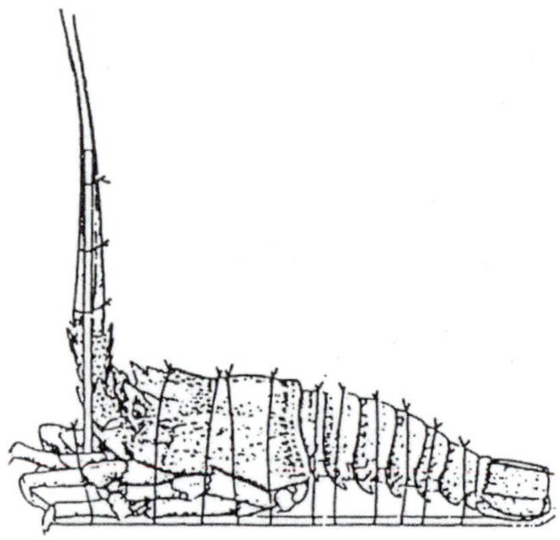

▶요리하기 전에 손질하며, 몸통은 밑판에 수평이 되도록 묶는다. 또 촉각은 수직이 되도록 막대기에 세워 고정시킨다.

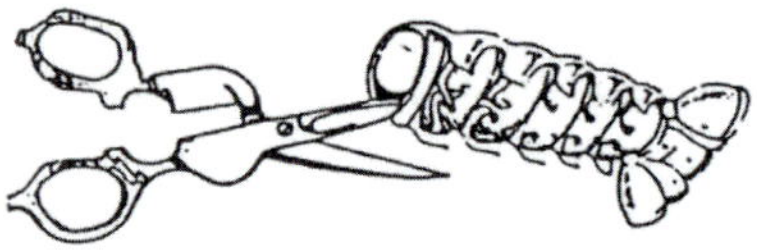

▶꼬릿살을 떼어 낸다.

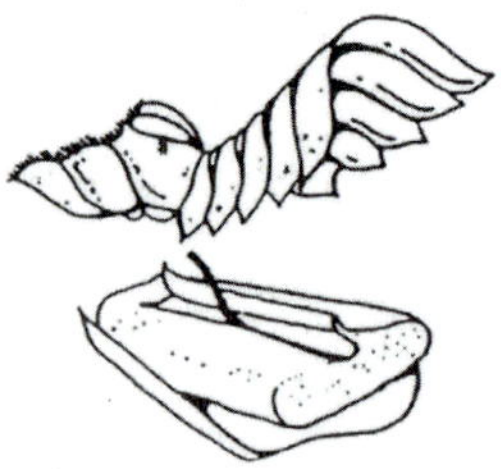

▶껍질이 제거된 꼬릿살

3. 해수어(Sea Water Fresh Fish) 종류 및 용도

해수어 종류	항목	내 용
Cod(Cabillaud) 대구	특징	Stock Cod ⇨ 건조 ⇨ 건대구 Salt Cod ⇨ 소금 저장 ⇨ 절인 대구 육식성으로 몸체의 길이는 길고 날카로운 이빨을 가지고 있다. 생선살은 회백색이다.
	용도	Boiling, Blanching, Court Bouillon용으로 이용한다.
Haddock(Aigrefin) 해덕	특징	대구과의 일종으로 바다 심해에 산다. 생선살은 백색이며, 지방은 적고 단백질이 많다.
	용도	Stew, Saute, Pan Fry, Fish Salad, Marinated, Smoke용으로 이용한다.
Whiting(Merlan) 명태	특징	대구과의 일종으로 2개의 등지느러미와 1개의 꼬리 지느러미가 있다. 지방이 적으며, 생선살이 부드럽고 대체로 부스러지기 쉽다.
	용도	Poaching, Steaming, Deep Fat Frying, Sauteing, Broilling, Baking.
Anchovy(Anchois) 멸치	특징	청어과의 일종으로 뾰족한 주둥이와 큰 입을 가지고 있다. 맛은 깨끗하고 신선하며 향긋하다.
	용도	Anchovy Fillet, Anchovy ring, Paste, Sandwich, Anchovy Butter.
Herring(Hareng) 청어	특징	은색 비늘, 푸른 등, 은백색 배의 색을 지니고 있다. 몸통이 얄팍하고 생선육질은 희고 맛이 담백하다.
	용도	Bismark Herring, Collared Herring, Fried Herring, Bloaters Kippers.
Sardine(Sardine) 정어리	특징	청어과의 일종으로 등푸른 생선이다. 단백질이 풍부하고 기름을 많이 함유하고 있다.
	용도	Sauteing, Grilling, Canning.
Sprat(Espot) 유럽산 작은 청어	특징	청어과에 속하고 정어리와 비슷하다. 등은 푸른색, 측면과 뱃살은 백색을 띠고 있다. 육질은 11월~12월 사이가 맛이 제일 좋다.
	용도	Smoking, Marinated.
Mackerel (Maquereau) 고등어	특징	고등어과의 육식성 물고기다. 육질의 색은 붉은 색을 띠며, 살은 조직력이 아주 좋고 맛도 훌륭하다.
	용도	Sauteing & Grilling, Oil Marinated , Prepare Sauce, Smoking.
Tuna(Thon) 참치	특징	고등어과의 육식성 물고기이다. 최대 무게는 500kg 정도이며, 붉은색 살은 맛이 대단히 뛰어나다.
	용도	Sauteing, Deep Fat Fry, Smoking canning, Fresh Tuna Sushi.

해수어 종류	항목	내 용
Congereel (Congre) 붕장어	특징	붕장어, 바다장어로 뱀장어처럼 생겼다. 뼈가 많아 주로 일본식 요리에서 많이 사용한다.
	용도	Smoking, Steamed, Grilling.
Gray Mullet(Meuille) 회색 숭어	특징	연어과에 속하며 Graying과 비슷하다. 육질은 독특하고 풍미가 뛰어나다.
	용도	Boiling, Sauteing, Grilling, Deep Fat Frying.
Red Snapper (Surmullet) 붉은 숭어	특징	바다 숭어과의 일종으로, 바다의 도요새라고 불린다. 육질은 희고 맛이 좋다.
	용도	Sauteing, Grilling, 쓸개가 없으므로 내장을 제거하지 않고 조리하는 경우도 있다.
Hake(Colin)	특징	한류성 어류로 일명 바다의 창꼬치라고 한다. 육질은 희고 맛은 좋으나 압력에 약해서 조리 시 주의해야 한다.
	용도	살을 얇게 저며서 Frying용, Poaching용으로 이용한다.
Barbue(Brill)	특징	회색 바탕에 오렌지색의 반점이 있다. 육질은 우수하고 맛이 아주 좋다.
	용도	Poaching, Deep Fat Frying, 살이 약해 조리 시 주의해야 한다.
Flounder(Felet) 가자미	특징	매우 얇고 납작한 생선. 갈색바탕에 적색과 노란색의 반점이 있고 배 부분은 노란 빛을 띠는 흰색이다.
	용도	Poaching, Deep Fat Frying, Smoking.
Halibut(Fletan) 큰 넙치	특징	넙치과에 속하며 매우 큰 생선종류이다. 주둥이는 뾰족하고 위쪽은 회갈색이며 배쪽은 희다. 육질은 희고 맛은 매우 부드럽다.
	용도	Poaching, Deep Fat Frying 하기 전에 Fillet 생선살을 뜨는 것이 좋다.
Lemon Sole (Dab Limande) 레몬 혀넙치	특징	머리는 작고 생선 껍질은 부드러우나 벗기기는 어렵다. 육질의 맛은 우수하나 살이 약해 저미기에 힘이 든다.
	용도	Deep Fat Frying, Sauteing, poaching
Plaice(Plie)	특징	생선 크기가 작은 것이 품질이 우수하다. 몸통은 타원형이고 껍질 부드럽다. 생선이 둥글고 바탕색은 회갈색의 붉은색이며 노란 반점이 있다.
	용도	Paoching, Sauteing.
Sole (Plymouth Sole) 박대 넙치	특징	혀넙치, 박대과이며 가장 맛이 우수하고 최고의 품질을 가졌다. 생선 껍질은 쉽게 벗겨진다.
	용도	Poaching, Deep Fat Frying, Sauteing, Grilling, Fan Frying 등 가장 많은 생선 요리법이 개발되어 있다.

해수어 종류	항목	내 용
Sand Dab(Carrelet) 가자미	특징	넙치과로 도버넙치라고도 한다. 광어살보다 가격은 싸지만 육질은 지방이 적고 흰색이며 아주 부드럽다.
	용도	Boiling, Poaching, Pan Frying.
Turbot(Turbot) 광어	특징	광어. 넙치과에 속하며 해수어 중에서 가장 선호하는 어종이다. 육질은 희고 단단하여 저장이 용이하고, 4~9월 사이의 육질이 제일 맛이 좋다.
	용도	Boiling, Grilling, Poaching, Fan Frying.
Skate(Raie) 홍어	특징	가오리과 홍어이다. 납작하고 둥근 몸통에 길고 가느다란 꼬리를 가진 연골생선이다. 날개 모양의 몸통과 가슴 지느러미만이 요리에 사용되기 때문에 낭비가 매우 큰 생선이다. 육질은 맛이 아주 우수하다.
	용도	Sauteing(Fresh), Smoking, Steaming, 특히 모래가 많이 묻어 있어 모래 제거에 특히 유의해야 한다.

4. 담수어(River Water Fresh Fish) 종류 및 용도

담수어 종류	항목	내 용
Eel(Anguille) 뱀장어	특징	이주성 어종으로 해수와 담수에서 산란한다. 고지방을 함유하고 있어 소화가 잘 안된다. 중간 크기의 뱀장어가 제일 품질이 좋다. 조리 전에 껍질은 벗겨야 한다.
	용도	Soup, Deep Fat Frying, Marinated, Smoking.
Perch(Perche) 농어	특징	육식성 생선이며 해수와 담수성 생선이다. 비늘이 많고 날카로운 지느러미를 가지고 있다. 육질은 희고 탄력이 있으며 맛이 아주 좋고 부드럽다.
	용도	통째로 Deep Fat Frying이 가능하며, Fillet, Steaming, Lemon이나 Almonds를 첨가하여 Pan Frying 한다.
Pike(Sandre) 창꼬치 농어	특징	창꼬치 농어과이며, 강 유역에서 서식하고 염분의 농도가 낮은 바다에서 자란다. 육질은 희고 부드러우며 수분이 많아 맛이 아주 좋다.
	용도	모든 기본요리에 사용이 가능하며, 다른 요리의 맛에 영향을 주지 않으므로 광범위하게 활용된다.
Pike(Brochet) 창꼬치	특징	강이나 호수 연못에서 서식하며 육식성의 등뼈 생선이다. 몸통은 길고 가늘며 머리는 넓고 납작하다. 육질은 부드럽고 맛이 좋으나 가시가 너무 많다.
	용도	Pan Frying, Steaming, Simmering, Boiling, Deep Fat Frying, Stuffing.

담수어 종류	항목	내 용
Grayling (Ombre) 살기	특징	강과 냇가 지역에서 서식한다. 연어과에 속하며 송어와 비슷하다. 육질은 맛이 좋고 수분이 많고 향이 좋다.
	용도	Pan Frying, Steaming, Poaching, Grilling.
Golden Trout (Ombre) 금빛 송어	특징	연어과에 속하며 호수에서 서식하는 금빛색의 송어이다. 색깔은 연수나 암·수컷, 지역에 따라서 다양하게 변한다. 육질의 맛이 좋아 인기가 있다.
	용도	담수 송어와 마찬가지로 조리한다. 지역에 따라서 조리방법이 다양하다.
Lake Trout (Truite de Lac) 호수 송어	특징	연어과에 속하며 알을 낳기 위해서 강으로 거슬러 올라오는 물고기이다. 검은색 바탕에 회청색을 띠며 연노랑의 빨간점이 있다. 어린 생선이 소화에도 용이하다.
	용도	Poaching, Court Bouillon, Grilling Frying.
Rainbow Trout (Truite Arcenciel) 무지개 송어	특징	맑고 깨끗하고 서늘하고 오염되지 않은 곳에서 서식한다.이 생선은 머리부터 꼬리까지 양쪽 면에 무지개 빛을 띠어 쉽게 식별할 수 있다. 육질은 최상급으로 송어 먹이의 종류에 따라 맛이 좌우될 수 있다.
	용도	Boiling, Deep Fat Frying, Pan Frying, Meuniere.
River Trout (Truite de Riviere) 강 송어	특징	강이나 냇가에서 서식하며 바다로 이동하면 바다 송어가 된다. 등 부분은 검은 연록색이고 비늘은 적다. 서식 환경에 따라 Wood 송어, Mountain 송어, Stone 송어 등의 이름이 붙는다. 육질은 희고 소화가 용이하나 물 밑바닥에 사는 송어는 흐린살을 가지고 있다.
	용도	Fresh ⇨ Boiling용, 저장용 ⇨ Meuniere 등으로 요리한다.
Salmon(Saumon) 연어	특징	산란기는 10~12월이며, 강 상류에서 산란하나 산란 전은 살이 붉고 중량감이 있으나 산란 후에는 중량감이 줄어든다. 수컷보다 암컷이 좋다. River Salmon, Norwegian & Swedish Salmon, Silver Salmon, American Salmon 등으로 분류한다.
	용도	Grilling, Poaching, Smoking, Canning, Sauteing, Meuniere.
Salmon Trout (Truite Saumon) 연어 송어	특징	연어와 송어과의 잡종 생선이다. 강이나 호수에서 서식하고, 연어와 비슷하지만 뾰족한 머리를 가지고 있어 강 송어와 구별된다. 육질의 색은 핑크색이며 맛이 매우 좋다.
	용도	Poaching, Court Boillion, Grilling, Frying.
White Fish(Fere) 황어	특징	연어과에 속하며 호수에서 서식한다. 육질은 건조시킨 것이 살이 희고 맛이 좋다.
	용도	Meuniere, Deep Fat Frying, Grilling.

담수어 종류	항목	내 용
Eel-Pout(Lotte) 듬가시장어	특징	비늘이 없고 뱀장어 같이 생겨 껍질 벗기기가 용이하다. 육질은 물에 데치기에 적합하며 이 장어의 간은 미식가들이 가장 선호하는 것이다.
	용도	Poaching, Pan Frying.
Sturgeon (Esturgeon) 철갑상어	특징	철갑상어로서 흑해와 카스피해에서 서식한다. 종류는 Sterlet, Sturgeon, Hausen 등이 있다. 깨끗한 물에서 번식하기 때문에 민물고기로 간주한다. 이 생선의 알은 Caviar로 알 젓갈을 만드는데 사용한다.
	용도	Poaching, Pan Frying.
Barbel(Barbeau) 돌 잉어	특징	강 하류 부근에서 서식하는 잉어의 일종이다. 육질은 하급품에 속하며, 산란기인 5~6월에는 먹지 않는다.
	용도	Pan Frying, Deep Fat Frying.
Carp(Carpe) 잉어	특징	흐르는 물이나 연못에서 서식한다. 잉어 종류에는 Mirror, Scale, Leather 등 3가지가 있다. 육질은 부드럽고 소화가 잘 되며 겨울에 품질이 가장 좋다.
	용도	Boiling, Stewing, Steaming.
Chub(Chevaine) 취브	특징	강이나 냇가에 서식한다. 잉어과의 한 종류로 육질은 희고 살집은 풍부하나 뼈가 많다.
	용도	Deep Fat Frying, Stewing.
Dace(Vangeron) 데이스	특징	잉어과에 속하는 물고기로 중간 크기다. 육질은 희고 맛은 좋은나 가시가 많다.
	용도	Deep Fat Frying, Stewing.
Broad Snout (Nez Nasling) 네즈 나실링	특징	잉어과에 속하는 물고기로 짙은 녹색이며 측면과 배는 은백색이다. 육질은 가시가 많아 먹기가 불편하다.
	용도	Deep Fat Frying, Stewing, 간편한 요리에 적합.
Tench(Tanche) 텐치	특징	잉어과에 속하고 잉어와 비슷하나 비늘이 조그맣다. 수컷보다 암컷이 크다. 육질은 세심하고 기름기가 많으며 맛이 좋다.
	용도	Boiling, Stewing.
Wels (Silurus Glanis Sheat) 메기	특징	메기는 강, 호수에서 서식하며 철갑상어 다음으로 무게가 나가는 어종이다. 2개의 긴 수염과 4개의 짧은 수염이 있으며 색깔은 갈색을 띠고 있다. 강이나 호수의 밑바닥에 서식하며 물고기, 게, 개구리 등을 잡아먹고 산다. 특히 물새도 잡아먹는 것으로 알려져 있다. 육질은 어린 것이 좋다.
	용도	Fillet은 대체로 Sauteing, Pan Frying, Stewing.

5. 갑각류(Crustacean)의 종류와 용도

갑각류 종류	항목	내 용
Crab(Crabe) 게	특징	게 어종은 식욕이 왕성하고 육식을 하는 갑각류로, 해안의 바위 사이에 숨어서 서식한다. 게 어종의 종류는 다양하다. 양쪽에 각각 5개의 다리가 있고 몸체는 칼슘 분비로 딱딱한 껍질로 덮여 있으며 성정하는 과정 동안 계속 껍질을 벗는다. 육질은 조직이 거칠고 부패가 용이하나 맛은 대단히 좋다.
	용도	Steaming, Boiling, Deep Fat Frying, Canning, Salad, Sandwich.
Crayfish(Ecrevisse) 가재류	서식지	강, 연못, 호수 등에서 자라며, 칼슘이 풍부하며 얕은 물에서 대체로 서식한다.
	특징	갑각류과에 속하며 다리는 양쪽에 각각 5개씩 달려있고 긴 수염을 가지고 있다. 깨끗한 물에서 살고 몸길이가 늘거나 줄거나 하는 것이 특징이다. 특히 맨 처음 발은 집게발로 발달되어 있다.
	육질	맛이 아주 좋다. 가재 육질의 결정은 물의 청결과 가재가 먹는 먹이의 종류에 따라서 좌우된다. 속살은 즙이 많고 독특한 단맛을 가지고 있다.
	용도	온요리와 냉요리에 다양하게 사용되고 있으며 Hors d'oeuvre 등의 Garnish로 주로 많이 사용한다.
Lobster(Homard) 바닷가재	서식지	바닷가재로서 바다 밑바닥의 뻘에서 서식한다.
	특징	갑각류에 속하며 민물 게와 비슷하여 두 개의 집게발이 있다.
	육질	육질은 풍미가 있고 우수하여 고가로 팔린다. 보통 산채로 삶아서 저장하였다가 조리하므로 보관에 유의해야 한다.
	용도	뜨거운 요리와 차가운 요리에 다양하게 사용된다.
Scampo (Langoustine) 스캄포 바닷가재	서식지	지중해, 덴마크, 노르웨이 해안에서 발견되어 대중화된 바닷가재로, 이름은 이태리 용어로 사용되고 있다.
	특징	Lobster에 비해 크기는 작고, 핑크색을 띠고 있다.
	육질	Lobster와 맛은 동일하다.
	용도	Deep Fat Frying, Grilling, Boiling, Steaming.

갑각류 종류	항목	내 용
Shrimp(Crevette) Deep Sea Shrimp Whipper Shrimp North Sea Shrimp Baltic Shrimp 새우류	서식지	바다의 모래 해안을 따라서 서식한다.
	특징	긴꼬리 갑각류에 속하는 작은 갑각류이다. 긴 촉각과 10개의 발을 가지고 있으나, 집게발은 없다.
	육질	육질의 색은 대체로 흰색이다.
	용도	익힌 것, 껍질을 벗기지 않은 것, Fresh, 냉동 등 다양하게 구입하여 사용할 수 있다. Hors d'Oeuvre, Garnish, Soup, Salad, Pan Fry.
Rock Lobster (Langouste) 록 바닷가재	특징	긴 촉수와 머리와 가슴에 가시가 있지만 집게발은 없는 갑각류로, 붉은 보랏빛 바탕에 노란 얼룩 반점을 가지고 있다.
	육질	속살은 맛이 좋고 약간 건조하며, 삶으면 붉은색 띤다.
	용도	온요리와 냉요리에 널리 사용된다. Boiling 할 때는 몸통을 나무 꼬챙이로 고정시켜야 모양을 유지할 수 있다.

6. 어패류(Shellfish, Mollusca)의 종류와 용도

어패류 종류	항목	내 용
Oyster(Huitre) 굴	특징	쌍각 연체동물로 껍데기의 바깥쪽은 거칠고 내부는 매끄럽다. 상품은 3~4년생으로 11월에서 2월 사이에 잡는 것이 최상품이다. 껍질이 단단한 것이 신선한 굴이다.
	용도	신선한 것으로 즐기거나, Soup, Pie, Stew, Stuffing, Pan Frying, Appetizer, Deep Fat Frying, Fresh.
Mussels(Moule) 홍합	서식지	바다의 얕은 물, 자연 둑에서 양식을 한다.
	특징	길쭉하고 검푸른 색의 쌍각 연체동물로 속은 홍색이다. 깨끗하게 손질하여 이용하면 좋다.
	용도	Soup, Marinated, Jeilly, Pie, Appetizer, Cold Dish.
Clam(Praire) 조개, 대합	서식지	모래사장의 뻘에서 서식한다.
	특징	볼록한 조가비를 가진 쌍각 연체동물로, 둥글고 골이 패여 있으며 색은 베이지 색을 띠고 있다.
	용도	Soup, Marinated, Chowder, Cold Dish, Appetizer.
Scallop (Coquille Saint-jacques) 관자	특징	껍질은 넓으며 뚜껑 부분은 평편하고, 반대쪽은 움푹 파였다. 요즘 많이 사용되는 인기 있는 어패류이다.
	용도	Pan Frying, Sauteing, Grilling, Soup, Appetizer.

7장 육류 종류와 조리 손질법

1. 육류(Meat)의 개요

육류(Meat)는 생산되는 지역에 따라 품질이 다르고, 먹이에 따라서도 품질이 다르다. 고급스런 품질의 좋은 육류를 생산하려면 우량한 도살업체가 필요하다. 전 세계적으로 소고기는 도축육의 체형, 연령, 품종, 암소, 수소, 영양 상태 등에 따라서 육질이 크게 좌우된다.

오늘날 소고기의 소비성향은 전반적으로 지방질(Fat)보다 살코기(Tender Meat)를 더욱 선호하고 있다. 이와 같은 소비성향은 지방질을 많이 섭취해 체내에 콜레스테롤(Cholesterol)의 양이 증가하고 있다는 사실에 소비자들이 관심을 가지면서 더욱 커지고 있다.

현대인들이 좋은 식사 습관을 규칙으로 정해 아침은 황제처럼, 점심은 왕처럼, 저녁은 거지처럼 먹는 식습관을 실천하는 행위가 필요하다고 본다.

또한 육식만 하는 사자나 호랑이의 평균 수명은 20년 정도이며, 초식만 하는 소와 말은 30~50년, 수산물만 먹고 자라는 고래와 거북이는 평균 100년 이상을 산다는 기록들이 있다. 이는 대단히 흥미로운 사실이며 우리의 식생활 습관에도 중요한 의미를 부여하고 있다고 본다. 아울러 우리나라 국민들의 육식 섭취가 다른 국가에 비해 적다는 기록도 있다.

2. 육류요리의 특징

일반적으로 특급호텔에서 육류요리로 많이 제공되고 있는 것은 소고기(Beef), 양고기(Lamb), 돼지고기(Pork), 송아지고기(Veal) 등이다.

육류요리는 앙트레(Entree)로 제공될 수 있는데 앙트레란 영어로 Eentrance란 뜻으로 정찬의 중간코스(Middle Course)를 의미하였으나, 요즘에 와서는 주요리로 제공되는 모든 요리를 앙트레 주요리라고 부른다.

따라서 앙트레로 제공되는 육류요리는 조리방법이나 고기 종류에 관계없이 1인분의 표준량이 제공되어야 한다.

육류요리는 따뜻하게 제공되어야 하므로 사전에 앙트레 접시(Entree Plate)를 따뜻하게 데워 놓는다. 고객에게 서빙할 때는 뜨거운 야채(Legume)와 함께 커버(food Cover)를 씌워서 서빙한다. 육류의 특성과 부위, 서빙방법 등 전문적인 교육을 필요로 한다.

호텔에서 제공되는 육류요리를 종류별로 살펴보면 다음과 같이 분류할 수 있다.

3. 육류요리의 종류

1) Beef (소고기)

식육으로 사용할 수 있는 소는 새끼를 낳지 않은 암소나 거세한 수소가 좋다. 또한 이용 목적에 따라서 소의 연령에도 차이가 있으나 보통 Steak, Roast용으로는 2~3세의 어린 소가 좋으며, 육가공용으로는 5~7세 연령의 소가 좋다. 좋은 품질의 고기는 밝은 선홍색이며 단단하고 미세한 고깃결은 물론 대리석 같이 매끄럽고 마블링(Marbling)이 잘 형성되어 있다.

소고기는 이용 목적에 따라서 다음과 같이 분류할 수 있다.

- 수송아지 : 어릴 때 거세하여 곡물로 사육한 후 2년 반이나 3년 정도 되었을 때 육

류로 이용한다.

- 어린 암소 : 2년 반이나 3년 정도 된 송아지를 낳지 않은 어린 암소
- 암소 : 1~2 마리의 새끼를 낳은 송아지 암소
- 거세한 황소 : 수소로 성숙한 후 거세한 대체로 큰 소
- 황소 : 거세하지 않은 수컷으로 소시지나 햄, 드라이 비프 등으로 이용한다.

소고기 분류 체계

Meat
- Beef … 선홍색(Bright Red Color)이 짙을수록 좋은 Beef이다.
  Beef Steak, Beef Stroganoff, Beef Tartare, Pepper Steak, Bulkoki
- Veal … 우윳빛깔(Meat White Color)이 짙을수록 좋은 Veal이다.
  Veal Medallion, Veal Birds, Veal Cutlet, Swiss Veal Assiette, Emince Veal
- Lamb … 적홍색(Dark Red Color)이 짙을수록 좋은 Lamb이다.
  Lamb Stew, Scotch Lamb, Stuffed Shoulder, Lamb Chop, Rack Of Lamb
- Pork … 연분홍색(Pinkish Color)이 짙을수록 좋은 Pork이다.
  Pork Chop, Pork Robert, Roast Pork Shoulder, Roast Pork Budapest

① Tenderoin Beef (소고기)

호텔에서 가장 많이 쓰이는 안심 육류요리로는 Beef Steak를 들 수 있는데 부위별로 살펴보면 다음과 같다.

- Tenderloin Chateaubriand ⇨ 안심고기 머리 부분.
- Fillet ⇨ 안심 스테이크로 쓰이는 부분.
- Tournedos ⇨ 안심고기의 가운데 부분.
- Fillet Mignon ⇨ 안심고기의 뒤쪽 끝 부분.
- Fillet Goulash ⇨ 안심고기의 맨 끝쪽 조각 부분.

안심 모양

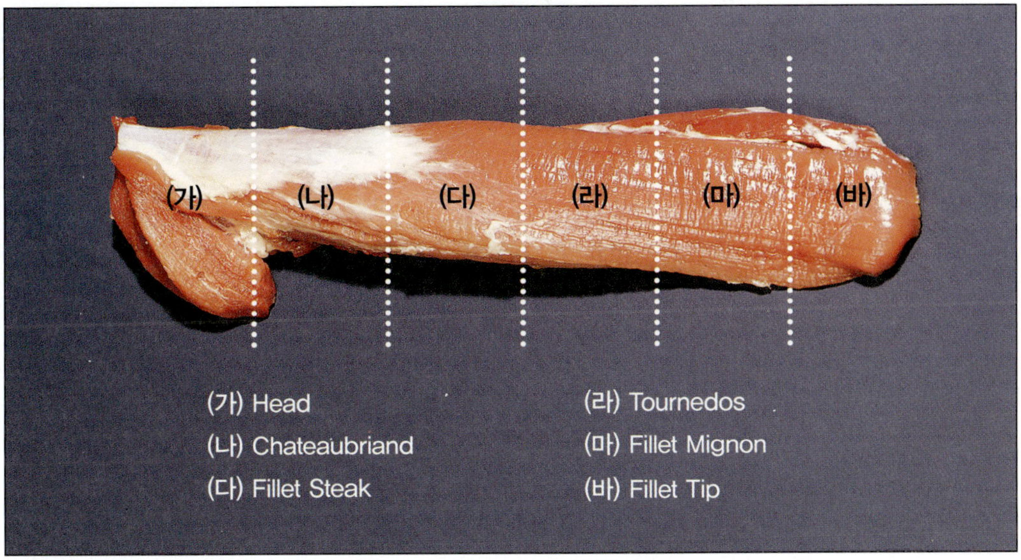

② Sirloin Steak(등심 스테이크)

영국의 왕 찰스 2세가 즐겨 먹던 고기로 이 스테이크에 남작의 작위를 수여할 만큼 즐겨 먹었던 Steak다. Loin에 Sir를 붙여 Sirloin이라고 불린다.

Sirloin Steak에는 Minute Steak, New York Cut Steak, Doubuetexan Steak 등의 이름이 있다.

③ Rib Steak(갈비등심 스테이크)

등쪽에 있는 부위로, 두터우며 지방분이 적당히 있다. Rib Steak로는 Rib Eye Steak, Roast Beef(Prime Rib) 등이 있다.

④ Porterhouse Steak(허리등심 스테이크)

허리 부분 위쪽의 안심과 뼈를 같이 잘라낸 큰 스테이크를 말한다. Porterhouse Steak를 잘라낸 다음 조금 작은 부분을 자른 것이 T-Bone Steak다.

이외에도 Rump Steak(엉덩이 부분), Round Steak(허벅지 부분), Flank Steak(배 부분) 등이 있다.

2) Veal (송아지고기)

송아지는 생후 12주를 넘기지 않은 것으로 어미소의 젖으로만 기른 것이다. 적은 지방층과 많은 양의 수분을 갖고 있어 연한 맛이 일품이다. 송아지고기의 요리를 살펴보면 다음과 같다.

① Scaloppine

다리 부분에서 잘라낸 작고 얇은 고기 부위로, 소금이나 후추로 양념하여 밀가루로 터치한 후 소테(Saute)하여 마데라 소스를 곁들인다.

② Veal Cutlet

송아지고기를 얇게 저민 후 소금과 후추를 뿌리고 밀가루를 터치한 후 달걀물, 빵가루를 입힌 다음 버터에 소테(Saute)하여 Veal Sauce(Brown Sauce)와 함께 제공한다.

3) Lamb (양고기)

1년 이하의 어린 양고기(Lamb)는 살이 부드럽고 맛이 담백한 반면 1년 이상 자란 양고기(Mutton)는 Lamb에 비하여 섬유질이 많아 약간 질기며 맛도 담백하지 못하다. 양고기 특유의 톡특한 냄새가 나기 때문에 양념을 특별히 잘 해야 한다.

양고기요리는 종교적 문제로 인하여 중동 지역 사람들과 유태인들이 즐겨 찾는다. 양고기요리를 살펴보면 다음과 같다.

① Rack Of Lamb(Carre D'agneaux)

허리의 뼈 달린 부분을 잘라서 기본 양념을 하여 소테(Saute) 한다. 오븐에서 익혀 껍질을 벗긴 다음 버터를 바른 뒤 향신료를 양고기에 덮어서 Salamander에서 색깔을 내어 조리하는 것이 보통이다.

② Lamb Chop(Cotes D'agneaux)

1년 이하의 양고기 등뼈 부분을 얇게 잘라서 적포도주, 양파, 셀러리, 올리브 오일, 향신료 등으로 잰 후 양고기를 소테(Saute) 한 다음 백포도주로 조리해서 모양 좋게 썰어 놓는다.

4) PORK(돼지고기)

돼지고기는 주로 중국요리에 많이 사용되고 있지만 세계요리에서도 다양하게 활용되고 있다. 또한 뷔페식당에서 많은 사람에게 음식을 제공하기 위하여 사용되는데 조리방법도 여러 가지가 있다.

① Pork Chop

돼지갈비살 부분을 1~1.5㎝ 두께로 자른 후 소금, 후추를 뿌려 바베큐 소스와 함께 제공한다.

② Pork Cutlet

돼지고기를 얇게 저민 후 소금, 후추를 뿌리고 밀가루, 달걀물, 빵가루를 입힌 후 Frypan에 튀겨낸다.

4. 소고기(Beef)의 등급

미 연방 정부는 소고기 소비자와 축산업자, 판매업자의 이익을 보호하기 위하여 소고기의 완성도(소고기 내부 및 외부에 있는 지방질의 양과 색상 마블링), 소고기 조직(소고기 몸통 고기의 일반적 비율), 소고기 품질(소고기와 뼈의 색과 구조) 등을 분류하여 종합적으로 판단한 후 소고기 등급을 7등급으로 분류하고 있다.

USDA Prime

• USDA Prime – 최상급의 등급으로 대부분이 수송아지나 어린 암소에서 얻는데 그 양이 제한되어 생산된다. 육질은 맛과 육즙을 더해주는 좋은 그물조직으로 되어 있고 단단하고 하얀 크림색의 지방으로 두껍게 덮여 있으며 숙성시키기 적합하다.

USDA Choice

• USDA Choice – 이 등급은 가장 인기가 있으며 그 양도 적당히 많다. 육질이 연하고 육즙이 많으며 프라임급보다 지방질이 적으나 고급의 지방질을 함유하고 있으며, 지방의 구조가 치밀하고 밀도가 좋은 그물조직으로 형성되어 있다.

USDA Good

• USDA Good – 경제적인 소고기로 알려져 있다. 목초로 사육한 수송아지와 어린 암소고기는 대부분이 상급에 속하며 지방 함량이 낮기 때문에 덜 수축된다. 이 등급의 소고기는 연하지만 Prime과 Choice급의 육질 연질과 비교하면 맛은 약간 뒤떨어진다.

USDA Standard

• USDA Standard – 이 부위는 어린 수송아지, 어린 암소, 암소 등으로부터 얻어진다. 살코기의 비율이 높고 지방 함량은 적은 편이다. 위의 등급보다는 맛과 풍미가 좀 떨어진다.

USDA Commercial

• USDA Commercial – 이 부위는 늙은 암소와 같은 성숙한 고기에서 생산되는데 맛은 풍부하지만 육질이 질기기 때문에 연해지도록 조리방법을 달리하거나 천천히 요리하거나 오래 익혀야 한다.

USDA Utility

• USDA Utility – 이 부위는 거세한 황소, 늙은 암소에서 대체로 생산된다.

USDA Cutter Canner

• USDA Cutter/ USDA Canner – 황소와 거세한 소고기는 모두 이 등급에 속한다. 경제적, 영양적, 규모적으로 유리하며 제조 가공하거나 기계에 갈아서 이용하는 편이 더 효과적이고 적합하다.

5. 소고기(Beef)의 조직 분류

소고기는 근육조직(Musscle Tissue), 결합조직(Connective Tissue), 지방조직(Adipose Tissue)의 세 조직으로 구성되며 뼈와 단단하게 연결되어 있다.

• 근육조직(Muscle Tissue)

요리에 이용되는 대부분은 가로 무늬근으로서 동물체의 약 40%를 차지하고 있다. 요리에는 골격에 붙어 있는 골격근이 가장 많이 이용된다. 근육섬유의 두께와 길이는 동물의 연령, 활동량에 따라서 다르다. 늙은 동물이나 일을 많이 한 동물은 근육섬유가 굵고 길며 결합된 조직의 함량도 많다. 그래서 육질도 대체로 질기다.

• 결합조직(Connective Tissue)

결합조직은 근육섬유와 지방조직을 싸고 있으며 근육섬유의 다발(Bundles)을 모아서 그 끝을 골격에 연결시키고 있는 조직이다. 각 근육과 골격을 연결하는 역할과 고정되고 보호하는 역할을 하며 이 결합조직이 모두 집합된 것이 힘줄이다.

- 지방조직(Adipose Tissue)

지방조직의 지방질은 육류 전체에 작은 입자로 큰 덩어리를 형성하며 몸속에 산재해 있다. 지방조직은 피하, 내장 등 소고기 특정 부분에 큰 지방세포로 많이 형성되어 있으며 결합조직과 근육조직 속에는 하나의 작은 지방세포로 분포되어 있다. 좋은 육질을 위해 먹이는 사료가 좋으며, 이렇게 비육한 가축은 대체로 근육 속 육질이 연하고 고기의 풍미와 품질이 아주 좋다. 이것을 상강이라고 한다.

1) 소고기(Beef, Boeuf)의 부위별 종류 및 조리법

① 소고기 전체 부위 분류

▶ 소고기 스테이크 구운 단면도

bleu · raw · 아주 덜 익힌 고기

saignant · rare · 덜 익힌 고기

à point · medium · 중간 익힌 고기

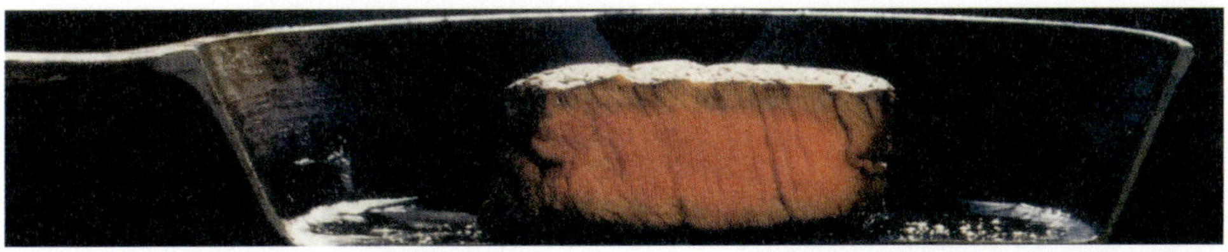

biencuit · welldone · 잘 익힌 고기

▶ 비프(소고기) 스테이크의 종류와 형태

▶ 소고기의 부위

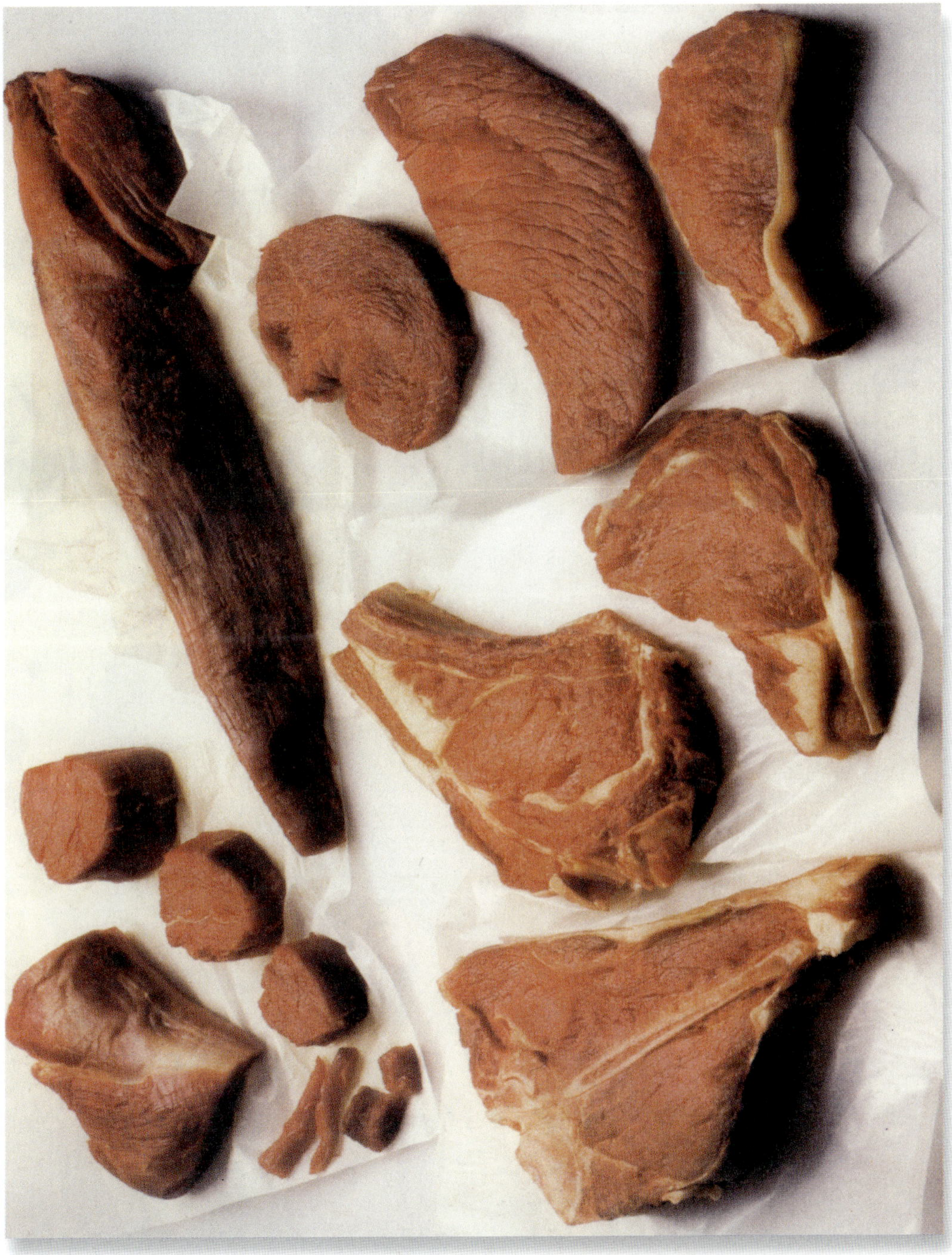

② 소고기 부위별 등급 구분

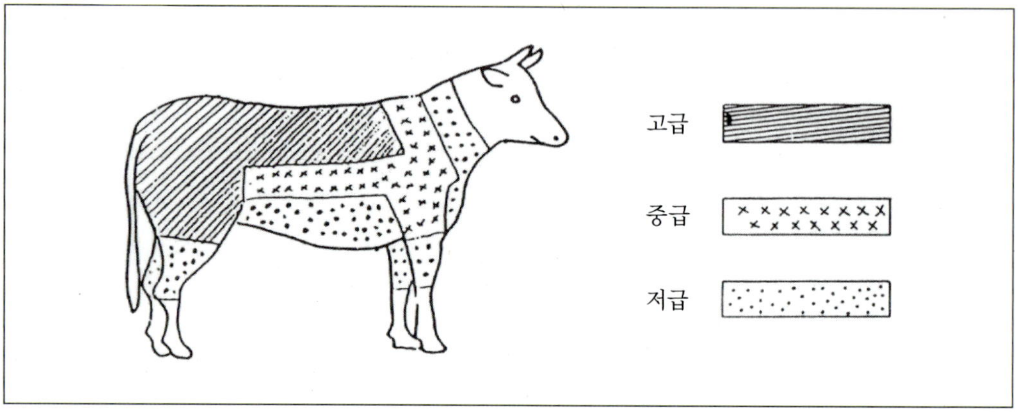

- 고급 부위 : 이 부위는 가장 연하고 신속히 잘 익으며 모든 요리방법에 적합해 가장 비싼 부위이다. ⇨ 안심, 등심, 엉덩이살.
- 중급 부위 : 이 부위는 요리할 때 대체로 끓이는 조리방법을 채택한다. ⇨ 갈비살, 등심살, 어깨 부분살.
- 저급 부위 : 기장 육질이 질기고 오래 익히면 부스러기가 가장 많이 생기기 때문에 대체로 고기패티를 만드는 데 적합하다. ⇨ 목살, 배살, 다리살.

③ 소고기 조리용 부위 구분

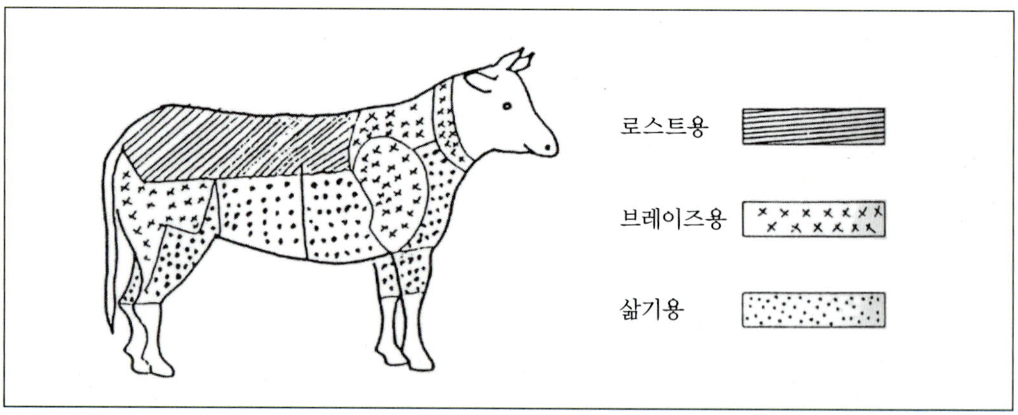

6. 송아지(Veal, Veau) 고기 부위 분류

송아지고기는 생후 12주를 넘기지 않은 것으로 어미 소의 젖으로만 기른 것을 말한다. 적은 지방층과 많은 수분을 가지고 있어 연한 고기맛과 풍미가 일품이다.

조리법은 스칼로핀(Scaloppine), 빌 커틀릿(Veal Cutlet) 등이 있다. 스칼로핀은 얇게 저민 고기에 버터와 밀가루를 뿌리고 마데라 소스를 곁들이는 요리이며 빌 커틀릿은 얇게 저민 고기에 밀가루와 빵가루, 버터를 넣고 브라운 소스를 곁들이는 요리이다.

① 송아지고기 전체 부위 분류

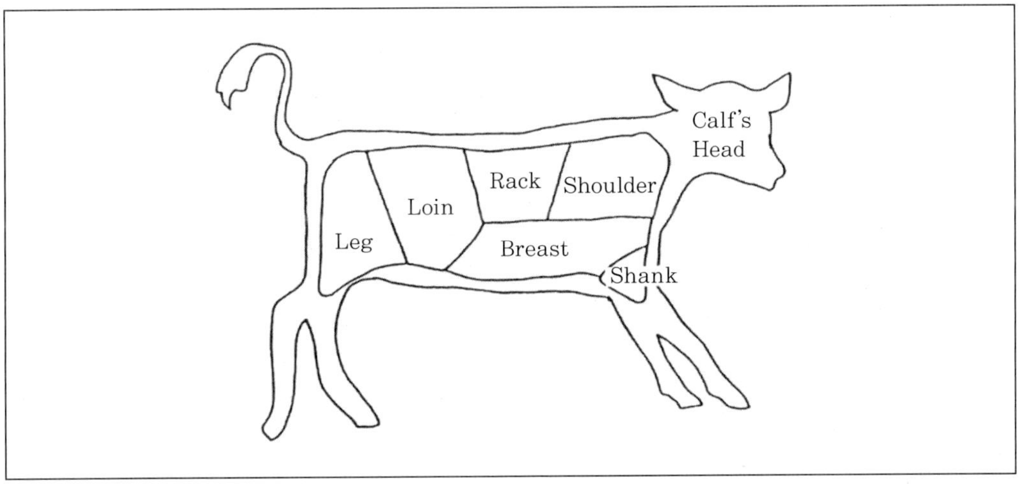

② 송아지고기 부위별 등급 구분

최상품의 송아지고기는 우유를 먹여서 기른 것으로 고기색은 연분홍색을 띠고 있다. 송아지고기는 브랜쉬(Blanche)라고도 부르며, 대개 2~15개월 이내의 송아지로 만들어진 고기를 뜻한다.

- 고급 부위 : 넓적다리, 사태, 등심, 허리 부위.
- 중급 부위 : 어깨 부위, 가슴 부위.
- 저급 부위 : 목 부위, 관절 부위.

③ 송아지고기 조리용 부위 구분

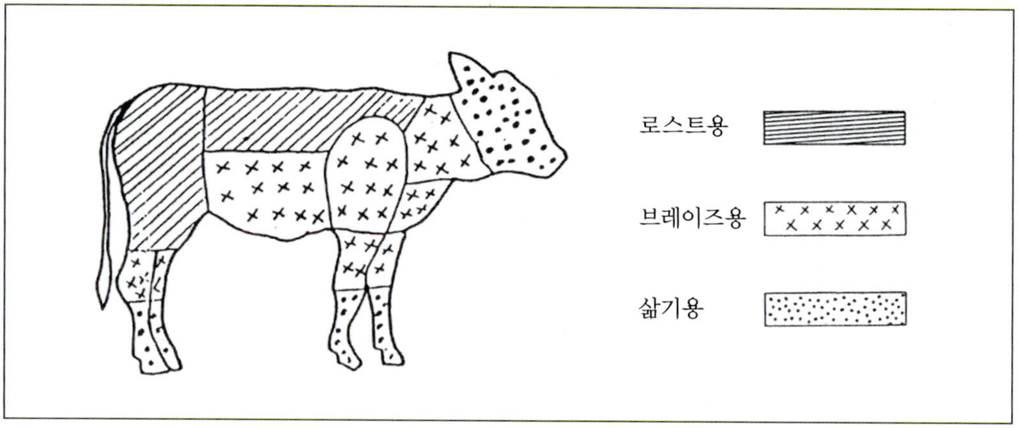

7. 돼지고기(Pork, Porc) 등급별 부위 분류

돼지고기는 영양분이 풍부하여 주로 중국요리에서 많이 이용되고 있지만 서양요리에서도 다양하게 사용된다.

또 돼지고기는 뷔페식당에서 많은 사람들에게 음식을 제공하기 위하여 이용되는데 조리방법도 여러 가지가 있다. 고기를 얇게 저며 바베큐 소스와 함께 제공하는 폭찹(Pork Chop), 고기를 얇게 저며 밀가루와 달걀물, 빵가루를 묻혀서 버터나 올리브 오일에 구워 내는 폭커틀릿(Pork Cutlet) 등이 있다.

일반적으로 돼지고기는 용도별로 구분은 지어지나 등급을 확실하게 구별하지는 않는 실정이다.

① 돼지고기 전체 부위 분류

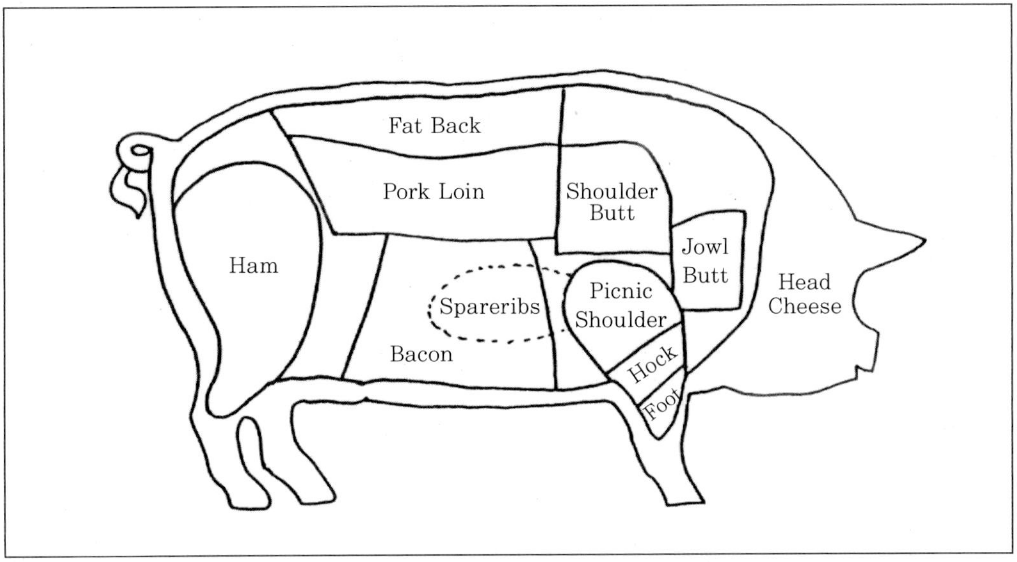

② 돼지고기 조리용 부위 구분

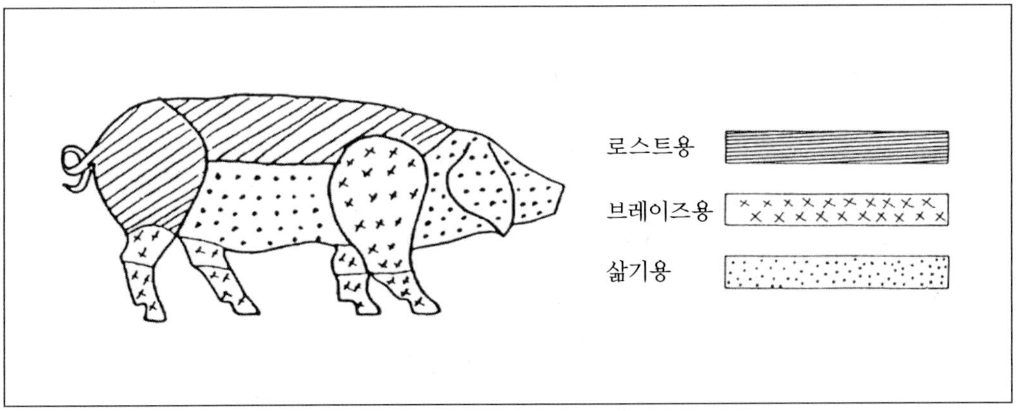

8. 양고기(Lamb, Agneaux) 등급별 부위 구분

1년 이하의 어린 양고기(Lamb)는 살이 부드럽고 맛이 담백한 반면 1년 이상 자란 양고기(Mutton)는 Lamb에 비해 섬유질이 많아 약간 질기며 맛도 담백하지 못하다. 양고기는 특유의 냄새가 나기 때문에 향신료 양념을 잘 해야 맛을 즐길 수가 있다. 양고기 요리는 종교적인 이유로 중동 지역이나 유태인들이 즐겨 먹는다.

대표적 양고기요리는 Rack of Lamb(Carre d' Agneaux), Lamb Chop(Cotes d' Agneaux) 2가지가 있다. Rack of Lamb는 허리 부분의 뼈가 달린 부위를 잘라서 기본 양념을 해 소테한다. 표면에 다양한 각종 허브를 바르고 버터도 넣어 오븐에서 갈색으로 구워내는 요리이다. Lamb Chop는 1년 이하의 양고기 등뼈 부위를 얇게 잘라서 적포도주, 양파, 셀러리, 올리브 오일, 향신료 등으로 양념하여 오븐에서 구워낸 요리이다.

양고기는 좋은 사료를 충분히 먹인 것으로 미세한 고기결에 연분홍빛 색조를 띠는 것이 품질이 좋은 것이다.

① 양고기 전체 부위 분류

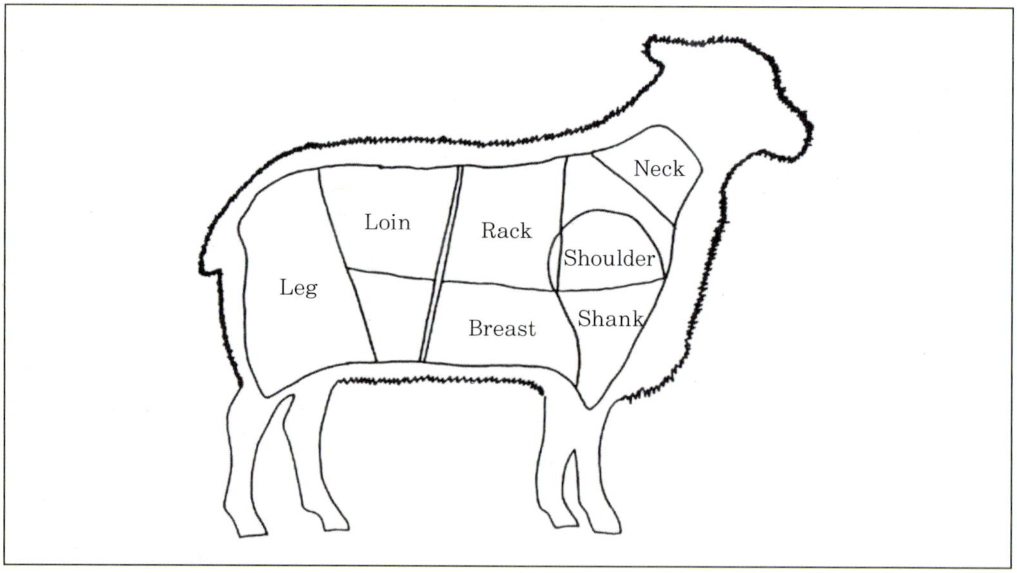

② 양고기 부위별 등급 구분

- 고급 부위 : 넓적다리, 갈비 부위, 안심, 갈비의 허리 부위.
- 중급 부위 : 어깨살, 배살.
- 저급 부위 : 갈비의 윗부분, 가슴살, 목덜미살.

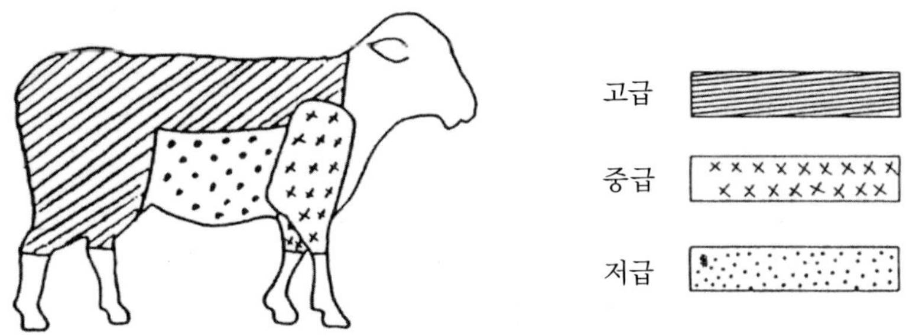

③ 양고기 조리용 부위 구분

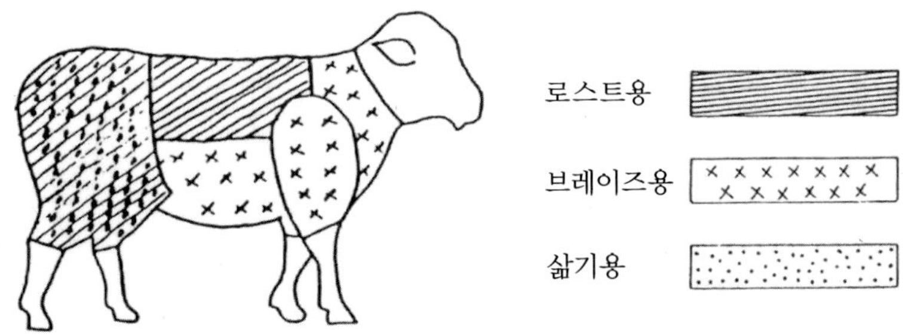

9. 엽수류(Game Animals, Gibier de Poll)고기 부위 구분

엽수류고기는 사냥을 통해서 얻어지는 들짐승의 고기류를 말한다. 주로 사슴고기, 꿩고기, 비둘기고기, 산토끼고기, 메추리고기, 노루고기, 멧돼지고기, 들토끼고기, 들닭고기, 들오리고기, 캥거루고기 등을 가리킨다.

육질은 사육동물과 비슷하나 더욱 연하고 소화가 용이하며 사육고기에 비해 영양소가 풍부하다. 따라서 호텔 고급요리에 사용되며 매우 인기가 좋다.

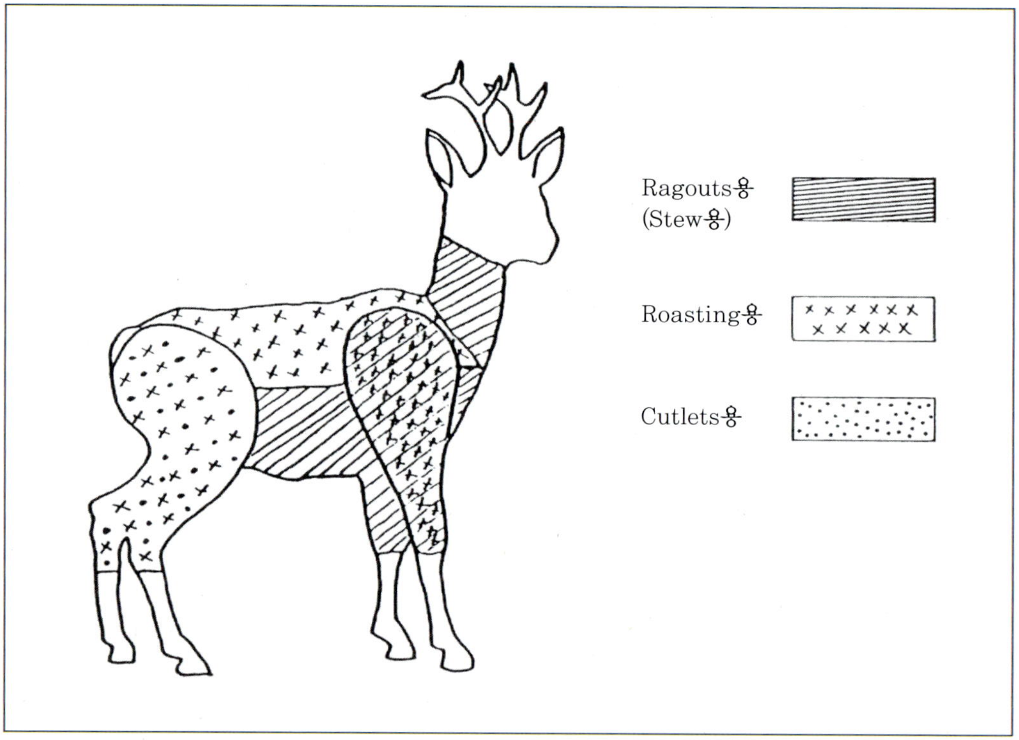

8장 기초 서양조리의 기본적 조리 전문 용어

서양조리를 준비하는 데는 조리와 관련된 전문 용어가 매우 필요하다. 이 책에서는 수많은 조리 전문 용어 중 기초적 요리 입문에 필요한 용어들만 몇 가지 소개한다.

① A la(아라) : '~의 풍으로 요리하다, ~방식으로 요리하다'라는 뜻이다.

② A la Broche(아라 브로체) : 대꼬챙이에 꿰어서 고기를 굽는 것이다.

③ A la king(아라 킹) : 양파, 피망, 양송이, 셀러리 등 흰색 소스로 합제하여 만드는 것이다.

④ Aspic(아스픽) : 육류나 생선류의 즙을 정제하고 젤라틴을 혼합하여 요리의 표면을 광택이 나며 마르지 않도록 하는 방법이다.

⑤ Brochette(브로체트) : 고기류를 대꼬챙이나 쇠꼬챙이에 끼워 석쇠에 구워내는 것이다.

⑥ Bouquet Garni(부케가르니) : 파슬리, 대파, 타임, 월계수 잎, 로즈마리, 셀러리를 함께 꽃다발처럼 묶은 것으로 소스나 스톡을 끓이는 데 사용한다.

⑦ Canape(카나페) : 토스트나 비스킷 위에 각종 식재료를 올려서 혼합하고 한 입에 먹기 편하게 만들어 내는 요리다.

⑧ Court Bouillon(쿠르 부용) : 백포도주, 식초, 레몬, 향신료, 야채, 파슬리 등을 넣

어서 끓인 스톡으로, 주로 생선 소스나 요리에 이용된다.

⑨ Crouton (크루통) : 토스트 빵 조각을 사각형으로 자르고 주사위 모양으로 버터에 갈색으로 튀겨내는 것이다.

⑩ Deglacer (데그라세) : 육류, 가금류, 생선류를 굽다가 팬 바닥에 붙어있는 것에 야채를 넣어 볶은 후 와인, 코냑, 스톡 등을 넣어 끓이면서 소스 원액을 만들어 내는 것이다.

⑪ Glacer (그라세) : 올리브 오일을 표면에 바르고 사라만다, 오븐에 넣어서 요리에 윤기와 빛깔이 나도록 한다.

⑫ Escalope (에스칼로프) : 생선이나 육류를 얇게 비스듬히 조각으로 자르는 방식을 말한다.

⑬ Flamber (플랑베) : 육류, 생선, 가금류 등에 잡냄새가 없도록 코냑을 뿌려 불꽃이 나도록 하는 조리방법이다.

⑭ Jardiniere (조르디니에르) : 당근, 무, 셀러리, 주키니, 토마토, 야채를 일정한 크기로 잘라서 데쳐 가니시로 이용하는 조리방법이다.

⑮ Manier (마니에) : 수프나 소스의 농도와 풍미를 맞추기 위해 버터와 밀가루를 1:1 비율로만 섞어서 반죽해 두는 방식이다.

⑯ Mariner (마리네이드) : 육류나 생선, 가금류 등에 맛과 풍미를 더하기 위해 우유, 와인, 버터, 야채, 허브 등을 넣어서 미리 양념을 하여 저장해 두는 방식으로, 육질이 좋아진다.

⑰ Meuniere (뫼니에르) : 생선류에 밀가루를 묻혀 버터에 갈색으로 구워 내는 것이다.

⑱ Mire-Poix (미르포아) : 당근, 양파, 셀러리, 파슬리를 소스나 스톡을 끓일 때 필요한 기본 야채로 썰어서 준비하는 것이다.

⑲ Mise en Place (미장 프라스) : 요리를 만들기 위해 필요한 식재료들을 완벽하게 레시피에 맞게 준비하는 것을 말한다.

⑳ Monder (몽데) : 토마토, 복숭아, 아몬드, 호두 등의 얇은 껍질을 끓는 물에 살짝 데쳐서 찬물에 빨리 식혀 껍질을 벗기는 방식이다.

㉑ Saute(소테) : 육류, 생선, 가금류, 야채류 등을 버터나 올리브 오일로 볶아내는 방식이다.

㉒ Simmering(시머링) : 육류, 생선류, 야채류를 적당한 물과 온도에서 은근히 끓이는 방식이다.

㉓ Temparature for Beef(고기 굽는 온도) : Rare ⇨ Medium Rare ⇨ Medium ⇨ Medium Welldone ⇨ Welldone 등 5단계 굽는 온도를 말한다.

㉔ Zeste(제스트) : 레몬, 오렌지 등의 껍질을 이용하기 위해 가늘게 썰어서 준비하는 것을 말한다.

㉕ Basic Cooking Method(기본 조리방법) : 조리를 하기 위해서 기본 조리방법의 개념과 과정, 절차, 온도를 표준화시키는 방식이다.

9장 서양조리의 기본적인 루(Roux) 종류 및 조리방법

서양요리는 기본적으로 모든 과정을 사전에 세심히 준비해야 요리를 완성할 수 있다. 일반적으로 밀가루와 버터를 혼합하여 볶는 방식을 루(Roux)라고 한다. 루는 소스나 수프를 만들 때 필수적인 매개체 역할을 하는 대단히 중요한 요소이다.

루는 밀가루와 버터를 1:1 비율로 혼합하여 냄비에 볶아서 사용하는데, 색깔별로 만들어 사용할 수 있다. 루의 종류는 흰색 루, 연갈색 루, 갈색 루 등 3종류가 있다.

특히 루는 볶을 때 두꺼운 냄비에 볶아야 타지 않는다. 아울러 절대로 밀가루 냄새가 나도록 하면 안되고, 밀가루가 덩어리지지 않도록 잘 볶아야 한다.

좋은 루를 만들어야 맛있는 수프와 소스 요리가 가능하다.

1. 흰색 루(White Roux, Roux Blanc)

밀가루와 버터를 동량으로 섞어서 볶는다. 그리고 밀가루는 체에 쳐서 준비한다. 루(Roux)가 타지 않도록 나무주걱으로 저으면서 약한 불에서 서서히 수분을 증발시키면서 볶는다. 흰색 루는 주로 흰색 소스인 베샤멜(Bechamel) 소스용으로 쓰인다.

2. 연갈색 루(Pale Roux, Roux Blond)

루(Roux)를 만드는 방법은 똑같고 다만 볶아 내는 색깔만 연갈색으로 볶아 낸다. 연갈색 루는 주로 흰색 계통인 벨루테(Veloute) 소스에 이용된다.

3. 갈색 루(Brown Roux, Roux Brun)

루(Roux)를 만드는 방법은 똑같고 갈색이 나도록 볶아 낸다. 루는 수프나 소스의 걸죽한 농도와 풍미를 살려줘 요리의 맛을 배가시키는 데 이용된다.

루와 리에종(Liaison)은 모든 요리에 농도와 풍미와 부드러운 식감을 더해주는 역할을 한다. 아울러 밀가루와 버터를 볶지 않고 그냥 완전히 섞어만 사용하는 방식을 뵈르 마니에(Beurre Manier)라고 한다.

갈색 루는 주로 에스파뇰 소스, 데미글라스 소스, 브라운 소스 등에 이용된다.

루(Roux)를 볶아내는 방법

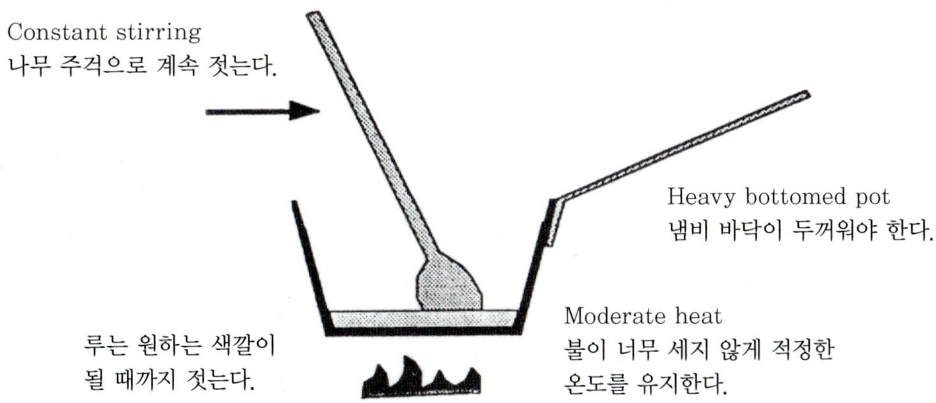

루(Roux)에 뜨거운 육수(Hot Stock)를 혼합할 때 방식

▶ 루에 육수를 넣을 때

1. Hot stock
   뜨거운 육수
2. Add stock to roux 1/3 at a time whisking with each addition.
   루 1/3 정도에 걸죽할 때까지 육수를 붓고 덩어리 없이 잘 휘젓는다.
3. Whisk until liquid comes to a simmer.
   약한 불 위에서 걸죽하게 될 때까지 잘 젓는다.

▶ 육수에 루를 넣을 때

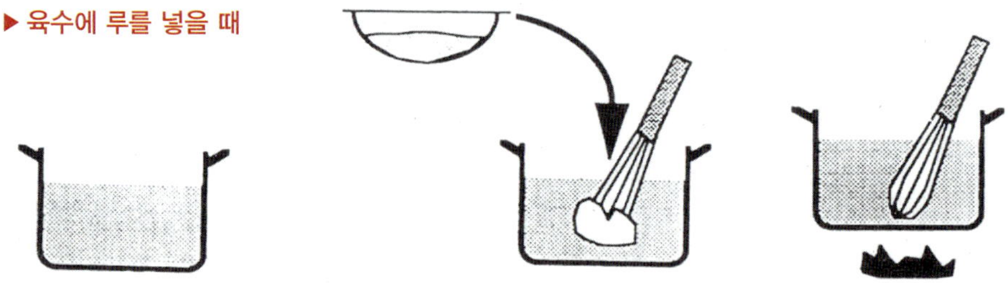

1. Hot stock
   뜨거운 육수
2. Add roux to stock, whisking until roux is dissolved.
   육수에 루를 넣고 루가 완전히 풀어질 때까지 잘 젓는다.
3. Whisk until liquid comes to a simmer.
   약한 불 위에서 걸죽하게 될 때까지 잘 젓는다.

루(Roux)에 찬 육수(Cold Stock)을 혼합할 때 방식

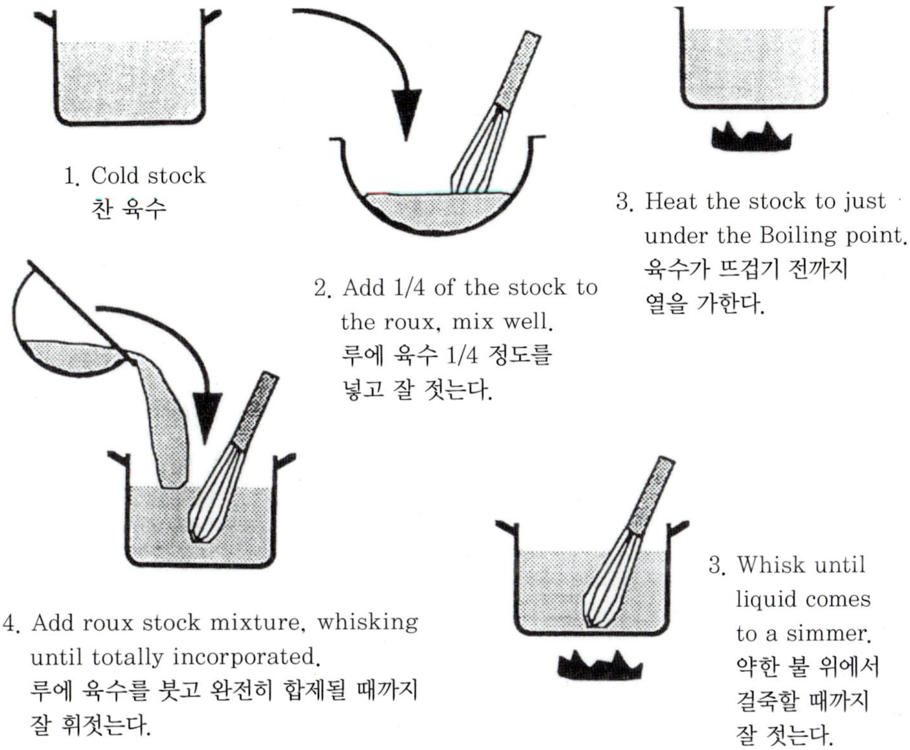

10장 서양조리의 기본적인 스톡(Stock) 종류 및 조리방법

스톡(Stock)은 일반적으로 주재료와 야채(Mire-Poix), 부케가르니(Bouquet Garni)를 함께 넣어서 은근한 약한 불에서 약 1시간 정도 끓여 우려낸 육수를 말한다.

스톡을 끓일 때는 소뼈, 닭뼈, 생선뼈, 오리뼈, 야생 조류뼈 등의 주재료를 찬물에 넣고 흐르는 물에서 핏물과 이물질을 깨끗이 제거해 준비한다. 그래야 맑고 깨끗하고 맛있는 스톡을 만들어 낼 수 있다.

그리고 당근, 양파, 셀러리를 썬 미르포아와 셀러리 잎, 월계수 잎, 타임 잎, 파슬리 잎, 대파, 로즈마리 잎, 정향, 통후추를 싸서 묶은 부케가르니를 주재료와 함께 은근한 불에서 오랜 시간 아주 세심하게 끓인다. 좋은 스톡은 훌륭한 요리를 만들 수 있는 바탕이 된다.

아울러 일반적으로 스톡과 유사한 용어로는 쿠르 부용(Court Bouillon)이라는 것이 있지만 이용 목적에 따라서 약간의 차이가 있다.

1. 스톡의 종류

주재료와 3색 야채, 향신료, 찬물을 함께 넣어 은근히 시머링해야 한다.

① 브라운 스톡 (Brown Stock)

주재료(소뼈) 갈색으로 볶은 것 + 미르포아 + 부케가르니 + 토마토 + 찬물

② 소고기 스톡 (Beef Stock)

주재료(송아지뼈) + 미르포아 + 부케가르니 + 찬물

③ 닭고기 스톡 (Chicken Stock)

주재료(닭뼈) + 미르포아 + 부케가르니 + 찬물

④ 생선 스톡 (Fish Stock)

주재료(생선뼈) + 미르포아 + 부케가르니 + 찬물

⑤ 야채 스톡 (Vegetables Stock)

주재료(야채) + 미르포아 + 부케가르니 +찬물

⑥ 게임 (들짐승) 스톡 (Game Stock)

주재료(들짐승뼈) + 미르포아 + 부케가르니 + 찬물

2. 스톡을 끓이는 조리방법

① 찬물(Cold Water)로 끓인다.

찬물을 넣으면 함께 끓이는 재료의 성분을 잘 용해시켜 주는 역할을 해 식재료 고유의 맛과 향기, 풍미를 살려줘 스톡의 품질을 향상시킬 수 있다. 따라서 꼭 찬물을 넣어야 한다.

② 자연적 정화작용(Natural Clarification)을 하도록 한다.

스톡의 주재료인 뼈, 근육, 섬유질 속에 있는 단백질인 알부민이 스톡을 끓이는 과정에서 찬물을 넣어야만 밖으로 잘 용해되어 나오며 약한 불에서 서서히 끓여 주어야 정화작용이 원활해져 맑고 깨끗한 품질의 스톡을 얻을 수 있다.

강한 불에서 끓이면 정화작용을 하는 단백질인 알부민이 밖으로 나오지 못하는 상태가 되며 계속 강한 불에서 끓이면 고기의 뼈 섬유조직이 파괴되어 스톡이 아주 흐려지고 맛도 좋지 않다.

③ 거품 제거(Skimming)를 꼭 해야 한다.

스톡을 처음 가열하여 끓일 때 발생하는 거품, 지방, 불순물 등은 완전히 제거해야하며, 향신료와 야채는 거품을 제거한 후에 넣어서 끓이는 것이 좋다. 그리고 끓이는 과정에서 계속적으로 거품과 불순물을 제거하는 것이 스톡의 혼탁도를 줄일 수 있는 방법이다.

④ 약한 불(Simmering)에서 끓이기

스톡을 끓일 때는 반드시 약한 불에서 서서히 끓여야 좋은 스톡을 얻을 수가 있다. 그리고 스톡 용기 속에서 대류작용이 발생해야 하며 대류작용이 일어나지 않으면 냄비속의 내용물이 시간이 흐르면 탈 염려가 있다. 따라서 스톡은 은근한 불에서 천천히 끓이는 것이 최상의 방법이다.

스톡을 끓이는 원리

a tall narrow pot with a small amount of surface area is ideal for long, slow simmering. There is little loss of moisture.

육수를 끓이는 용기는 좁고 높은 것이 오래도록 천천히 끓이기에 적당하다. 따라서 육수의 수분 증발이 적다.

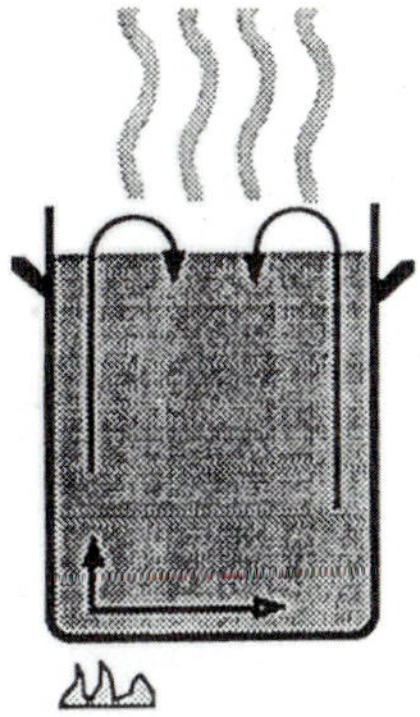

스톡을 식히는 원리

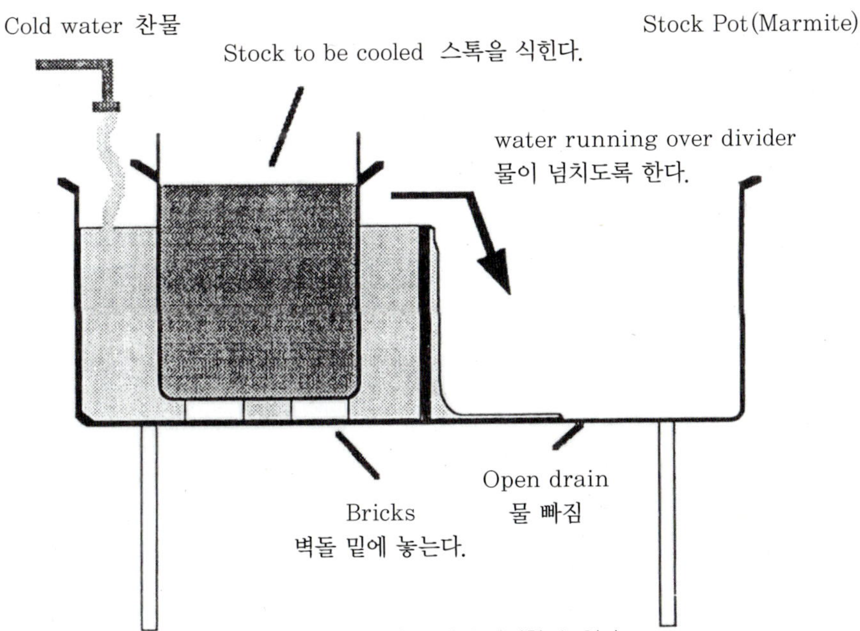

- 스톡은 빨리 식혀야 부패를 방지할 수 있다.
- 싱크대의 흐르는 물에 담궈 식힌다.
- 가끔 저어준다.

▶ Brown Stock(브라운 스톡)

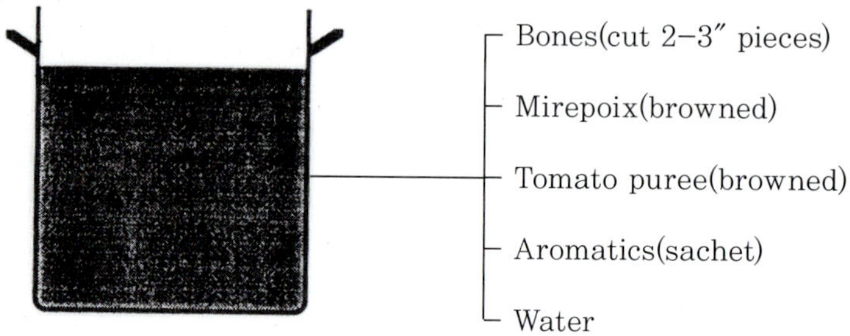

▶ Fish Stock(생선 스톡)

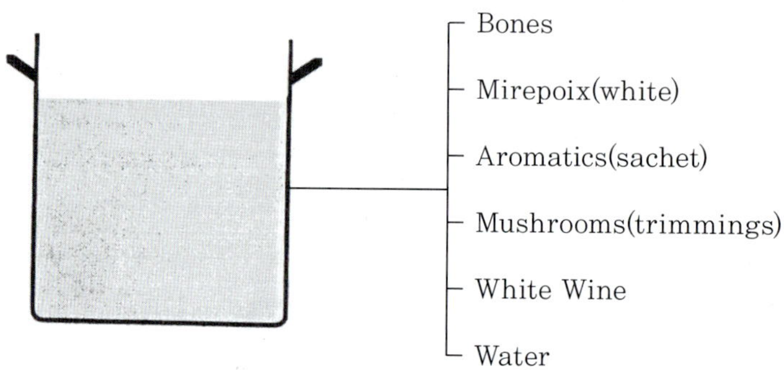

▶ White Stock(흰색 스톡)

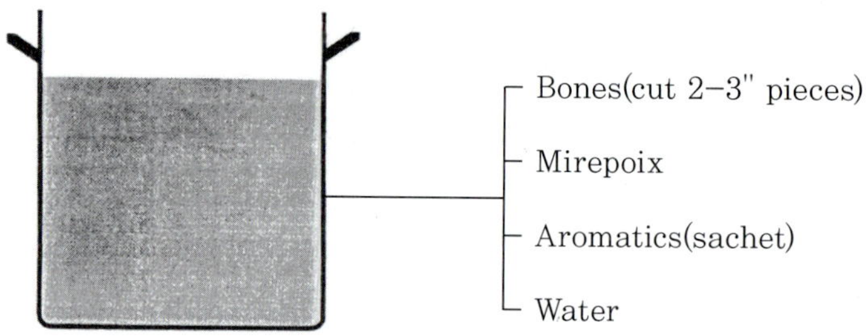

육수의 거품과 불순물을 제거하는 방법

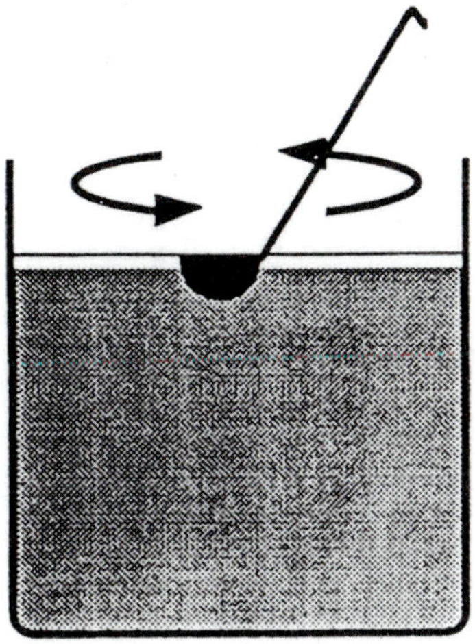

Degrease
Using a ladle in a circular motion, start in the center and move towards the outside of the pot.
As the fat collects along the edge it can be ladled from the top of the stock.

국자를 사용해서 가운데부터 원형을 그리며 바깥쪽으로 서서히 움직이면서 가장자리로 모아서 걷어 낸다.

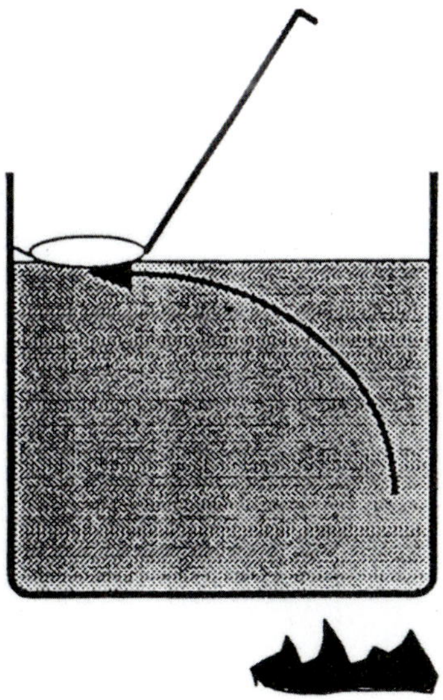

Skimming
Impurities will rise to the surface and collect along the edge of the pot away from the heat.
A skimmer is used to remove the impurities.

불순물은 열을 가하면 표면에 올라온다. 가운데를 휘저어서 가장자리로 모아서 걷어 낸다.

스톡(Stock), 부용(Bouillon), 콩소메(Consomme)의 관계

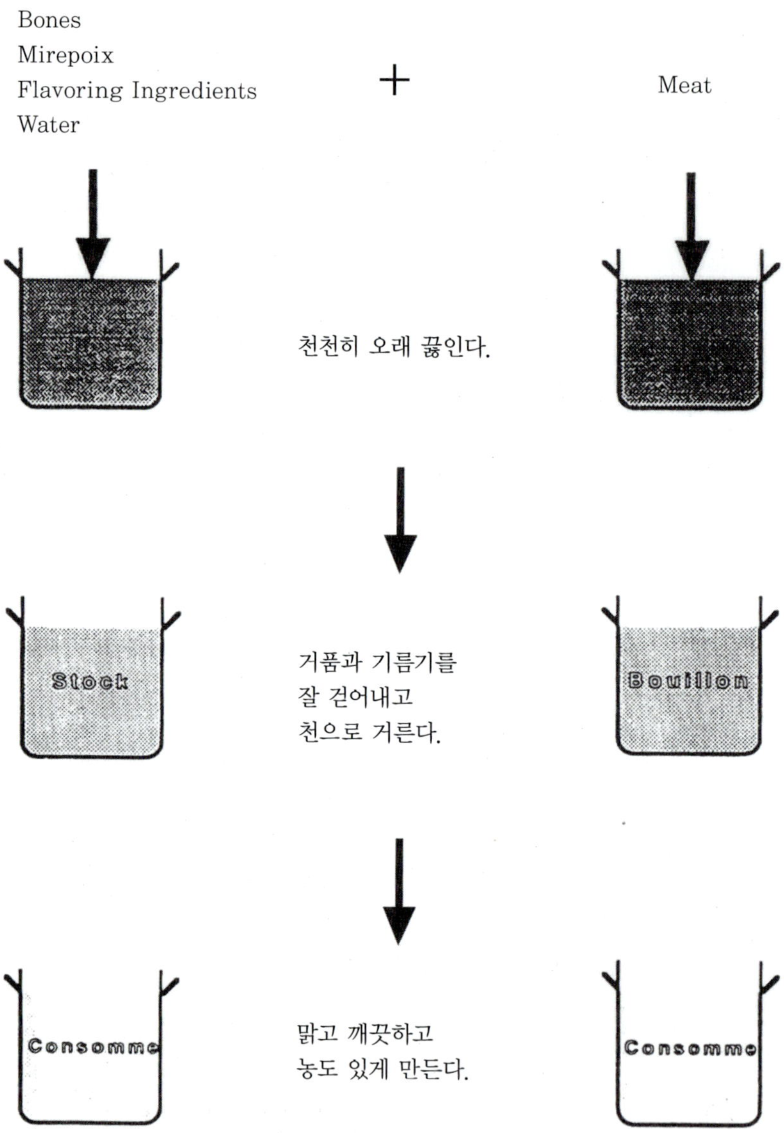

11장 서양조리의 기본적인 소스(Sauce) 종류 및 조리방법

소스(Sauce)의 어원은 라틴어의 'Sal'에서 전래되었다고 기록되어 있는데, 이것은 소금을 의미한다. 요리에 소스를 곁들이는 역사는 14세기에 처음 시작되어 음식의 맛을 으뜸으로 만들었다고 한다.

소스는 식재료 본래의 맛과 향기를 유지하면서 음식의 향기와 풍미, 식감을 더욱 높여 주고 요리의 전체 맛을 더해 준다. 따라서 소스는 육류, 생선, 야채 등의 재료에 따라서 그 종류가 세계적으로 500여 종에 달한다. 소스의 종류는 너무 방대하고 수백 종에 이르기 때문에 모두 기억하고 활용하기는 더욱 어렵다.

종류가 많은 만큼 기본 소스를 응용하여 독창적인 소스를 적합하게 만들어 내는 것이 매우 중요하다. 그래서 기본이 되는 소스를 정확하게 배우고 익혀야 이를 활용해 원하는 소스의 깊이와 맛을 찾아낼 수가 있다. 따라서 기본적인 소스의 중요성을 인식하고 정확하게 만드는 것이 기본이 된다.

아울러 수백 종에 달하는 소스의 이름은 대체로 그것을 창안해낸 사람 이름, 지역명, 식재료의 특성, 유명인 이름 및 브랜드명이 사용되었다.

1. 기본적인 소스(Basic Sauce)의 종류

기본 소스는 대체로 6가지 종류로 분류할 수 있다.

① 베샤멜 소스(Bechamel Sauce)

② 벨루테 소스(Veloute Sauce)
- Veal Veloute(송아지 벨루테)
- Chicken Veloute(닭고기 벨루테)
- Fish Veloute(생선 벨루테)

③ 에스파뇰 소스(Espagnole Sauce)

④ 토마토 소스(Tomato Sauce)

⑤ 홀랜다이즈 소스(Hollandaise Sauce)

⑥ 마요네즈 소스(Mayonnaise Sauce)

2. 기본적인 소스(Sauce)의 조리방법

① 베샤멜 소스(Bechamel Sauce)

루 블랑(Roux Blanc)에 우유를 풀어서 양파와 정향, 소금, 흰 후추를 넣어 걸죽하게 끓여서 만드는 흰색 소스이다.

② 벨루테 소스(Veloute Sauce)

루 브론드(Roux Blond)에 스톡을 부어 야채를 함께 넣고 걸죽하게 끓여서 만드는 소스이다. 송아지 스톡, 닭고기 스톡, 생선 스톡 등 스톡의 종류에 따라서 3가지 종류가 있다. 연갈색 소스를 이룬다.

③ 에스파뇰 소스(Espagnole Sauce)

루 브란(Roux Brun)에 갈색 스톡과 야채, 향신료 등을 함께 넣어 장시간 은근히 끓이고 졸여서 다갈색 소스로 만든다. 끓일 때 매우 정성이 필요한 소스의 일종이다.

④ 토마토 소스(Tomato Sauce)

잘 익은 토마토를 짓이기고 스톡, 향신료 등을 함께 넣어 끓여 걸죽하게 걸러서 만들어 낸다. 적색 소스를 이룬다.

⑤ 홀랜다이즈 소스(Hollandaise Sauce)

달걀 노른자와 식초, 레몬, 향신료, 와인, 파슬리를 함께 섞어 졸인 국물과 65℃ 정도 온도에서 이중탕으로 휘저어서 만드는 소스이다. 노란색 소스를 이룬다.

⑥ 마요네즈(Mayonnaise Sauce)

달걀 노른자, 식초, 식용유, 겨자, 소금, 후추를 함께 섞어 넣어 믹싱볼에서 휘젓거나, 블렌더에 갈아서 소스를 만들어 낸다. 찬 흰색 소스를 이룬다.

기본 소스(Basic Sauce)의 분류와 재료

Type of Sauce 소스 형태		**Basic Ingredients** 기본 준비재료
Brown (갈색 소스) – Demi–Glace – Espagnole – Fond de Veau Lie		Brown roux Brown stock Caramelized vegetables Aromatics
Bechamel (베샤멜 소스)		White roux Milk(opt. veal stock) Pique onion
Veloute (벨루테 소스) – Chicken – Veal – Fish		Pale roux Stock(chicken, veal, fish) Aromatics
Tomato (토마토 소스)		Tomato Vegetables Stock Aromatics

베샤멜 소스(Bechamel Sauce)의 조리법 및 파생 소스

White Roux
흰색 루

Milk or veal stock
우유 또는 송아지 스톡

Pique onion
양파 피큐

▶ 파생되는 소스

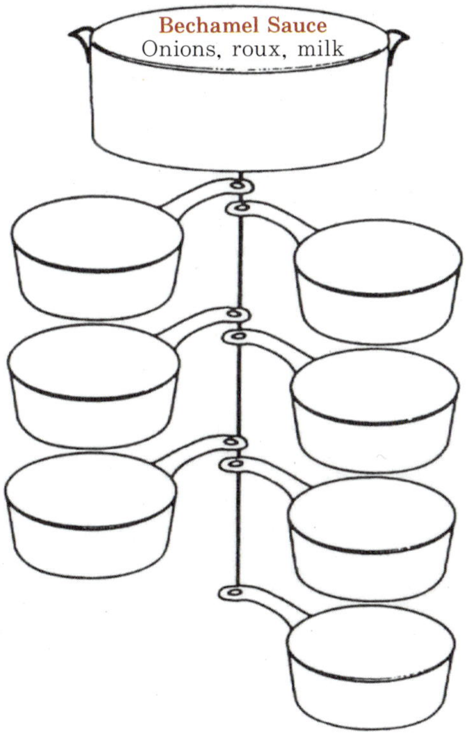

Mornay Sauce
Cooking liquor, grated cheese, butter

Shrimp Sauce
Fish stock, shrimp, butter

Cardinal Sauce
Fish stock, truffle essence, cream, lobster butter

Cream Sauce
Cream, lemon, stock, butter

Nantua Sauce
Crayfish butter, cream

Ecossaise Sauce
Brunoise of vegegabels and cream

Many Other Derivatives

벨루테 소스(Veloute Sauce)의 조리법 및 파생 소스

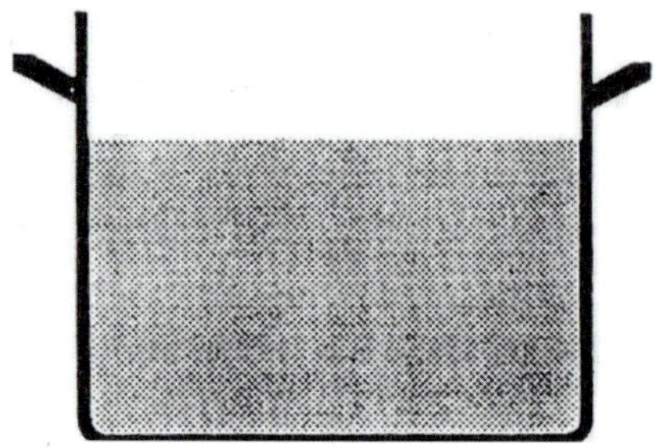

▶ **파생되는 소스**

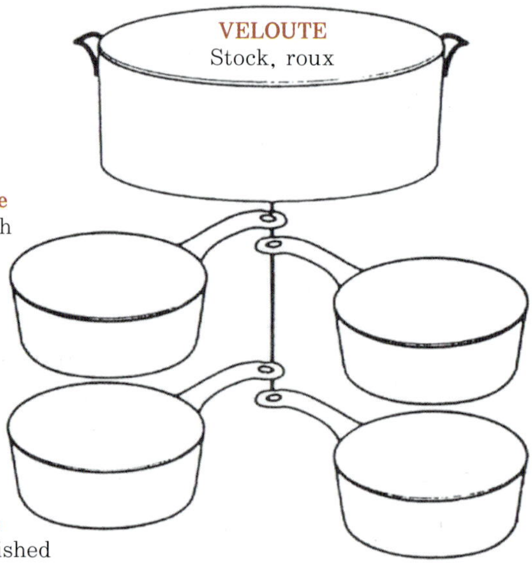

에스파뇰 소스(Espagnole Sauce)의 조리법 및 파생 소스

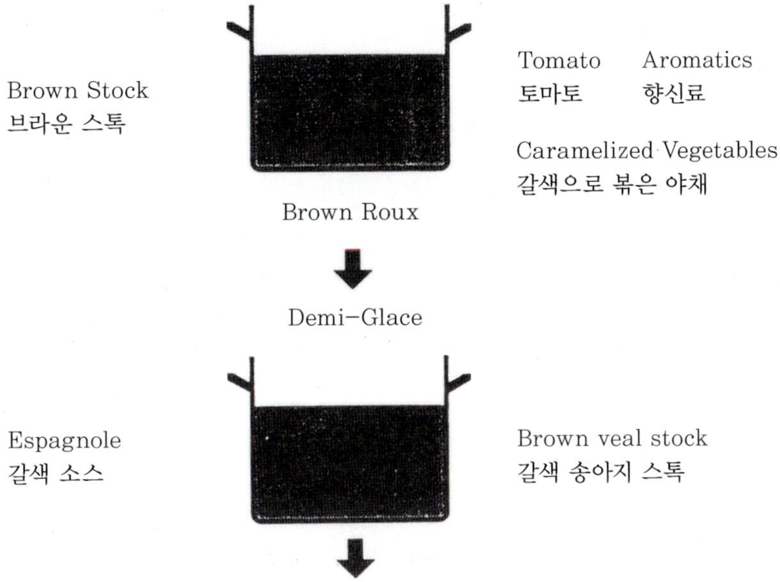

▶ 파생되는 소스

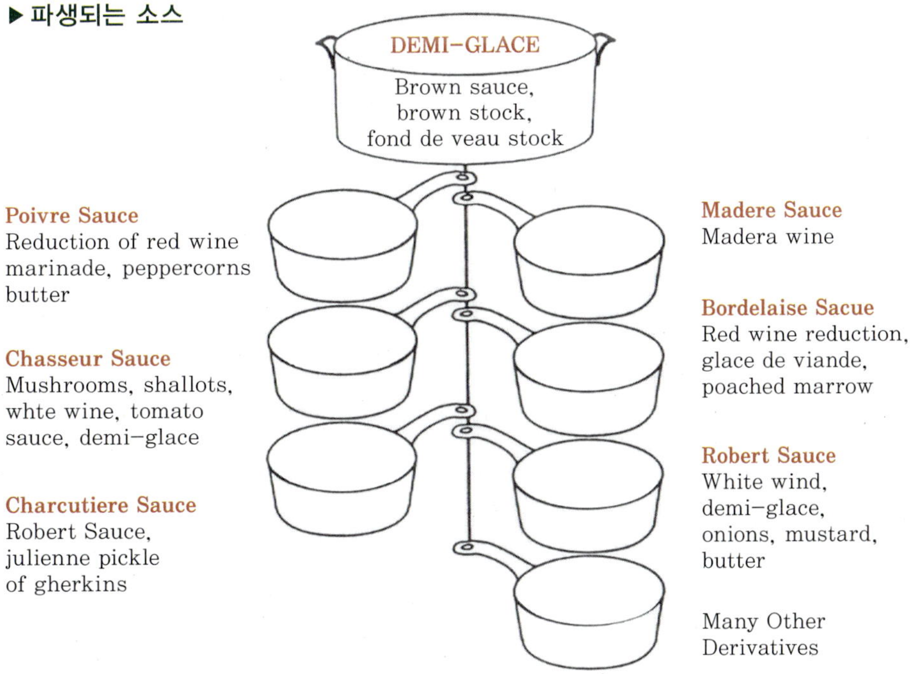

토마토 소스(Tomato Sauce)의 조리법 및 파생 소스

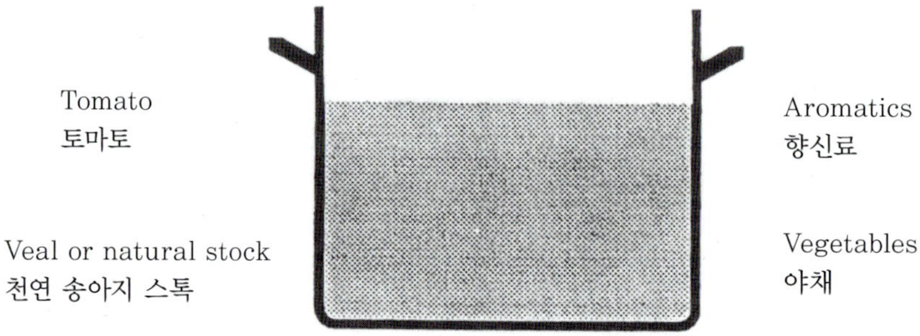

▶ 파생되는 소스

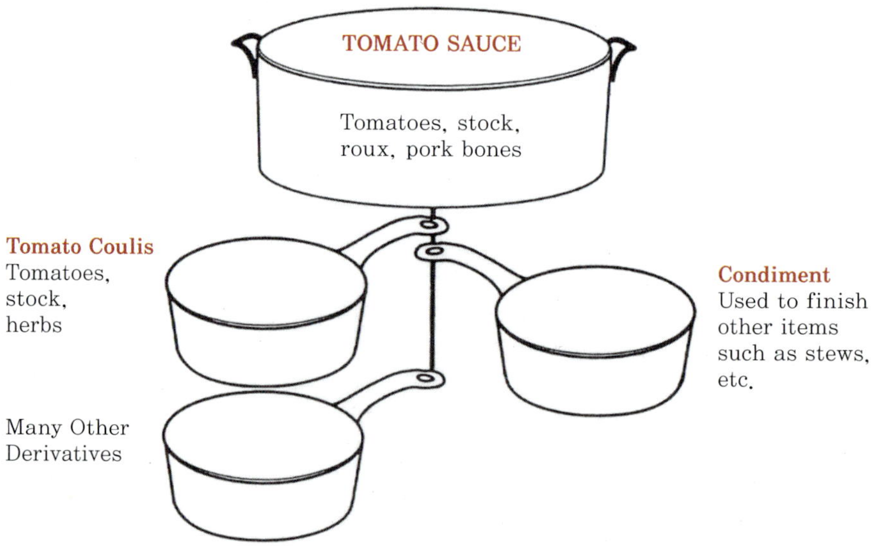

홀랜다이즈 소스(Hollandaise Sauce)의 조리법

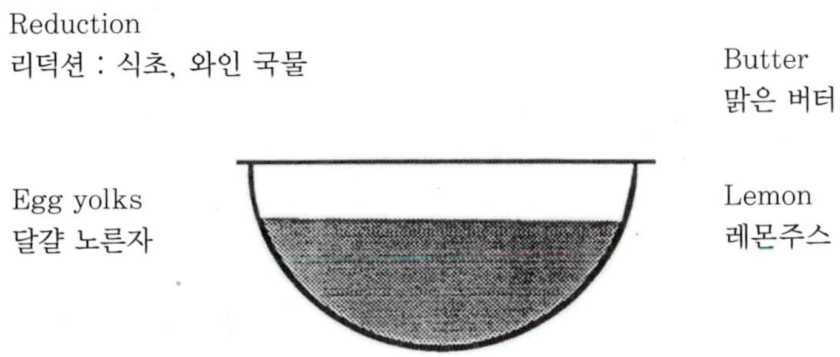

▶ 소스를 휘젓는 방법

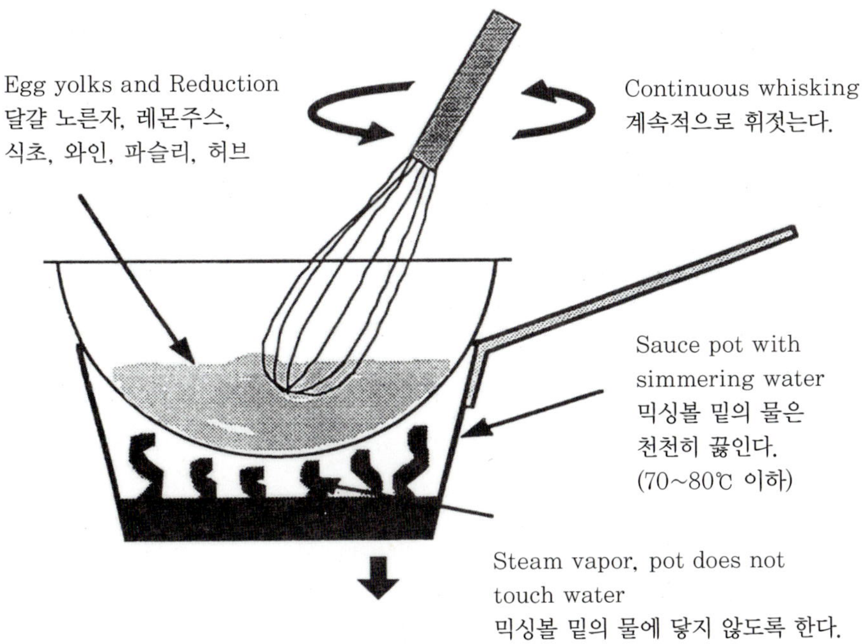

홀랜다이즈 소스(Hollandaise Sauce)에서 파생되는 소스

각종 소스를 거르는 방법

▶ Equipment Used 걸럼체

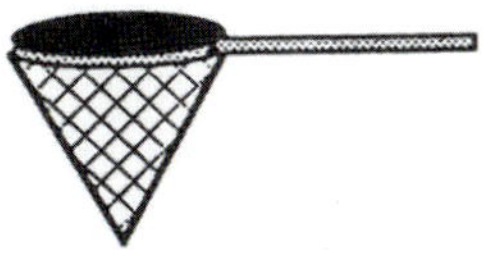

Coarse China Cap

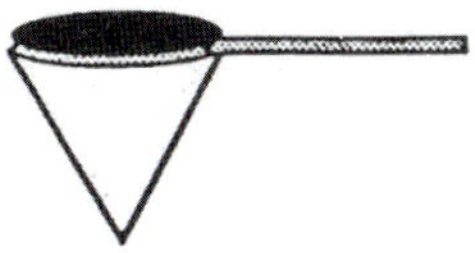

Fine China Cap

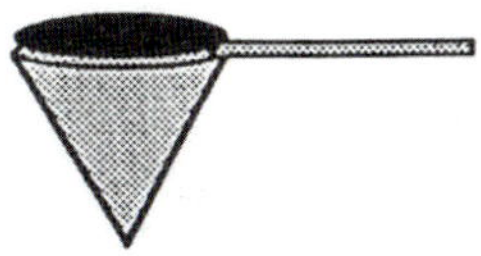

Screen Chinoise

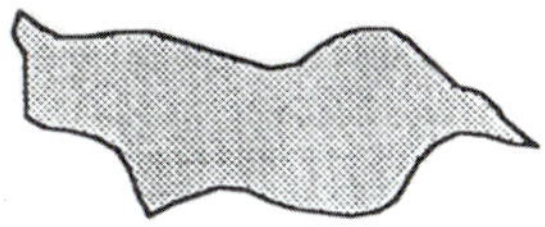

Cheesecloth 융이나 천

▶ China Cap Method

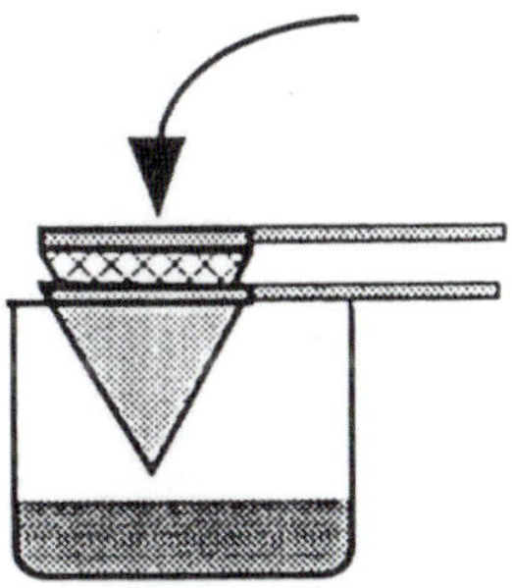

1. 걸럼체를 이중으로 해서 거른다.

▶ Wringing or Twisting Method

2. 융이나 천에 소스를 넣는다.

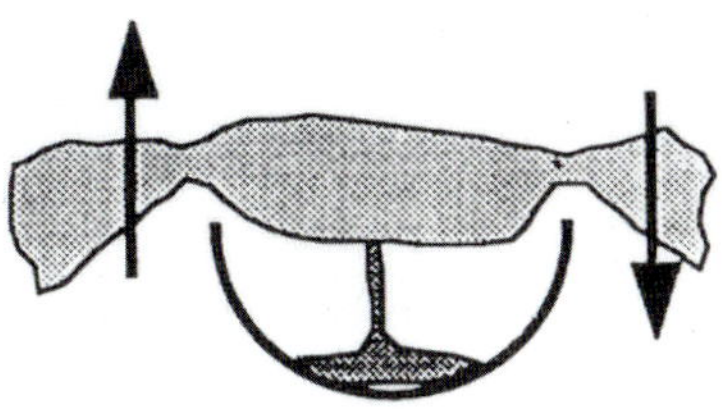

3. 융이나 천에 소스를 넣어 꼬아서 짠다.

12장 서양조리의 기본적인 조리방법

서양요리는 그 조리방법에 따라서 음식의 모양새, 식감, 질감, 맛, 향기, 색상, 영양 요소 등이 크게 달라질 수가 있다. 따라서 다음과 같은 조리방법을 이해하고 응용하는 것이 대단히 중요하다. 그리고 기본 조리방법에 관심을 가지고 이를 잘 이해해야 요리에 생산적인 접근을 할 수 있다.

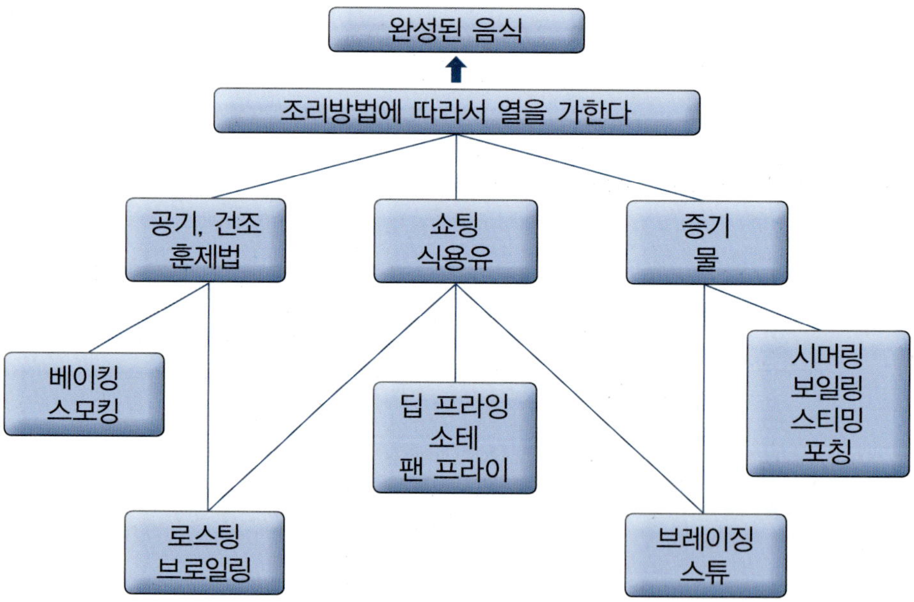

기본 조리방법 모형

1. 기본 조리방법 및 분류

1) 보일링(Boiling) 조리방법

식재료를 깨끗이 씻어 끓는 물과 스톡을 이용하여 파스타, 국수류, 감자, 고구마, 쌀밥, 건조야채 등을 100℃ 온도에서 삶아 낸다.

- 감자, 쌀밥, 고구마, 뿌리 야채류 등은 찬물에 뚜껑을 덮고 끓인다.
- 마카로니, 파스타, 국수류 등은 뜨거운 물에 약간의 식용유를 넣고 뚜껑을 덮지 않고 삶아 낸다.
- 100℃(212℉) 온도에서 소금을 첨가하고 끓여서 식혀 준비한다.
- 보일링을 하는 그릇은 위쪽 입구 표면이 넓어야 한다.

보일링(Boiling Cooking) 조리방법 모형

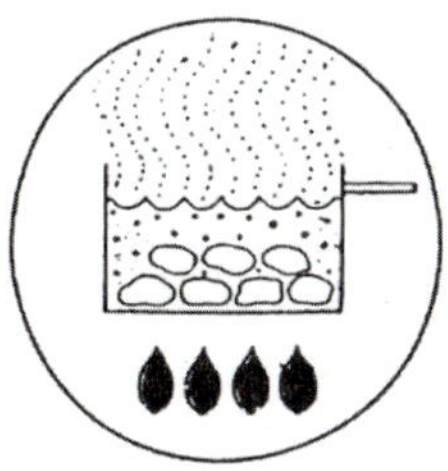

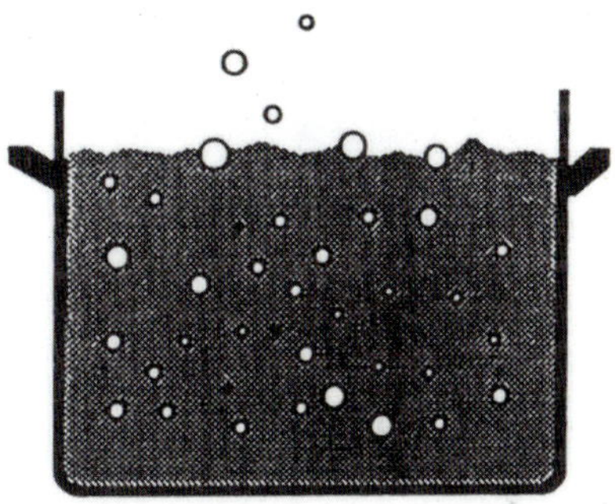

2) 시머링(Simmering) 조리방법

시머링 조리방법은 포칭과 보일링의 혼합된 조리방법으로 온도가 90~95℃ 이내에서 조리하는 방식이다.

- 육류 조리는 삶은 고기류, 소고기, 양고기, 송아지고기, 소 혓바닥, 닭고기 등을 물이나 육수에 한번 먼저 데쳐내고 다시 뚜껑을 덮고 서서히 끓이는 조리방법이다. 이는 스튜(Stew) 조리방식의 일종이다.
- 맑은 스톡, 맑은 수프를 끓일 때에는 찬물 또는 맑은 스톡을 넣고 단백질이 파괴되지 않도록 서서히 끓이면서 계속 위에 떠오르는 거품을 걷어 낸다.
- 이 조리법은 냄비 바닥이 넓은 그릇보다 높은 그릇을 사용하는 것이 좋다. 너무 많은 증기 증발을 막아야 좋은 요리 맛에 접근 할 수 있기 때문이다.
- 온도는 화씨 185~205℉로 이용할 수 있다.

시머링(Simmering Cooking) 조리방법 모형

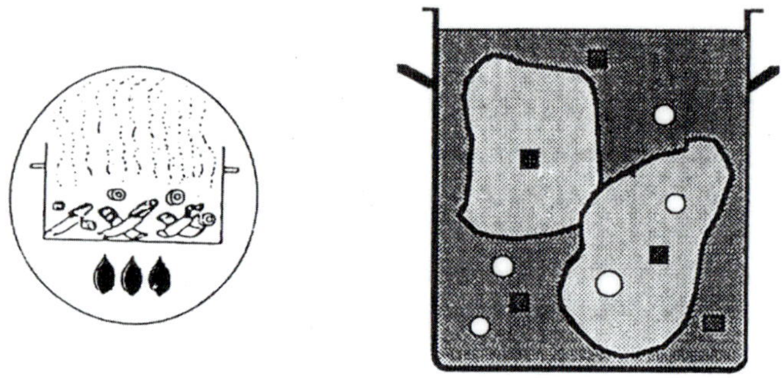

3) 블랜칭(Blanching) 조리방법

블랜칭 조리법은 주로 감자, 고구마, 시금치, 브로콜리 등 야채류를 끓는 물에 순간적으로 넣었다가 빨리 건져서 흐르는 찬물에 헹구어 데쳐 내는 조리방법이다. 그래서 이 조리방법은 소테, 글레이징을 하기 위해서 사전에 하는 조리방법이다.

① 물에 데치는 조리방법의 경우

- 감자는 끓는 물에 약간의 소금을 함께 넣고 절반 정도 익힌다. 건져서 시팬에 타월을 깔고 물기를 제거하면서 그대로 식힌다.
- 야채류는 끓는 물에 약간의 소금과 함께 넣었다가 재빨리 건져내 이용한다. 빨리 건져 내야 무기질, 비타민, 엽록소 등의 손실이 줄어든다.
- 소뼈, 닭뼈 등 뼈는 찬물을 붓고 서서히 끓이면서 거품과 불순물을 제거한다.
- 이 조리법은 반드시 뜨거운 물을 사용해야 한다. 그렇지 않으면 야채 고기류의 세포가 열려서 영양소가 손실될 우려가 매우 높다. 뜨거운 물에 데칠 경우 식재료의 세포가 열리지 않으므로 재료 본연의 맛을 유지 보존할 수 있다.

② 기름에 데치는 조리방법의 경우

- 기름을 이용한 블랜칭은 미리 약간의 프라이(Frying)를 하기 위한 과정이다. 야채류, 생선, 육류, 감자는 대체로 온도가 130℃(250°F) 정도에서 조리하면 적당하다.

블랜칭(Blanching Cooking) 조리방법 모형

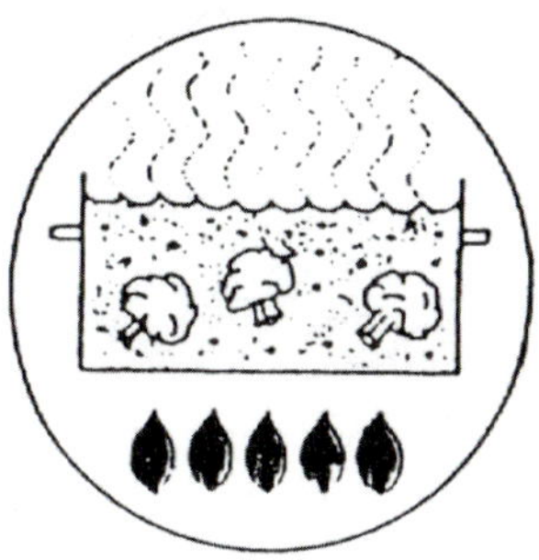

4) 포칭(Poaching) 조리방법

포칭 조리방법은 물을 끓일 수 있는 뱅마리(Bainmarie) 용기에서 65~80℃(150~175℉) 온도의 물로 서서히 식재료를 익히는 조리방법이다.

- 생선류는 65~80℃ 정도에서 와인 또는 쿠르 부용(Court Bouillon)을 이용하여 포칭한다.
- 가금류는 먼저 살짝 데치는 과정을 거친 다음 화이트 스톡(White Stock)에 와인을 첨가하여 포칭할 수 있다.
- 주의할 점은 포칭을 할 때는 절대로 온도가 80℃ 이상 상승하면 안된다. 왜냐하면 온도가 너무 높으면 식품 내 단백질이 파괴되기 쉽다.
- 포칭 조리방법은 물에 완전히 잠기는 방법과 절반만 잠기는 방법 두 가지가 있다.

포칭(Poaching Cooking) 조리방법 모형

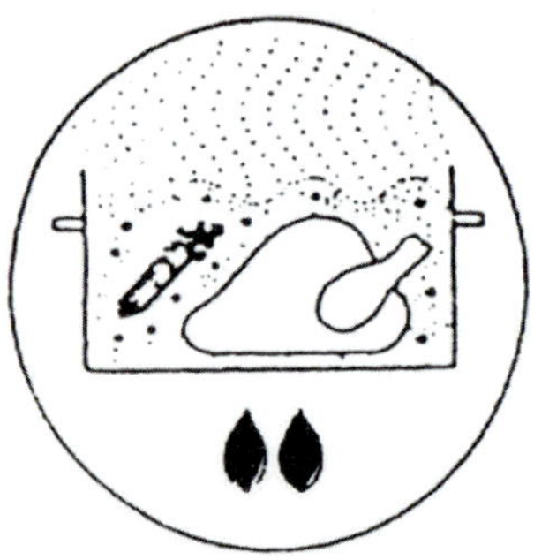

물에 절반만 잠기는 포칭방법과 완전히 잠기는 포칭방법

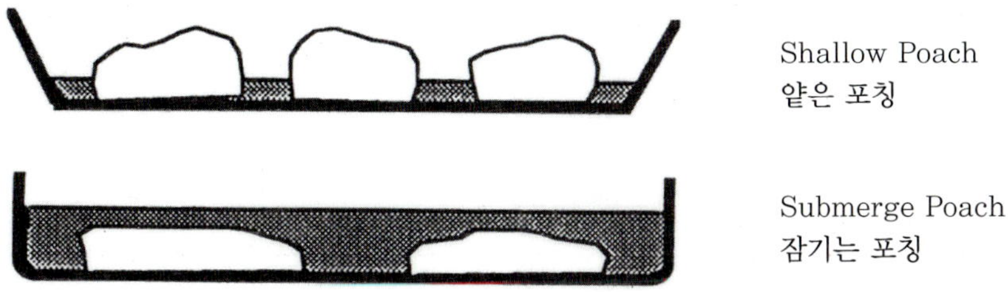

① Poaching Shallow 방법

- 액체가 덜 이용된다.
- 가금류, 육류, 생선류 등은 되도록 1cm 크기로 작게 자른다.
- 포칭하여 남는 액체는 소스로 이용한다.
- 일반적으로 이 방법은 오븐에서 조리한다.
- 가니시 미르쁘아(Mire-Poix)는 함께 넣어서 조리한다.
- 냄비의 뚜껑은 기름종이나 쿠킹호일로만 덮는다.

② Poaching Submerge 방법

- 소스나 액체를 많이 필요로 한다. 완전히 잠기게 한다.
- 완전히 잠기는 방법은 되도록 식재료를 크게 자른다. 주재료만 조리에 이용한다.
- 포칭할 때 남은 국물은 사용하지 않는다. 소스는 따로 만든다.
- 야채 가니시는 따로 만들어서 요리 서브 직전에 함께 섞어 첨가한다.
- 조리는 스토브 위에서 서서히 은근히 불 조절을 하면서 포칭 조리한다.
- 냄비의 뚜껑은 절대로 덮지 않는다.

5) 소테(Saute)와 얕은 프라잉(Shallow Frying) 조리방법

팬 프라이(Pan Fry)와 소테(Saute)는 주방 현장에서 아주 많이 이용하는 조리방법이다. 이 조리방법은 넓은 프라이팬에서 높은 온도로 재빨리 조리하는 방법이다. 그리고 프라이팬의 크기와 모양에 따라 팬 프라이 또는 소테라고 부른다.

소테(Saute)와 팬 프라이(Pan Fry) 조리방법 모형

소테(Saute)와 팬 프라이(Pan Fry)의 특성

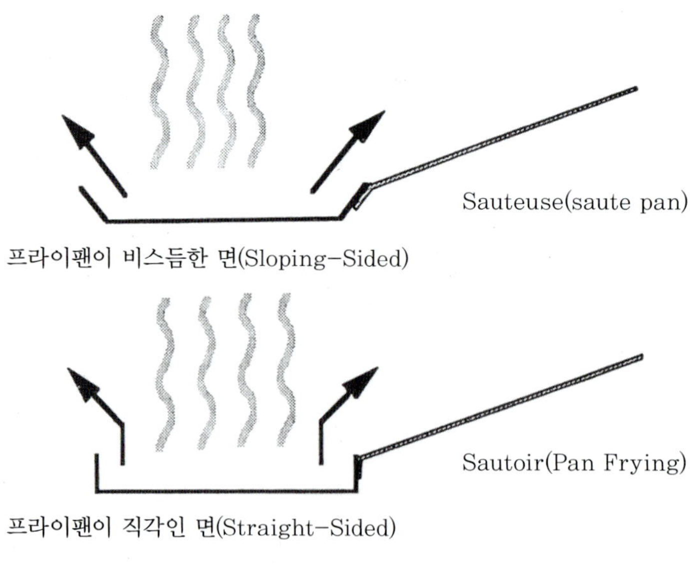

- 소테 조리방법은 팬의 표면이 넓어야 열기와 증기를 빨리 증발시킬 수 있다.
- 버터나 오일은 약간만 넣어야 한다.
- 식재료 양에 따라서 알맞은 프라이팬을 사용한다.
- 얇은 프라이팬으로 높은 온도에서 조리해 수분을 재빨리 증발시켜야 하며, 그렇게 해야 팬 안에 있는 고기도 색깔이 좋고 질기지 않다.

소테(Saute)와 팬 프라이(Pan Fry)의 차이점

▶ 팬 프라이

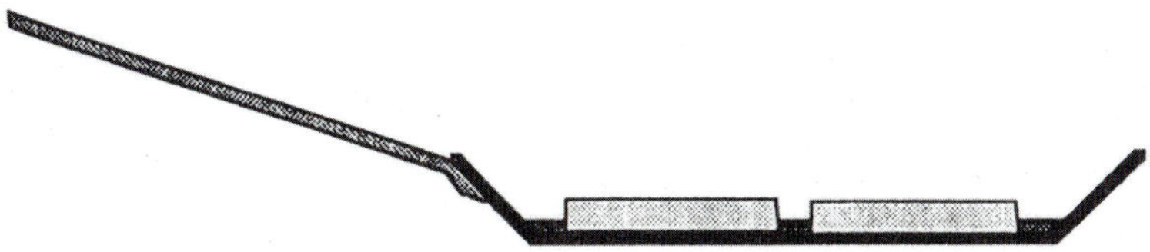

Cross section of items cooking by Pan Frying

○ 소테하는 식재료보다 두꺼워야 한다.
○ 약간 많은 기름이 필요하다.
○ 낮은 온도에서 약간 오래 조리한다.
○ 밀가루 달걀물 등을 묻혀서 굽는다.
○ 소스는 그 팬에서 추출하지 않는다.

▶ 소테

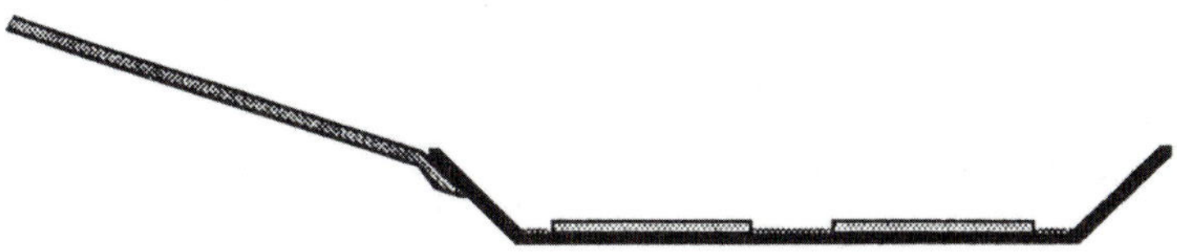

Cross section of items cooking by Saute

○ 팬 프라이 식재료보다 얇아야 한다.
○ 아주 적은 기름이 사용된다.
○ 높은 온도에서 빨리 조리한다.
○ 밀가루 등을 묻히지 않는다.
○ 소스는 굽고 난 후에 그 액체를 소스로 만들 수 있다.

소테(Saute)와 팬 프라이(Pan Fry) 주의점

▶ 잘못된 방법

▶ 옳은 방법

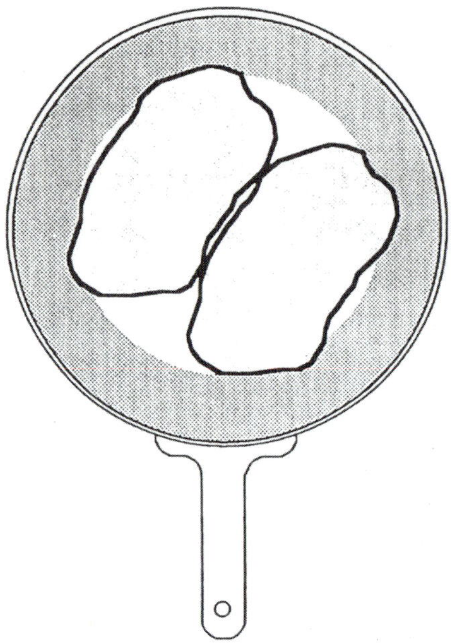

이 팬의 식재료는 너무 복잡하게 넣었다.
따라서 수분이 증발될 틈이 없고
고기가 질기고 맛이 없다.

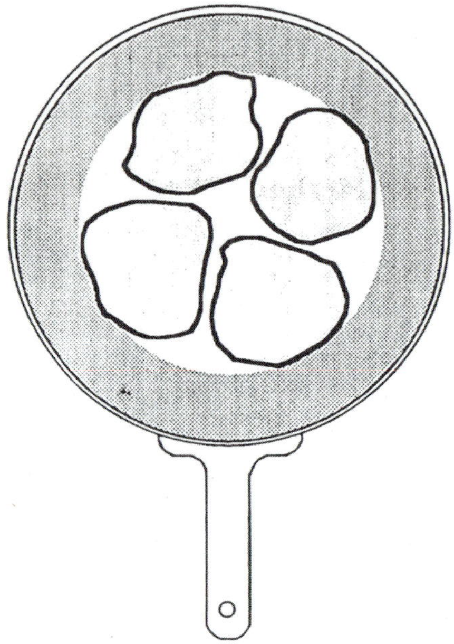

이 팬의 식재료는 가득차 있지만
고기 조각의 공간이 여유가 있다.
따라서 수분이 증발되고 고기가
질겨지는 것을 막을 수 있다.

6) 브로일링(Broilling)과 그릴링(Grilling) 조리방법

이 조리방법은 고기를 구울 때 전기, 가스, 숯불 등으로 사라만더에서 굽거나, 그릴팬에 굽거나 하는 조리방법이다.

브로일링(Broilling)과 그릴링(Grilling) 조리방법 모형

- 처음 온도는 220~260℃ 정도로 높여서 준비하며 조리시에 150~210℃ 정도로 온도를 낮추어서 조리하는 방법이 적절하다.
- 고기 두께가 얇을수록 그릴판 온도는 높아야 하며 고기가 두꺼울수록 그릴 온도는 낮추어야 한다.

브로일러(Broiller)와 그릴(Grill)의 조리방법 차이점

▶ 브로일러(Broiller)

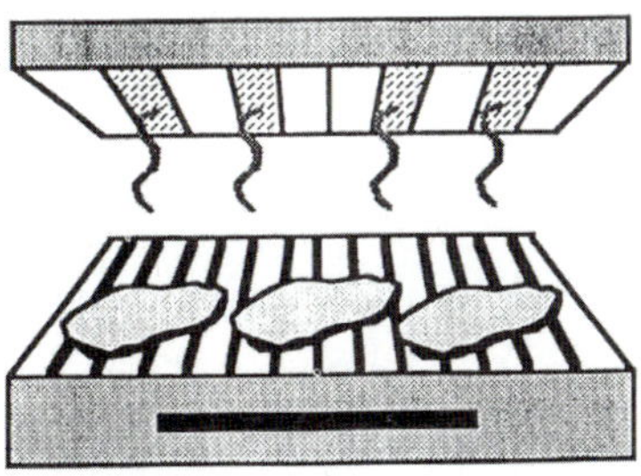

○ 열의 원천이 위에서 발산된 온도.
○ 석쇠 온도가 전도되는 방법이다.
○ 이 방법은 전통적으로 가스나 전기 기구를 사용한다.

▶ 그릴(Grill)

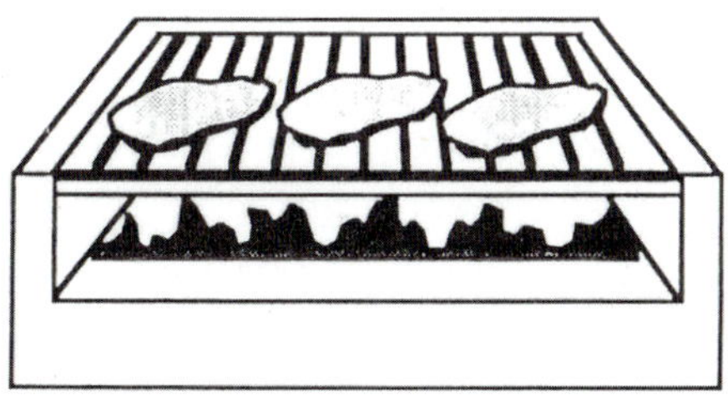

○ 열의 원천이 밑에서 발산된 온도.
○ 대류와 복사열의 방법이다.
○ 이 방법은 가스, 숯, 마른나무 장작 등을 사용한다.

그릴(Grill)을 이용해 스테이크를 굽는 조리방법

○ 고기를 굽기 전에 미리 석쇠 온도를 높여 놓고 고기를 올린다.
○ 고기면에 자국(줄무늬)이 정확하게 날 때까지 올려 놓는다.
○ 45° 각도로 비스듬하게 올린다.

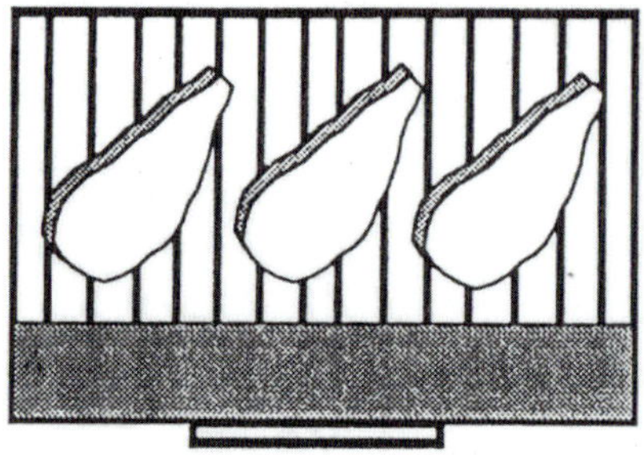

○ 다시 45° 각도로 자국이 날 때까지 올려서 굽는다.

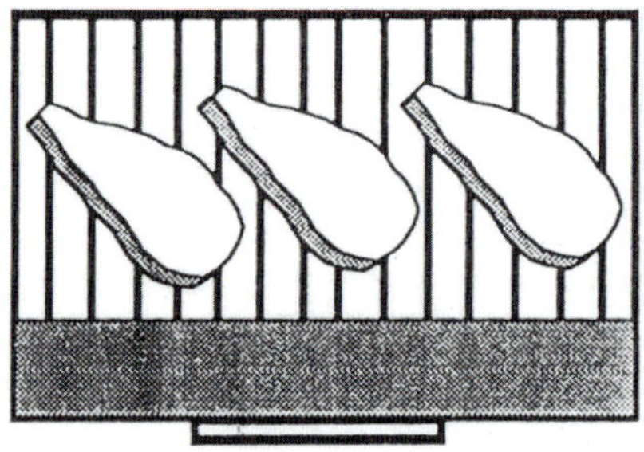

○ 위에서 명확하게 줄무늬가 나타나면 고기를 뒤집어서 굽는다.
○ 구울 때는 손님의 요구대로 굽는다.

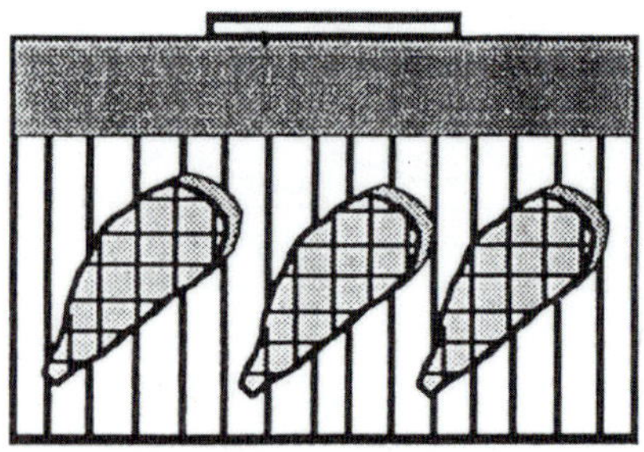

7) 딥 펫 프라잉(Deep Fat Frying) 조리방법

이 조리방법은 기름을 이용하는데 보통 온도는 140~190℃(250~375°F) 정도에서 유지해야 한다. 주로 튀김조리 재료는 육류, 생선류, 야채류, 가금류 등을 이용하며 기름의 온도나 양을 조절해 가면서 재료를 넣어야 한다. 너무 많은 재료를 한꺼번에 넣으면 기름이 흡수되어 맛과 색깔이 원하는 대로 나오지 않는다.

딥 펫 프라잉(Deep Fat Frying) 조리방법 모형 및 주의점

- ○ 기름의 거품을 자주 걷어 낸다.
- ○ 프라이기의 온도를 250~375℉ 사이에서 항상 유지시킨다.
- ○ 사용하지 않을 때는 온도를 낮춘다.
- ○ 매일 기름을 거르고 필요에 따라 더 자주 거른다.
- ○ 필요하면 새 기름을 놓는다.
- ○ 기름이 더러우면 바꾼다.

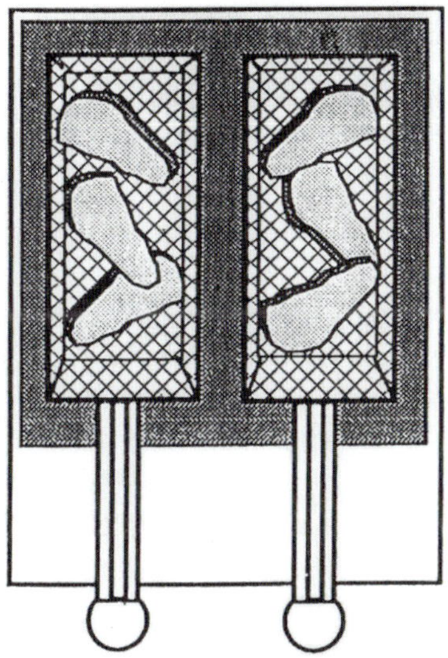

바스켓(Basket) 프라이와 스위밍(Swimming) 프라이 조리방법 비교

▶ 바스켓 프라이

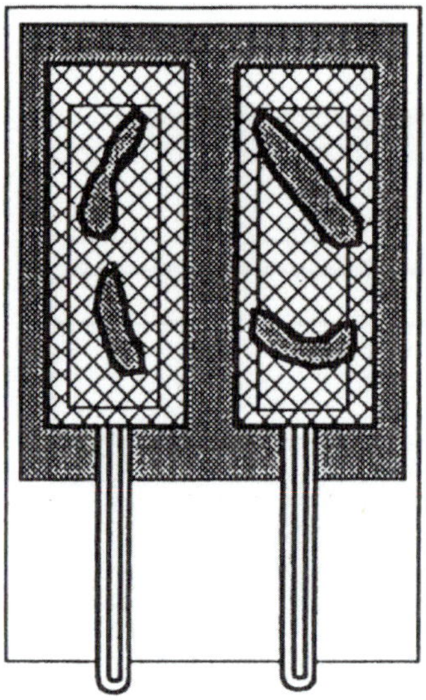

① 이 방법은 프라이기의 바스켓에 식재료를 놓고 난 후 뜨거운 기름에 철망을 담근다.
② 빵가루 묻힘이나 다른 묻힘을 튀길 때 사용하는 방법이다.
③ 작은 조각들을 많이 튀길 때 사용한다.
④ 밀가루 반죽 묻힘으로 튀김은 안 된다.
⑤ 많은 양을 튀길 때 사용한다.

▶ 스위밍 프라이

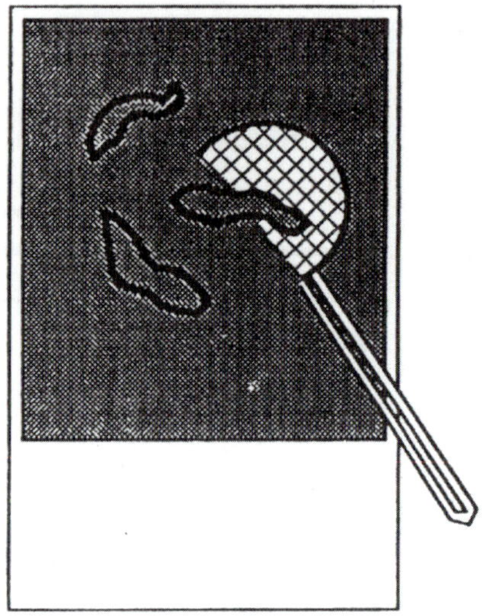

① 이 방법은 식재료를 반죽에 담궈 직접 뜨거운 기름에 프라이 한다. 튀길 때 식재료들이 뒤섞인다. 망 또는 집게로 건져낸다.
② 바스켓 방법과 경우에 따라서 같다.
③ 바스켓 방법과 다른 점은 큰 것을 조금 튀길 때 주로 사용한다.
④ 밀가루 반죽을 튀길 때 좋은 방법이다.
⑤ 많은 양을 튀길 때 사용한다.

8) 브레이징(Braising) 조리방법

이 조리방법은 뱅마리 용기에 식재료와 액체나 소스 같은 것을 함께 섞어 넣고 은근한 불에서 오랜 시간 끓이는 조리방식이다. 보통 온도는 180~200C°로 한다.

고기 덩어리는 높은 온도에서 표면을 갈색으로 색깔을 낸 다음 미르포아 야채, 와인, 스톡 등을 넣고 서서히 은근히 조리하는 방식이다. 조리과정 중에 내용물을 가끔씩 저어 준다. 고기와 야채가 충분히 조리된 후에는 고기만 먼저 건져 내고 서서히 끓일 때 생긴 육즙(Jus)을 채로 걸러 버터를 추가해 진한 갈색 소스를 만들어낸다.

브레이징(Braising) 조리방법 모형

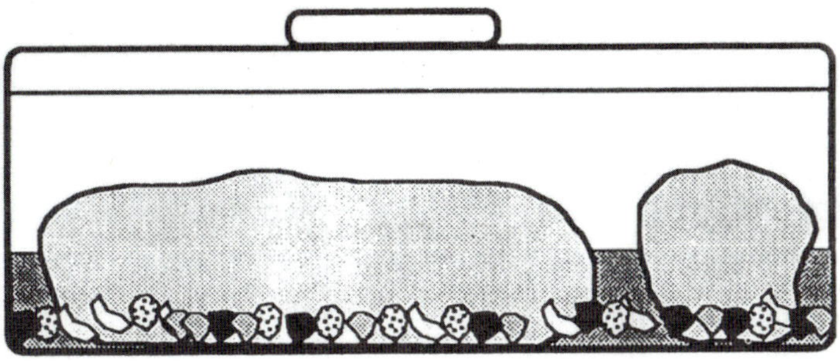

브레이징(Braising)과 스튜(Stew)의 조리방법 모형 비교

고기와 소스 양의 관계

(Relationship of meat to amount of sauce)

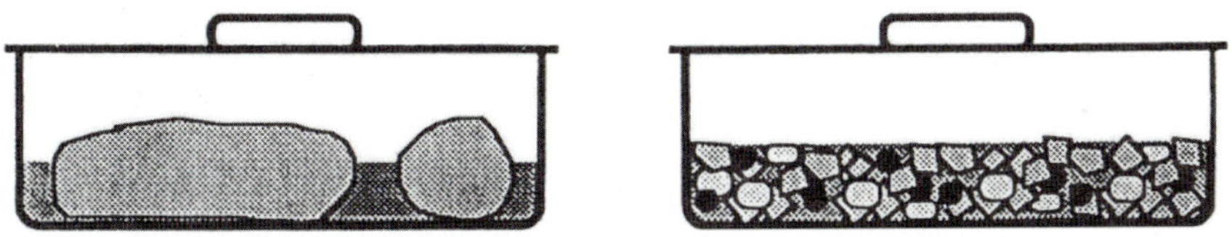

브레이징 조리방법　　스튜 조리방법

브레이징(Braising)과 스튜(Stew)의 조리방법 원리 비교

브레이징	기준점	스튜
큰 고기와 많은 양 필요	⇦ 고기의 크기 ⇨	규격으로 썬 고기 조각
고기의 양이 1/2 또는 1/3 정도	⇦ 액체나 소스의 양 ⇨	고기가 소스나 액체에 덮히게
고기와 야채는 분리한다.	⇦ 야채류(가니시) ⇨	고기와 야채는 함께 넣어 조리할 때도 있고 따로 따로 할 때도 있다.
조리 후에는 걸러낸다.	⇦ 소스 ⇨	조리 후 걸러내지 않아야 한다.
오븐에서 조리한다.	⇦ 조리 형태 ⇨	오븐 또는 스토브에서 조리한다.

위 조리방법을 비교하면 브레이징이 변형된 방법이 스튜방식이다. 조리할 때 뱅마리 용기의 뚜껑은 꼭 덮어 주어야 하며, 고기의 양에 맞는 적당한 뱅마리 용기를 사용하여 고기가 소스나 액체에 잠기도록 해야 한다.

9) 로스팅(Roasting) 조리방법

이 조리방법은 로스팅 팬에 고기를 올려 오븐 또는 콤팩션 오븐의 온도를 처음에는 210~250℃ 정도로 높여서 색깔을 내고 점차 150~200℃로 낮춘다. 그리고 고기를 굽는 동안 계속해서 고기 윗부분에 기름을 끼얹으면서 굽는 조리방법이다. 뱅마리 용기 뚜껑은 덮지 않고, 대신에 쿠킹호일을 살짝 덮어서 굽는다.

로스팅(Roasting) 조리방법 모형

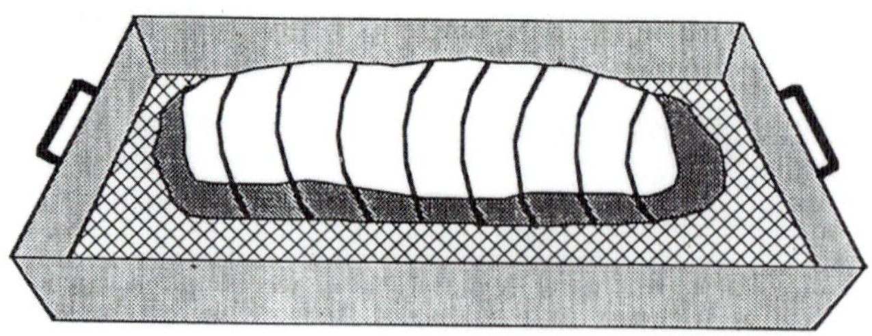

- 고기 로스팅에 사용하는 팬은 낮고 넓어야 한다.
- 고기를 양념하여 오븐에서 굽는데 고기 구울 때 고기 지방질로 고기 위를 덮고 굽는 것이 잘 굽는 방식이다.
- 고기 굽는 로스트 팬 안에 랙을 걸쳐 넣어 굽는다.

로스트의 라딩(Larding)과 바딩(Barding)의 원리 비교

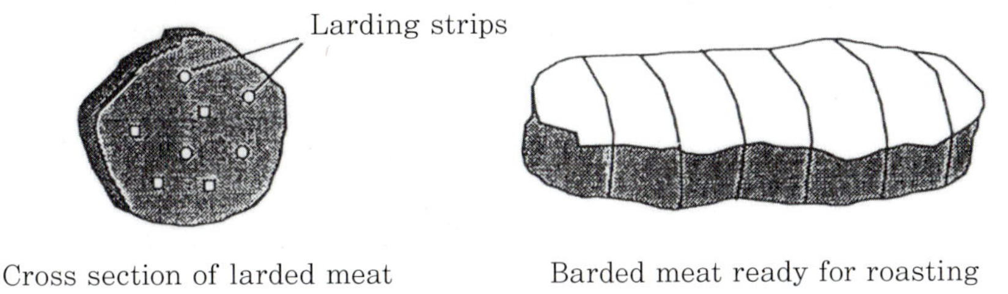

- 라딩(Larding) ⇨ 바늘을 이용하여 고기 속에 지방조각을 집어 넣는다. 돼지고기의 지방질은 맛을 좋게 한다. 그리고 고기 내부의 습기와 윤기와 맛과 풍미를 더해준다.
- 바딩(Barding) ⇨ 고기 표면에 얇은 지방을 썰어서 겹쳐 덮어서 굽는 방식이다. 고기 덩어리를 구울 때 지방이 녹아서 고기 표면을 축축하게 해주며 마르지 않도록 조리하는 방식이다.

고기를 관통시킬 때 쓰이는 라딩 바늘

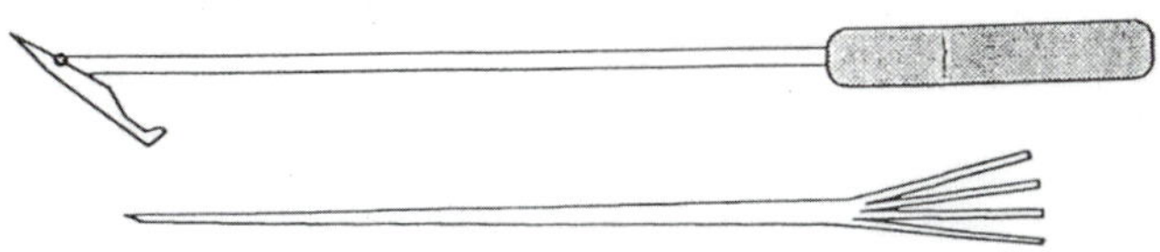

Larding Needles

10) 스티밍(Steaming) 조리방법

이 조리방법은 주방의 큰 압력 쿠커를 이용하는 조리방법과 수증기를 이용하는 방법이 있다. 일반적인 조리방법으므로 야채류, 생선류, 갑각류, 육류, 또는 후식류, 냉동류 등의 식재료를 빨리 이용할 수 있다. 또 수증기나 증기압을 이용하기 때문에 식재료 신선도를 유지하는 데 이용되는 조리방법이다. 보통 온도는 200~250℃ 정도로 유지한다.

스티밍(Steaming) 조리방법 모형

11) 그라티네이팅(Gratinating) 조리방법

이 조리방법은 맛있는 요리를 만들었을 때 마무리 단계에서 음식의 표면에 소스나, 달걀 노른자, 치즈가루, 버터, 카라멜 등을 사라만더나 오븐에서 표면의 색깔을 갈색으로 내는 방법이다. 모든 요리에 이용 가능한 마무리 조리방식이다. 수프류, 생선요리, 그라탕요리, 스파게티요리, 마카로니요리 등에 대체로 많이 사용한다.

그라티네이팅(Gratinating) 조리방법 모형

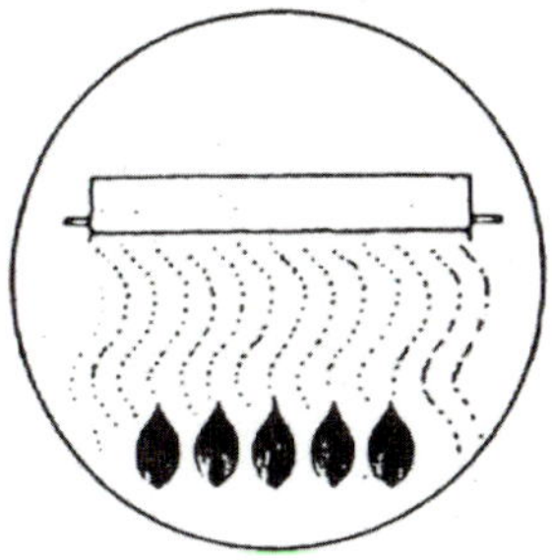

12) 베이킹(Baking in the Oven) 조리방법

이 조리방법은 굽는 시팬(Sheet Pan)에 식재료를 올려 놓고 뚜껑을 덮지 않고 식재료의 적정한 온도를 맞추고 오븐에서 베이킹 몰드(Mould)를 사용하거나 베이킹 시팬에 기름을 칠하고 식재료를 놓고 구워내는 방식이다.

여러 가지 굽는 방법이 있으며, 오븐의 석쇠를 이용하여 구울 경우 온도는 140~250℃ 정도이다. 오븐에서 츄레이로 구울 때 보통 온도는 170~240℃ 정도다. 주로 파테(Pate) 요리, 소고기 웰링톤(Beef Wellington), 패스트리(Pastry), 디저트(Dessert) 등에 이 조리방법을 많이 이용한다.

베이킹(Baking) 조리방법 모형

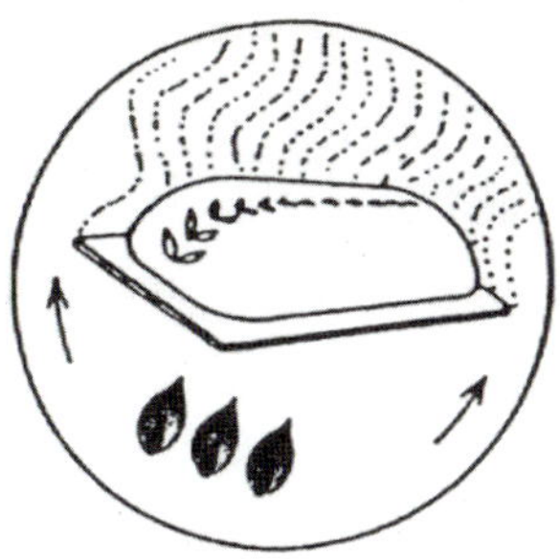

13) 글레이징(Glazing) 조리방법

이 조리방법은 야채류, 육류, 생선류 요리를 마무리하면서 요리가 색깔과 광택과 윤기가 나도록 하는 조리방법이다. 따라서 딱딱한 야채류를 글레이징 할 때는 뚜껑을 덮고 150~200℃ 정도의 약한 불에서 서서히 삶아서 건져 내고 물기를 제거하여 설탕, 버터, 오일 등을 첨가하여 요리의 맛과 광택과 윤기가 나도록 하는 조리방식이다.

육류요리의 글레이징은 기본적으로 브레이징(Braising) 방식과 비슷하나 이 방식은 버터나 오일을 첨가하여 약한 불 위에서 마무리 한다. 예를 들어 샤토 당근은 삶아서 마무리 할 때 꿀이나 설탕을 첨가하여 빛깔이 나도록 하는 것과 음식을 와인으로 조리하면서 다음 조리과정으로 브라운 스톡을 첨가하여 은근히 졸여 맛과 풍미를 더하는 조리방법이다.

글레이징(Glazing) 조리방법 모형

14) 포트 로스팅(Pot Roasting) 조리방법

이 조리방법은 로스팅 방식과 비슷하나 약간 다른 개념과 방법으로 굽는 조리방법이라고 할 수 있다. 온도가 140~200℃ 정도의 오븐에서 뚜껑을 덮고 미르포아 야채류와 함께 가금류, 육류 등의 맛이 배가 되도록 하는 방식이다. 로스트 팬에 주재료와 야채를 넣고 뚜껑을 꼭 덮고 서서히 은근히 가열하는 방식이다. 고기를 로스팅할 때 흐르는 육즙을 계속적으로 표면에 끼얹으면서 굽는다. 로스팅이 끝날 무렵 고기는 건져 내고 그 육즙에 와인과 브라운 스톡을 더 첨가하여 자연스럽고 내츄럴한 육류 소스를 만들어 낼 수 있다. 이 소스는 매우 맛이 훌륭하다.

포트 로스팅(Pot Roasting) 조리방법 모형

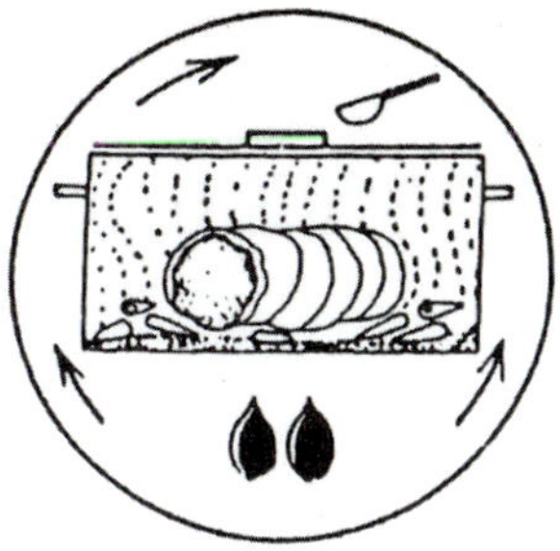

제2부

서양조리의 응용요리 레시피 실제

1장 서양조리의 특징적 응용요리 레시피 실제
2장 세계 각국의 대표요리 레시피 실제
3장 특별한 호텔 고급요리 레시피 실제
4장 메인요리에 곁들이는 HOT LEGUME 레시피 실제
5장 세계 명품요리의 역사적 배경
6장 세계적 서양요리 명장의 히스토리 일생

1장 서양조리의 특징적 응용요리 레시피 실제

요리 목록

1. Fillet of Beef Tenderloin with Potato Crust
(감자로 싼 안심 스테이크)
2. Tenderloin Steak with Black Pepper Corn Sauce
(검은 통후추로 맛을 낸 안심 스테이크)
3. Fillet of Beef Tenderloin Rolled with Spinach
(시금치, 베이컨으로 속을 채운 소 안심요리)
4. Stuffed Chicken Leg with Vegetables
(닭다리 속에 신선한 야채를 채운 요리)
5. Assorted Satay (Chicken, Beef, Duck, Lamb)
(말레이식 사테이 고기요리 – 닭, 소, 오리, 양고기 꼬치구이)
6. Grilled Fillet of Turbot Fish with Potato
(감자를 올려 구운 농어 생선요리)
7. Seafood with Saffron Sauce
(샤프랑 향으로 맛을 낸 해산물요리)
8. Seafood Spaghetti with Tomato Sauce
(토마토 소스에 해산물을 곁들인 스파게티)
9. Assorted Open Sandwich
(각종 오픈 샌드위치 다양한 맛 요리)
10. Tuna Sandwich
(참치와 야채를 넣은 샌드위치)
11. Assorted Green Salad with Vinaigrette Dressing
(신선한 각종 야채를 이용한 샐러드와 비네그레트 소스)

1. Fillet of Beef Tenderloin with Potato Crust (감자로 싼 안심 스테이크)

준비재료

- 소고기 안심(Tenderloin) ······ 200g
- 감자(Potato Crust) ······ 1개
- 폰드 뷰 소스(Fond de Veau Sauce) ······ 40cc
- 버터(Butter) ······ 30g
- 올리브 오일(Olive oil) ······ 20ml
- 소금, 후추(Salt, pepper) ······ 각 10g
- 로즈마리(Fresh Rosemary) ······ 1잎
- 가니시용 – 당근, 주키니, 표고버섯, 앤다이브, 방울토마토

조리방법

① 소고기 안심은 소금, 후추, 허브 등으로 마리네이드를 해 둔다.
② 감자는 길게 채 썰어서 찬물에 담궈 둔다.
③ 채 썬 감자를 물기를 완전히 제거하고 소금, 후추, 녹말가루를 섞어 준비한다.
④ 소고기 안심은 마리네이드 한 것을 프라이팬에 표면이 갈색이 나도록 구워둔다.
⑤ 온도가 적당한 프라이팬에 채 썬 준비된 감자를 깔고 그 위에 안심을 놓고 그리고 위에 채 썬 감자를 또 올려서 색깔이 나도록 구워낸다.
⑥ 안심 옆 부분까지도 갈색이 나도록 굽는다.
⑦ 준비된 뜨거운 야채 가니시와 폰드 뷰 소스를 곁들여 낸다.

2. Tenderloin Steak with Black Pepper Corn Sauce (검은 통후추로 맛을 낸 안심 스테이크)

준비재료

소 안심(Tenderloin)	200g	소금(Salt)	5g
신선한 검은 통후추	30g	폰드 뷰 소스	60ml
버터(Butter)	20g	토마토 콩카세	20g
올리브 오일(Olive oil)	20ml		

가니시용 – 감자, 주키니, 당근, 로즈마리 잎, 앤다이브, 토마토, 버섯, 야채류

조리방법

① 소고기 안심은 소금, 후추, 허브를 넣어 마리네이드를 해 둔다.
② 소고기 안심은 으깬 통후춧가루에 골고루 묻힌다.
③ 프라이팬에 버터, 올리브 오일, 허브를 넣고 안심을 미디움 정도로 구워낸다.
④ 폰드 뷰 소스에 통후춧가루, 버터, 허브, 토마토 콩카세를 넣어 맛을 낸다.
⑤ 접시에 안심과 소스, 가니시 야채류를 곁들인다.

3. Fillet of Beef Tenderloin Rolled with Spinach (시금치, 베이컨으로 속을 채운 소 안심요리)

준비재료

- 소 안심(Tenderloin) ········ 200g
- 시금치(Spinach) ········ 50g
- 양송이(Mushroom) ········ 20g
- 베이컨(Bacon) ········ 20g
- 양파(Onion) ········ 10g
- 소금, 후추(Salt, Pepper) ········ 각 5g
- 버터(Butter) ········ 20g
- 올리브 오일(Olive oil) ········ 20ml
- 허브(Herb) ········ 1잎
- 토마토, 방울토마토 ········ 1/2개, 2개
- 폰드 뷰 소스(Fond de Veau Sauce) ········ 60ml

- 전분가루(Corn Starch) ········· 10g
- 가니시용 - 라이스, 표고버섯, 치커리 잎, 당근, 주키니, 앤다이브, 로즈마리 잎

조리방법

① 안심 소고기를 얇게 저며서 약간 두드려 마리네이드를 해 둔다.
② 양송이, 베이컨, 양파, 시금치 데친 것을 베이스 양념해 둔다.
③ 얇게 져민 안심을 펴서 놓고 ②를 올리고 전분가루를 약간 뿌려 적절한 크기로 말아서 놓는다.
④ 프라이팬에 버터, 올리브 오일을 넣고 가열 후에 롤 안심을 구워낸다.
⑤ 구워진 안심은 두툼하고 비슷하게 썰어서 접시에 담고 소스를 곁들인다.
⑥ 각종 가니시는 제철 야채류를 사용할 수 있다.

4. Stuffed Chicken Leg with Vegetables (닭다리 속에 신선한 야채를 채운 요리)

준비재료

- 닭다리(Chicken Leg) ········ 1개
- 당근(Carrot) ········ 10g
- 셀러리(Celery) ········ 10g
- 양파(Onion) ········ 10g
- 주키니(Zucchini)) ········ 10g
- 피망(Pimento) ········ 10g
- 토마토(Tomato) ········ 10g
- 허브(Herb) ········ 1잎
- 머스터드(Mustard) ········ 5g
- 버터(Butter) ········ 10g
- 올리브 오일(Olive oil) ········ 15ml

- 마늘(Garlic) ········· 2쪽
- 빵가루(Bread Crumb) ········· 50g
- 밀가루(Flour) ········· 10g
- 달걀(Eggs) ········· 2개
- 소금, 후추(Salt, Pepper) ········· 각 5g
- 폰드 뷰 소스(Fond de Vead Sauce) ········· 60ml
- 가니시용 - 앤다이브, 토마토, 오이 ,당근, 파슬리 찹, 주키니, 허브류

조리방법

① 닭다리는 뼈를 발라 보기 좋은 형태로 유지하고 소금, 후추, 마늘, 머스터드, 허브류, 올리브 오일 등으로 마리네이드를 해 준비한다.

② 준비된 야채는 주사위 모양으로 썰어서 마늘, 허브향과 버터에 볶아 낸다.

③ 준비된 닭다리 속에 준비된 야채로 속을 채워 넣고 모양을 유지한다.

④ 속을 채운 닭다리 표면에 프렌치 머스터드를 발라 준비한다.

⑤ 밀가루+달걀물+빵가루를 2차에 걸쳐 묻혀서 올리브 오일에 튀겨낸다.

⑥ 폰드 뷰 소스와 가니시 야채를 곁들여서 서빙한다.

5. Assorted Satay (Chicken, Beef, Duck, Lamb)
(말레이식 사테이 고기요리 - 닭, 소, 오리, 양고기 꼬치구이)

준비재료

- 닭가슴살(Chicken Breast) ······ 60g
- 등심 소고기(Beef Sirloin) ······ 60g
- 오리가슴살(Duck Breast) ······ 60g
- 양고기(Lamb Fillet) ······ 60g
- 양파(Onion) ······ 1/2개
- 양송이(Mushroom) ······ 6개
- 청피망(Green Pepperika) ······ 1/4개
- 홍피망(Red Pepperika) ······ 1/4개
- 노랑 피망(Yellow Pepperika) ······ 1/4개
- 버터(Butter) ······ 30g
- 올리브 오일(Olive oil) ······ 20ml

- 화이트 와인(White Wine) 15ml
- 마늘(Garlic) 3쪽
- 라이스(Steamed Rice) 1공기
- 땅콩버터 소스(Peanuts Butter) 100ml
- 생크림(Fresh Cream) 10ml
- 토마토(Tomato) 1/2개
- 파슬리, 허브류 .... 각 1잎
- 소금, 후추(Salt, Pepper) .... 각 5g

조리방법

① 닭고기, 소고기, 오리고기, 양고기는 큰 사각형으로 잘라 준비한다.

② 고기류는 마늘, 올리브 오일, 와인, 허브류로 마리네이드를 해 둔다.

③ 양파, 피망류, 토마토, 양송이는 큰 주사위 모양으로 준비한다.

④ 준비된 고기류와 야채류를 대꼬치에 색깔별로 차례로 꽂는다.

⑤ 프라이팬에 버터와 올리브 오일을 두르고 타지 않게 보기 좋게 구워낸다.

⑥ 땅콩버터 소스는 땅콩버터+다진 마늘+와인+생크림+버터+피망+허브+올리브 오일 등을 넣어 믹서기에 곱게 간다. 접시에 보기 좋게 놓는다.

6. Grilled Fillet of Turbot Fish with Potato (감자를 올려 구운 농어 생선요리)

준비재료

- 흰살 생선-농어살 또는 광어살(Tuebot or Hulibut) ··· 150g
- 감자(Potato) ··· 1개
- 레몬(Lemon) ··· 1/2개
- 화이트 와인(White Wine) ··· 20ml
- 우유나 생크림(Milk and Fresh Cream) ··· 10ml
- 밀가루(Flour) ··· 10g
- 샤프랑 소스(Saffron Sauce) ··· 20cc
- 디종 머스터드(Dijon Mustard) ··· 10ml
- 버터(Butter) ··· 10g
- 올리브 오일(Olive Oil) ··· 20ml
- 파슬리, 허브류(Herbs) ··· 각 1잎

- 소금, 후추(Salt, Pepper) ······ 각 5g
- 가니시용 - 토마토, 주키니, 피망, 무, 표고버섯, 파슬리, 팽이버섯, 앤다이브, 허브류

조리방법

① 농어살을 150g 정도 준비하여 레몬주스+와인+샤프랑 소스+우유나 생크림+허브류+소금+후추 등을 넣어 마리네이드를 해 둔다.
② 준비된 농어살에 디종 머스터드, 와인, 레몬주스, 허브류를 뿌리고 밀가루를 묻힌다.
③ 감자는 얇게 둥글게 져며서 찬물에 담궜다가 면포로 물기를 완전히 뺀다.
④ 생선살 위에 전분을 약간 묻힌 준비된 감자를 차례대로 예쁘게 올린다.
⑤ 프라이팬에 버터와 올리브 오일을 넣고 감자 올린 생선의 밑부분부터 먼저 굽는다. 그리고 감자 올린 윗부분은 사라만더 오븐에서 색깔이 나게 굽는다.
⑥ 샤프랑 소스는 샤프랑을 물에 우려 놓은 다음 사용한다. 그리고 베샤멜 소스에 샤프랑 소스를 넣어 향과 맛이 나도록 한다.
⑦ 농어살 생선은 홀랜다이즈 소스도 잘 어울린다.

7. Seafood with Saffron Sauce (샤프랑 향으로 맛을 낸 해산물요리)

준비재료

- 대구살(Cod) ······ 30g
- 연어살(Salmon) ······ 30g
- 왕새우(Prawn) ······ 3마리
- 피홍합(Mussel) ······ 3마리
- 관자(Scallop) ······ 2마리
- 당근(Carrot) ······ 10g
- 양파(Onion) ······ 10g
- 셀러리(Celery) ······ 10g
- 비트(Beet Root) ······ 10g
- 청, 노랑 피망(Pimento) ······ 1/4개
- 생선 소스(Fish Velute Sauce) ······ 30ml

- 화이트 와인(White Wine) ········ 10ml
- 레몬(Lemon) ········ 1/4개
- 우유 또는 생크림(Milk or Fresh Cream) ········ 10ml
- 버터(Butter) ········ 10g
- 올리브 오일(Olive oil) ········ 15ml
- 샤프랑(Saffron) ········ 5g
- 소금, 후추(Salt, pepper) ········ 약간
- 허브류(Dill, Chervil, Parsley) ········ 약간

조리방법

① 생선살과 해산물은 적정한 크기로 잘라서 우유+생크림+레몬주스+허브류+와인+샤프랑 소스에 담궈 마리네이드를 해 둔다.

② 준비된 생선과 해산물은 피시 스톡에 포칭해 둔다.

③ 각종 준비된 야채는 아주 곱게 줄리엔느로 썰어 블랜칭하여 물기를 뺀다.

④ 생선 벨루테 소스 또는 베샤멜 소스를 만들어 샤프랑 향을 더하고 소스를 만들어 곱게 걸러 내면 샤프랑 향 소스가 완성된다.

⑤ 소스에 해산물을 넣어 합제한다. 소스를 깔고 준비된 야채를 놓고 그 위에 생선살과 해산물을 올려 요리를 완성한다.

8. Seafood Spaghetti with Tomato Sauce (토마토 소스에 해산물을 곁들인 스파게티)

준비재료

- 스파게티(Spaghetti) ······ 150g
- 토마토 소스(Tomato Sauce) ······ 1캔
- 양파(Onion) ······ 10g
- 마늘(Garlic) ······ 2쪽
- 생크림(Fresh Cream) ······ 10ml
- 홍, 청, 노랑 피망(Red, Green, Yellow Pimento) ······ 1/4개
- 홍, 청 풋고추(korean Pepper) ······ 1/2개
- 버섯류(Mushroom) ······ 30g
- 왕새우(Prawn) ······ 2마리
- 홍합(Mussel) ······ 3마리
- 오징어(Squid) ······ 1/2마리

- 관자(Scallop) ········ 2마리
- 흰살 생선살(cod) ········ 30g
- 화이트 와인(White Wine) ········ 20ml
- 레몬(Lemon) ········ 1/2개
- 버터(Butter) ········ 10g
- 올리브 오일(Olive oil) ········ 10ml
- 처빌, 바질, 딜, 로즈마리(chervil, basil, dill, rosemary) ········ 각 1잎

조리방법

① 스파게티는 알 단테(5~6분)로 삶거나 완숙(10분)으로 삶아서 준비한다.

② 토마토 소스 만들기 : 올리브 오일+버터+다진 마늘+다진 양파+와인+레몬주스+캔 토마토 등을 넣어 끓여 맛을 낸다. 그리고 생크림, 허브류를 넣어 마무리한다.

③ 해산물은 와인이나 우유에 담궈 마리네이드를 해 놓는다.

④ 냄비에 다진 마늘, 다진 양파, 버터, 올리브 오일을 넣어 살짝 볶는다. 그리고 해산물을 함께 넣어 볶으면서 와인, 레몬주스도 넣고 맛을 낸다.

⑤ 스파게티+토마토 소스+해산물+풋고추+생크림+버섯류+레몬주스를 넣어 완성한다.

9. Assorted Open Sandwich (각종 오픈 샌드위치 다양한 맛 요리)

준비재료

- 프렌치 바케트 빵(French Baquette Bread) ········ 1개
- 토마토(Tomato) ········ 1개
- 고급 소시지(Sausage) ········ 30g
- 콜컷 소시지(Cold Cut Sausage) ········ 30g
- 슬라이스 햄(Smoked Ham) ········ 30g
- 슬라이스 치즈(Cheese) ········ 5장
- 참치캔(Tuna Can) ········ 1캔
- 훈제연어(Smoked Salmon) ········ 30g
- 페퍼로니(Pepperoni Sausage) ········ 30g
- 양상추(Lettuce) ········ 1/2통
- 양파(Onion) ········ 1개

- 버터(Butter) ········ 10g
- 마요네즈(Mayonnaise) ········ 10g
- 디종 머스터드(Dijon Mustard) ········ 10g
- 각종 채소– 방울토마토, 토마토, 양파, 블랙 올리브, 그린 올리브, 치커리

조리방법

① 바케트 빵을 1.5cm 두께로 잘라서 준비한다.
② 소스는 마요네즈+버터+디종 머스터드를 1 : 1 : 1 비율로 섞어 만든다.
③ 바케트 빵에 소스를 바르고 양상추+토마토 슬라이스+양파 슬라이스를 넣고 각각 준비된 재료를 올려 맛과 멋을 내 그릇에 보기 좋게 담아 낸다.
④ 올리브와 각종 허브류를 위에 올려 마무리한다.
⑤ 오픈 샌드위치는 준비된 식재료로 다양하게 만들어 낼 수 있다.

10. Tuna Sandwich (참치와 야채를 넣은 샌드위치)

준비재료

- 식빵(Bread) ········ 3쪽
- 참치캔(Tuna Can) ········ 1캔
- 오이피클(Cucumber Pickle) ········ 20g
- 양파(Onion) ········ 15g
- 블랙 올리브(Black Olive) ········ 10g
- 삶은 달걀(Boiled Egg) ········ 1개
- 청, 홍, 노랑 피망(green, red, yellow Pimento) ········ 1/4개
- 토마토(Tomato) ········ 1/2개
- 마요네즈(Mayonnaise) ········ 20ml
- 버터(Butter) ········ 10ml
- 생크림(Fresh Cream) ········ 5ml

- 레몬(Lemon) ············ 1/4개
- 소금, 후추, 파슬리(Salt, Pepper, Parsley) ············ 각 5g
- 가니시용 야채류 – 치커리, 당근, 양파, 무, 양상추, 앤다이브, 방울토마토, 비트

조리방법

① 식빵은 토스터기에 필요한 만큼 갈색으로 구워 둔다.

② 참치캔을 오픈하여 기름기를 꼭 짜낸다.

③ 오이피클, 양파, 블랙 올리브, 피망의 수분을 제거한다. 그리고 삶은 달걀은 다져서 함께 섞어서 준비한다.

④ 참치캔 기름 뺀 것과 다져서 수분을 뺀 야채, 다진 삶은 달걀을 함께 섞은 다음 마요네즈와 생크림, 레몬주스를 넣어 잘 버무린다. 수분이 촉촉하게 준비한다.

⑤ 토마토 슬라이스, 양파 슬라이스를 준비해 둔다.

⑥ 토스터 빵 3쪽을 준비하여 버터를 바르고 토마토 슬라이스와 준비된 참치캔 내용물을 올린다. 그 위에 양파 슬라이스를 놓고 식빵을 겹쳐서 보기 좋게 3등분하여 접시에 담는다.

⑦ 가니시 채소 접시에 놓고 예쁘게 담아 낸다.

11. Assorted Green Salad with Vinaigrette Dressing
(신선한 각종 야채를 이용한 샐러드와 비네그레트 소스)

준비재료

- 양상추(Lettuce) ······ 30g
- 당근(Carrot) ······ 10g
- 오이(Cucumber) ······ 10g
- 비트(Beet Root) ······ 5g
- 그린 치커리(Green Chicory) ······ 15g
- 레드 치커리(Red Chicory) ······ 15g
- 앤다이브(Endive) ······ 10g
- 아스파라거스(Asparagus) ······ 3조각
- 물냉이(Water Cress) ······ 10g
- 차이브(Chive) ······ 3줄기
- 올리브 오일(Olive Oil) ······ 30cc
- 레몬(Lemon) ······ 1/2개
- 식초(Vinegar) ······ 20cc
- 파슬리(Parsley Leaf) ······ 1잎
- 케이퍼(Capers) ······ 5g
- 양파(Onion Chopped) ······ 5g
- 화이트 와인(White Wine) ······ 15cc
- 적양배추(Red Cabbage) ······ 10g
- 팽이버섯(Strip Mushroom) ······ 10g
- 래디쉬(Radish) ······ 1조각

- 방울토마토(Italian Tomato) ········ 4조각
- 셀러리(Celery) ········ 10g
- 셀러리(Celery) ········ 10g
- 아보카도(Avocado Slice) ········ 1/2개

조리방법

① 채소류는 깨끗이 씻어서 물기를 제거하고 준비한다.

② 적당한 크기로 재료 용도에 맞게 잘라 준비한다.

③ 각종 야채는 색상의 조화와 항상 살아있는 듯 접시에 담아내는 것이 중요하다.

④ 샐러드는 신선함이 생명이다. 접시 플레이팅이 알맞게 되도록 한다.

⑤ 야채 샐러드는 항상 곁들이는 소스는 비네그레트 소스나 농도 있는 소스가 준비되어야 한다. 요즘 주재료에 따라서 다양한 드레싱을 만들 수 있다.

⑥ 비네그레트 소스는 올리브 오일+레몬주스+식초+케이퍼+파슬리 찹+양파 찹+화이트 와인+블랙 올리브 찹+앤쵸비 찹 등을 곱게 다져서 함께 섞어 사용한다.

2장 세계 각국의 대표요리 레시피 실제

요리 목록

1. Chicken Satay (태국)
2. Fried Noodles with Beef and Broccoli (태국)
3. Beef & Shrimp Spring Roll (태국)
4. Lamb Kebabs (인도, 파키스탄)
5. Moglai Murgh (인도, 파키스탄)
6. Nasi Goreng (인도네시아)
7. Moan Chua Noeung Phset Kream (캄보디아, 라오스)
8. Trung Hap (베트남)
9. Sambal Goreng Sotong (말레이시아)
10. Deep-Fried Fish with Vegetables (싱가포르)
11. Sweet and Sour Pork (중국)
12. Almondigas (필리핀)
13. Stuffed Quail on Chestnuts Rice (오스트리아)
14. Ballottines White Russian Style (러시아)
15. Roasted Pork/ Sauerkraut (독일)
16. Chicken Paprikash with Sour Cream (헝가리)
17. Kuay Namuan (캄보디아, 라오스)

1. Chicken Satay (닭가슴살 사테이 요리 ; Thai Food)

준비재료

닭가슴살(Chicken Breast)	200g
마늘(Garlic)	2쪽
코리앤더 파우더(Coriander Powder)	l/2Ts
생크림(Fresh Cream)	1Ts
생강(Ginger)	2쪽
커리 파우더(Curry Powder)	10g
버터(Butter)	1Ts
코코넛 우유(Coconut Milk)	1Ts
레몬(Lemon)	1/4개
소금, 후추(Sal, Pepper)	각 5g
대꼬챙이	3개

조리방법

① 닭가슴살을 1inch 정도 잘라서 소금, 후추 기본 양념을 한 다음 마리네이드 한다.

② 마리네이드는 다진 마늘+다진 생강+다진 코리앤더+커리 파우더+생크림+코코넛 우유+레몬주스+소금+후추 등을 함께 잘 섞어서 소스를 만든다.

③ 대략 2시간 정도 마리네이드 해 놓으면 훌륭한 맛을 낼 수 있다.

④ 대꼬챙이 중간 정도에 닭가슴살 고기를 끼워서, 석쇠에 코코넛 우유를 살짝 뿌리면서 굽는다. 중간 중간에 야채를 끼워도 좋다.

⑤ 사테이 소스 만들기

– 재료 : 빨간 커리 페이스트(Red Curry Paste) 1/2Ts, 칠리 커리 페이스트(Roasted Chill Curry Paste) 1/2Ts, 설탕(Sugar) 1/2Ts, 땅콩버터(Peanut Butter) 1Ts, 코코넛 우유(Coconut Milk) 3/4Ts, 생크림(Fresh Cream) 1/4Ts, 레몬(Lemon) 1/4개, 소금(Salt), 후추(Pepper) 각 5g

– 조리법 : 코코넛 우유와 생크림을 끓이다가 2가지 커리 페이스트를 넣고 잘 혼합한다. 설탕과 소금, 레몬주스를 넣어 잘 섞고 농도와 색깔을 조절하여 오이 샐러드와 함께 제공한다.

2. Fried Noodles with Beef and Broccoli (소고기와 브로콜리를 곁들인 누들 ; Thai Food)

준비재료

당면(Sen Mee)	1C
쌀국수(Rice Noodles)	1C
소 등심(Sirloin Thin Slice)	120g
브로콜리(Broccoli)	80g
표고버섯(Black Mushroom)	4개
양송이(Mushroom)	4개
저민 마늘(Garlic Minced)	1Ts
굴 소스(Oyster Sauce)	1Ts
진간장(Soy Sauce)	1Ts
생선 소스(Nampla Sauce)	1Ts
녹말물(Constarch water)	1Ts
물(Water)	1/2C
식용유(Salad Oil)	1/2C

조리방법

① 프라이팬에 오일을 넣고 마늘 절편을 소테한 후 소고기를 넣고 소테한다. 브로콜리+쌀국수+진간장 소스(남프라)를 넣어 소테하고 약간 브라운 색이 되도록 한다.

② 프라이팬에 오일과 마늘을 넣고 소테한 후 준비된 당면과 함께 약 3분간 볶은 후 접시에 담아 놓는다.

③ 프라이팬에 소고기+브로콜리+양송이+표고버섯을 넣고 소테하고 물을 첨가하여 농도를 보면서 끓인다.

④ 위 3번에 굴 소스+생선 소스+전분물을 잘 혼합하여 농도가 생길 때까지 잘 끓인다.

⑤ 소고기와 브로콜리로 맛을 낸 요리와 준비된 당면을 예쁘게 담아 서빙한다.

3. Beef & Shrimp Spring Roll (소고기와 야채 스프링 롤 튀김 ; Thai Food)

준비재료

재료	분량	재료	분량
돼지고기(Ground Pork)	120g	새우(Cooked Shrimp)	5마리
게살(Crab Meat)	1/2C	다진 실파(Green Onion Chopped)	2Ts
달걀(Freid Eggs Chopped)	4개	달걀(Egg Yolk)	1개
다진 셀러리 (Celery Chopped)	2Ts	식용유(Vegetable Oil)	2C
당면(Jelly Noodle)	1/2C	다진 마늘(Garlic Chopped)	1/2Ts
소금(Salt)	2ts	생선 소스(Fish Sauce)	1Ts
후추(Pepper)	1ts	설탕(Sugar)	1Ts
진간장(Soy Sauce)	1Ts	콩나물(Bean Sprouts)	1C
굴 소스(Oyster Sauce)	1Ts	쌀전병(Rice Pepper)	6개
표고버섯(Black Mushroom Chopped)	6개		

조리방법

① 프라이팬에 오일을 넣고 다진 마늘+다진 돼지고기+다진 새우+다진 게살+삶은 콩나물+다진 실파+다진 셀러리+다진 표고버섯+삶은 당면+달걀 프라이 등을 넣어 약 5분간 볶는다.

② 위 1번에 진간장+생선 소스+설탕+굴 소스+소금+후추를 혼합한다.

③ 쌀전병(Rice Pepper)을 미지근한 물에 잠시 담궈 놓고 1번의 돼지고기 준비된 것과 2번에 준비한 양념을 넣어 둔 것을 쌀전병에 말아서 달걀 노른자를 발라 터지지 않게 한다. Deep fat Fry를 5~10분 정도 하고 기름을 키친타월로 없애 접시에 가니시를 놓고 예쁘게 담아 낸다.

4. Lamb Kebabs (양고기 케밥 ; India, Pakistan Food)

준비재료

- 양고기(Lamb Leg Meat) ········· 1kg
- 다진 생강(Ginger Grated) ········ 1ts
- 코리앤더 잎(Coriander Leaves) ··· 1/2ts
- 커리 잎(Curry Leaves) ·············· 1/2ts
- 후추(Black Pepper) ················· 1/2ts
- 참기름(Sesame Oil) ················· 1Ts
- 마늘(Garlic) ································· 2쪽
- 터메릭 파우더(Turmeric Powder) ···· 1/2ts
- 커민 파우더(Cumin Powder) ····· 1/2ts
- 오레가노 잎(Oregano Leaves) ········ 1/2ts
- 진간장(Soy Sauce) ······················· 1/2ts
- 정종(Rice Wine) ··························· 2Ts
- 대꼬챙이 ··· 3개

조리방법

① 양고기를 2.5cm 정도 정사각형으로 잘라서 기본으로 양념을 준비한다.

② 양고기에 소금+마늘+생강+코리앤더 잎+커리 잎+후추+터메릭 파우더+커민 파우더+오레가노 잎+진간장+참기름 등을 전부 혼합하여 최저 3시간 이상 마리네이드를 해 냉장고에 준비해 둔다.

③ 위 2번에서 마리네이드 한 양고기를 대꼬챙이에 5개 정도 꽂아서 사라만더에서 윤기나게 굽는다.

④ 접시에 볶은 밥(Fried Rice)과 양파 삼벌 소스(Onion Sambal Sauce)를 놓고 양고기 구운 것을 올려 서빙한다.

⑤ 양파 삼벌 소스 만들기 : 양파 슬라이스 2개+칠리 파우더 1/2ts+레몬주스 2ts+소금+후추를 잘 혼합하고 맛을 낸다.

5. Moglai Murgh(Chicken Moghlian Style) (몽골 무라 - 몽골식 닭고기요리 ; India, Pakistan Food)

준비재료

- 닭고기(Whole Chicken) ······ 1마리
- 다진 마늘(Garlic Chopped) ······ 1Ts
- 샤프란(Saffran Strands) ······ 1/2ts
- 식용유(Vegetable Oil) ······ 3Ts
- 후추(Black Pepper) ······ 1/2Ts
- 물(hot Water) ······ 1/2C
- 생크림(Fresh Cream) ······ 1/2C
- 말살라 후추(Malsala Pepper) ······ 2ts
- 말살라 스파이스(Malsala Spice) ······ 2ts
- 마늘(Garlic Crushed) ······ 3쪽
- 터메릭 파우더(Termeric Powder) ······ 1ts
- 우유(Boiling Milk) ······ 1/4C
- 양파(Onion Slice Finely) ······ 2개
- 소금(Salt) ······ 2ts
- 아몬드 파우더(Almonds Ground) ······ 2Ts
- 코리앤더 파우더(Coriander Powder) ······ 2Ts
- 정종(Rice Wine) ······ 2Ts

조리방법

① 닭고기를 1.5cm 정도 크기로 자른 다음 기본 양념을 한다.

② 다진 마늘+다진 생강+터메릭 파우더+코리앤더 파우더+말살라 후추+말살라 스파이스+소금+후추+정종을 골고루 잘 발라 놓고, 샤프란 주스와 우유나 생크림을 섞어 여기에 약 10여 분간 담궈 놓는다.

③ 프라이팬에 오일을 넣어 양파 슬라이스를 갈색이 나도록 볶는다.

④ 위 2번의 양파 볶은 팬에 마리네이드를 해 둔 닭고기를 함께 넣어 뜨거운 물과 갈색 양파를 넣고 뚜껑을 덮어 익을 때까지 쿠킹한다.

⑤ 다 익은 닭고기를 접시에 담고 아몬드 파우더+생크림+우유+약간의 스파이스를 넣어 소스의 맛을 낸 다음 닭고기 위에 소스를 얹어서 밥과 함께 서빙한다.

6. Nasi Goreng(Fried Rice) (나시고랭 볶음밥 ; Indonesia Food)

준비재료

재료	분량	재료	분량
달걀(Eggs)	2개	소금, 후추(Salt, Pepper)	5g
새우(Prawn)	130g	돼지고기(Pork Strip)	100g
양파(Onion)	1개	소고기(Beef Strip)	100g
다진 새우(Shrimp Paste)	1/2Ts	마늘(Garlic Copped)	2쪽
진간장(Soy Sauce)	1Ts	양파 플레이크(Onion Flakes)	1 1/2ts
실파(Spring Onion Sliced)	3줄기	코리앤더 잎(Coriander Leaves)	2잎
오이(Cucumber)	1/2개	밥(Cooked Rice)	2C
식용유(Vegetable Oil)	3Ts		

조리방법

① 달걀물을 소금, 후추를 뿌려 아주 얇게 부친 다음 가늘게 썰어서 준비한다.

② 새우, 돼지고기, 소고기를 길게 썰어서 준비하며, 기본 양념을 해 둔다.

③ 양파 찹+코리앤더 찹+마늘 찹을 잘 혼합해 페이스트로 만들어 놓는다.

④ 프라이팬에 오일을 넣고 위 3번의 재료들을 넣고 소테한다.

⑤ 프라이팬에 오일+썰은 새우+썰은 돼지고기+썰은 소고기+양파와 마늘 페이스트+밥+실파+달걀을 넣고 잘 혼합해 진간장으로 간을 맞춘다.

⑥ 접시에 밥 볶은 것을 예쁘게 담고 그 위에 달걀 스트립과 오이를 가니시로 장식하여 서빙한다.

7. Moan Chua Noeung Phset Kream (Stir-Fried Chicken with Mushroom)

(표고버섯과 양송이를 넣은 닭고기요리 ; Cambodia, Laos Food)

준비재료

- 표고버섯(Chinese Black Mushroom) ········· 7개
- 양송이(Mushroom) ········· 3개
- 닭고기(Whole Chicken Cut) ········· 12조각
- 마늘(Garlic Crushed) ········· 4쪽
- 물(Water) ········· 1C
- 설탕(Sugar) ········· 2ts
- 다진 생강(Ginger Grated) ········· 1/2ts
- 생선 소스(Fish Sauce) ········· 2Ts
- 코리앤더(Coriander Leaves) ········· 2Ts
- 정종(Rice Wine) ········· 2Ts
- 식용유 ········· 3Ts

조리방법

① 표고버섯과 양송이를 6쪽으로 자르고, 닭고기는 12조각으로 잘라 양념을 준비한다.

② 프라이팬에 오일을 두르고 다진 마늘+다진 생강+정종+자른 닭고기를 넣고 함께 볶아 갈색이 나도록 한다.

③ 닭고기 볶은 위 2번에 표고버섯+양송이+물+생선 소스+설탕을 넣어 뚜껑을 덮어 쿠킹한다.

④ 닭고기가 맛과 향이 나면 접시에 담고 밥과 코리앤더 잎을 뿌리고 서빙한다.

8. Trung Hap (Steamed Egg, Pork, Prawn with Mushroom)

(돼지고기, 새우, 달걀을 곁들인 표고버섯 찜요리 ; Vietnam Food)

준비재료

- 표고버섯(Chinese Black Mushroom) ········· 4개
- 당면(Cellophane Noodles) ········· 1/2C
- 게살(Crab Meat) ········· 70g
- 새우살(Prawn Meat) ········· 70g
- 돼지고기(Pork Cooked) ········· 100g
- 달걀(Eggs) ········· 5개
- 양파(Spring Onion Chopped) ········· 2개
- 코리앤더 잎(Coriander Leaves) ········· 2ts
- 정종(Rice Wine) ········· 20cc
- 소금(Salt) ········· 5g
- 후추(Pepper) ········· 5g

조리방법

① 표고버섯은 불려서 아주 잘게 다진다.

② 새우와 게살도 잘게 다진다.

③ 돼지고기도 잘게 다진다.

④ 당면은 물에 불려 놓는다.

⑤ 달걀물에 소금+후추+다진 양파+다진 새우+게살+다진 돼지고기+코리앤더 찹+표고버섯 찹+당면+정종 등을 함께 혼합하여 오목한 그릇에 담아 이중탕으로 찐다.

⑥ 다 익으면 접시에 밥과 함께 고기찜을 놓고 가니시하여 서빙한다.

9. Sambal Goreng Sotong(Squid Sambal) (오징어 삼발 요리 ; malaysia Food)

준비재료

- 오징어(Squid Cut Cube) ······ 300g
- 양파(Onion Roughly Chopped) ······ 1개
- 마늘(Garlic Chopped) ······ 1쪽
- 새우(Shrimp Paste) ······ 2조각
- 칠리(Fresh Red Chillies) ······ 3개
- 땅콩오일(Peanut Oil) ······ 2Ts
- 과일주(Tamarind Liquid) ······ 2Ts
- 팜설탕(Palm Sugar) ······ 1ts
- 파프리카(Red, Green, Yellow Paprika) ······ 1Ts
- 레몬껍질(Lemon Rind) ······ 1/4ts
- 소금, 후추(Salt, Pepper) ······ 각 5g

조리방법

① 오징어는 잘 손질하여 먹기 좋게 잘라서 기본 양념을 해 준비한다.

② 블렌더에 양파+마늘+레몬껍질+칠리+파프리카를 넣어 갈아 둔다.

③ 프라이팬에 오일을 넣고 위 2번을 넣어 오징어+새우+과일주+설탕을 함께 섞고 맛을 내면서 볶는다.

④ 오징어 요리가 마무리 되면 밥과 가니시를 곁들여 서빙한다.

10. Deep-Fried Fish with Vegetables (생선튀김과 야채요리 ; Singapore Food)

준비재료

- 흰살 생선(White Fish Fillets) ········ 300g
- 달걀(Egg White) ········ 1개
- 스파이스 파우더(Spice Powder) ········ 1/2ts
- 녹말가루(Cornstarch) ········ 1ts
- 마늘(Garlic Crushed) ········ 2쪽
- 생강(Fresh Ginger Grated) ········ 1/2ts
- 양배추 슬라이스(Chinese Cabbage Slice) ········ 1C
- 5cm 크기의 양파(Onion) ········ 3개
- 진간장(Soy Sauce) ········ 1/2Ts
- 굴 소스(Oyster Sauce) ········ 1/2Ts
- 소금, 후추(Salt, Pepper) ········ 각 5g
- 식용유(Vegetables Oil) ········ 3Ts
- 정종(Rice Wine) ········ 1Ts
- 물(Water) ········ 1/4C

조리방법

① 질 좋은 신선한 생선살을 길게 먹기 좋게 잘라서 기본 양념해 준비한다.

② 생선살에 달걀 흰자와 녹말가루, 밀가루를 묻혀 뜨거운 오일에 1~2분간 튀겨낸다.

③ 프라이팬에 오일+다진 마늘+다진 생강+양배추 슬라이스+양파 또는 실파+굴 소스+정종+물 등을 넣어 맛과 농도를 잘 맞추어서 마무리한다.

④ 준비된 생선살 튀김을 접시에 담고 위 3번의 준비된 야채 소스를 올려 예쁘게 담는다. 밥과 함께 가니시도 곁들어 서빙한다.

11. Sweet and Sour Pork (돼지고기 탕수육 ; Chinese Food)

준비재료

재료	분량	재료	분량
돼지고기(Pork Meat 2cm Cut)	200g	레몬(Lemon)	1/4개
정종(Rice Wine)	2Ts	다진 마늘(Garlic Chopped)	1ts
양파(Onion Large cube)	1개	다진 생강(Ginger Copped)	1ts
오이(Cucumber Large cube)	1/2개	설탕(Sugar)	3ts
당근(Carrot Large cube)	1개	녹말가루(Cornstarch)	1Ts
셀러리(Celery Cube)	10g	밀가루(Flour)	1Ts
표고버섯(Chinese Black Mushroom)	2개	소금, 후추(Salt, Pepper)	각 5g
진간장(Soy Sauce)	2ts	스톡 또는 물(Stock or Water)	1C
식초((Vinegar)	2ts	참기름(Sesame Oil)	1ts

조리방법

① 돼지고기를 길게 잘라서 소금과 후추+정종+진간장+다진 마늘+다진 생강+참기름+밀가루+녹말가루를 넣어 함께 혼합하여 마리네이드를 해 준비한다.

② 150~160℃ 온도에서 돼지고기 양념한 것을 1차로 튀겨 내고 서빙 직전에 2차로 튀겨내어야 바삭하게 튀겨진다.

③ 양파, 오이, 당근, 표고버섯, 셀러리를 살짝 볶아 준비한다.

④ 소스 만들기 : 식초+진간장+설탕+스톡 또는 물을 끓이다가 전분물을 섞어 적당한 농도와 맛을 낸다. 때로는 토마토 케첩을 넣기도 한다.

⑤ 소스에 위 3번의 야채 볶은 것을 함께 섞어서 준비한다.

⑥ 잘 튀겨진 돼지고기를 접시에 예쁘게 담고 그 위에 소스를 얹어서 서빙한다.

⑦ 돼지고기 반죽은 진간장 1ts+참기름 1ts+전분 1/4C+밀가루 1/4C으로 반죽한다.

12. Almondigas
(Beef and Pork Balls Simmered In Stock)
(소고기와 돼지고기 스톡 완자요리 ; Philippines Food)

준비재료

- 돼지고기(Pork Meat Minced) ···· 200g
- 소고기(Beef Meat Minced) ···· 200g
- 소금, 후추(Salt, Pepper) ········ 각 5g
- 정종(Rice Wine) ········ 2Ts
- 레몬주스(Lemon Juice) ········ 1ts
- 달걀(Egg) ········ 1개
- 마늘(Garlic Chopped) ········ 2쪽
- 양파(Onion Chopped) ········ 1개
- 토마토(Tomato Dice) ········ 2개
- 스톡(Beef Stock) ········ 4C
- 처빌(Chervil Leaves) ········ 1ts
- 진간장(Soy Sauce) ········ 2ts
- 식용유(vegetable Oil) ········ 1 1/2Ts

조리방법

① 소고기 다진 것+ 돼지고기 다진 것+소금+후추+정종+레몬주스를 혼합해 고기 볼을 적당한 크기로 만들어 준비한다.

② 프라이팬에 다진 마늘+다진 양파+오일을 넣어 볶으면서 토마토 다이스를 넣고 소테해 준비한다.

③ 미리 준비한 맛있는 스톡과 준비된 고기 볼을 넣어 은근히 끓이면서 맛을 내고 마무리한다.

④ 각종 스파이스도 고기 볼에 첨가할 수 있다. 그리고 스톡에 스파이스를 넣어 끓여 준비해 둔다.

⑤ 오목한 접시에 맛있는 소고기 스톡 국물과 고기 볼을 적당한 비율로 담아서 마무리한다. 처빌로 가니시하여 서빙한다.

13. Stuffed Quail on Chestnuts Rice (메추리 고기에 밤밥을 곁들인 요리 ; Austria Food)

준비재료

- 메추리(Quail) ········ 2마리
- 닭간(Chicken Liver) ········ 40g
- 식빵(White Bread) ········ 20g
- 레드 와인(Red Wine) ········ 20ml
- 생크림(Fresh Cream) ········ 20ml
- 레몬(Lemon) ········ 1/4개
- 밤밥(Chestnut Cooked Rice) ········ 200g
- 당근(Baby Carrot) ········ 4개
- 검은 버섯(Black Mushroom) ········ 2개
- 브로콜리(Broccoli) ········ 30g
- 버터(Butter) ········ 15g
- 양파(Onion Chopped) ········ 20g
- 베이컨(Bacon Strips) ········ 3조각
- 브라운 스톡(Brown Stock) ········ 100cc
- 로즈마리(Fresh Rosemary) ········ 1잎
- 오레가노(Fresh Oregano) ········ 1잎
- 마조랑(Fresh Marjoram) ········ 1잎
- 타라곤(Fresh Tarragon) ········ 1잎
- 타임(Fresh Thyme) ········ 1잎
- 올스파이스(All Spice) ········ 5g
- 소금, 후추(Salt, Pepper) ········ 각 5g

조리방법

① 메추리 한 마리는 씻어서 준비하고 다른 한 마리는 가슴살을 잘 발라서 양념해 둔다.

② 메추리의 가슴살+닭간+양파+레드 와인+소금+후추+후레쉬 허브+레몬주스+식빵을 넣어 소테하여 블렌더에 갈아 놓는다. 이것을 한 마리의 메추리 속에 채워 넣는다. 채운 메추리를 베이컨으로 말아서 120℃ 오븐에서 약 30분간 구워서 준비한다.

③ 밤을 넣어 밥을 해 둔다. 베이비 당근, 블랙 버섯, 브로콜리를 잘 정리하여 버터에 소테하여 야채 가니시로 준비한다.

④ 메추리 고기가 오븐에서 다 익으면 꺼내고 그 국물은 버리지 말고 브라운 스톡과 함께 메추리고기 소스를 만들어 준비한다.

⑤ 접시에 밤밥을 깔고 구운 메추리고기를 올리고 소스를 끼얹어 서빙을 준비한다.

⑥ 접시에 예쁘게 가니시와 밤밥을 담고 구운 메추리를 올려 소스를 끼얹어 서빙한다.

▶ 메추리고기를 콜 츄레이에 담으려면 적양배추와 고기를 다져 함께 섞어 고기 볼을 만들어서 준비한다. 오이 슬라이스를 깔고 고기 볼을 올려 가니시로 장식한다.

14. Ballottines White Russian Style (Stuffed Chicken Leg with Liver Meat) (닭다리 속에 닭간을 채운 요리 ; Russian Food)

준비재료

- 닭다리살(Chicken Legs) ········ 4조각
- 식빵(White Bread) ········ 4개
- 우유(Fresh Milk) ········ 2Ts
- 닭간(Chicken Liver) ········ 50g
- 양파(Onion Chopped) ········ 50g
- 버터(Butter) ········ 30g
- 샤워 크림(Sour Cream) ········ 1 1/2Ts
- 소금, 후추(Salt, Pepper) ········ 각 5g
- 로즈마리 잎(Rosemary leaves) ········ 1잎
- 타임(Thyme Leaves) ········ 1잎
- 화이트 와인(White Wine) ········ 10cc
- 코냑(Cognac) ········ 10cc
- 당근(Carrot Baby) ········ 3조각
- 빈스(Green Beans) ········ 5조각
- 옥수수(Sweet Corn) ········ 10g

조리방법

① 닭다리는 뼈와 살을 발라내고 형태를 잘 유지한다.

② 발라낸 닭고기살은 블렌더에 갈고, 식빵도 우유에 적셔 함께 곱게 갈아 준비한다.

③ 프라이팬에 버터와 양파 찹을 넣고, 닭간은 살짝 블랜칭하여 식힌 다음 5분 정도 소테하고 거칠게 다져 놓는다.

④ 닭고기살 갈아 놓은 것+소테한 닭간+소금+후추+화이트 와인+로즈마리 잎+타임 잎+코냑 등을 넣어 함께 섞어 곱게 갈아 준비한다.

⑤ 위 4번에 준비된 것을 닭다리 속에 채워 넣은 다음 닭다리 입구를 잘 막는다. 그리고 닭다리 표면에 버터와 샤워 크림을 발라서 약 180℃ 오븐에서 약 20분간 굽는다.

⑥ 닭다리 요리가 준비되면 가니시 야채류 베이비 당근, 그린 빈스, 옥수수를 곁들어 서빙한다. 소스는 브라운 그래비 소스를 곁들이면 좋다.

15. Roasted Pork/ Sauerkraut (돼지고기와 샤워크랔 요리 ; German Food)

준비재료

- 돼지고기(Pork Loin) ············ 300g
- 디종 머스터드(Dijon Mustard) ············ 10g
- 코냑(Cognac) ············ 10cc
- 소금, 후추(Salt, Pepper) ············ 각 5g
- 버터(Butter) ············ 10g
- 로즈마리 잎(Dried Rosermary) ············ 5g
- 타임 잎(Dried Thyme) ············ 5g
- 월계수 잎(Bay Leaves) ············ 2잎
- 양배추 절임(Sauerkraut) ············ 200g

조리방법

① 돼지고기 등심에 소금, 후추, 머스터드, 스파이스, 버터를 바르고 160℃ 오븐에서 30분간 로스팅하여 준비한다.

② 샤워크랔(Sauerkraut) 만들기 : 양배추 절임은 양배추 슬라이스+화이트 와인+쥬니퍼 베리+월계수 잎+검은 통후추+식초+레몬주스 등을 잘 배합하여 30℃ 정도에서 약 한 달간 삭혀서 사용한다.

③ 샤워크랔에 사과 슬라이스+감자 슬라이스+식초+설탕+베이컨+버터+와인+코냑 등을 함께 넣어 볶아서 맛을 내 준비한다.

④ 접시에 샤워크랔을 깔고 로스팅한 돼지 등심을 슬라이스하여 예쁘게 놓고 감자 케이크를 곁들어 서빙한다.

⑤ 샤워크랔에 독일 소시지를 함께 넣어 즐길 수도 있다.

16. Chicken Paprikash with Sour Cream

(닭고기에 파프리카와 샤워 크림을 곁들인 요리 ; Hungary Food)

준비재료

재료	분량	재료	분량
생닭(Chicken Whole)	1마리	샤워 크림(Sour Cream)	80g
지방기름(Lards)	50g	생크림(Fresf Cream)	60cc
양파(Onion Slice)	50g	밀가루(Flour)	15g
당근(Carrot)	30g	버터(Butter)	15g
셀러리(Celery)	30g	보드카(Vodka)	10cc
파프리카 파우더(Paprika Mild Powder)	10g	치킨 스톡(Chicken Stock)	200ml
청, 홍, 노란 파프리카(G.R.Y. Paprika)	1/4개	소금, 후추(Salt, pepper)	각 5g
다진 마늘(Garlic Chopped)	10g	월계수 잎(Bay Leaves)	2잎
풋고추(Green Papers)	30g	로즈마리 잎(Rosemary)	1잎
토마토(Tomato Dice)	30g	타임 잎(Thyme)	1잎

조리방법

① 닭고기 뼈를 발라서 먹기 좋은 크기로 잘라 소금, 후추로 기본 양념을 해 준비한다.

② 토마토는 콩카세로, 풋고추, 양파, 당근, 셀러리 등은 1cm 다이스로 준비한다.

③ 닭고기는 마늘, 소금, 후추로 양념하여 버터를 넣어 살짝 소테한다. 그리고 양파, 당근, 셀러리도 함께 소테한다. 함께 섞어 소테하면서 파프리카 파우더를 넣어서 준비해 둔다.

④ 청, 홍, 노란 파프리카 다이스와 토마토 콩카세를 함께 혼합하다. 그리고 준비된 치킨 스톡에 넣어 은근히 끓이는 시머링을 한다.

⑤ 닭고기가 다 익으면 살짝 건져 놓고 그 치킨 스톡에 버터와 밀가루 반죽(뵈르 마니)을 넣고 끓이면서 농도와 풍미를 체크한다. 그리고 생크림+샤워 크림+파프리카 파우더+토마토 콩카세+보드카+허브 등을 넣고 맛을 체크한다. 다시 닭고기를 함께 넣어 맛을 낸 다음 서빙한다.

▶ 가니시는 밥과 치킨 덤플링을 함께 제공할 수도 있다.

17. Kuay Namuan(Banana Cooked in Coconut Milk)
(코코넛 우유를 넣은 바나나요리 ; Combodia, Laos Food)

준비재료

- 바나나(Fresh Banana) ··· 3개
- 코코넛 우유(Coconut Milk) ··· 1C
- 설탕(Sugar) ··· 2Ts
- 생크림(Fresh Cream) ··· 3Ts
- 꿀(Honey) ··· 1ts
- 버터(Butter) ··· 1Ts

조리방법

① 바나나를 4등분으로 자른 다음 그냥 사용하거나, 버터에 구워 사용할 수도 있다.
② 코코넛 우유와 생크림을 넣고 설탕과 꿀도 함께 섞어 약간 끓인다.
③ 코코넛 우유와 생크림 끓인 것에 바나나를 넣어 너무 익지 않게 끓인다.
④ 접시에 담아내고 민트 잎으로 가니시하여 서빙한다.

3장 특별한 호텔 고급요리 레시피 실제

요리 목록

1. Terrine of Fish (생선 테린 요리)
2. Pate of Meat (고기 파테 요리)
3. Smoked Salmon Rolled with Cream Cheese
   (훈제연어에 크림 치즈를 곁들인 요리)
4. Tomato and Mozzarella Cheese with Olive Oil Dressing
   (토마토와 모차렐라 치즈 올리브 오일 드레싱 요리)
5. Fried Mushroom Stuffed with Seafood on Saffron Basil Sauce
   (양송이 속에 해산물과 치즈를 채운 튀김요리)
6. Prawn in Turnip Pickles with Ginger Dressing
   (새우를 무에 싼 피클과 생강 드레싱 요리)
7. Oven Dried Tomato and Poached Scallop Basil Thinly
   (말린 토마토와 신선한 관자살 특별 요리)
8. Grilled Fillet of Turbot / Rosemary Sauce
   (구운 광어살과 로즈마리향 버터 소스 요리)
9. Spaghetti Bianche
   (백합 조개와 백포도주를 넣은 스파게티)
10. Cream of Mushroom Thick Soup
    (진한 양송이 크림 수프)

1. Terrine of Fish (생선 테린 요리)

준비재료

- 생선살(Halibut Meat) ········ 800g
- 달걀(Eggs White) ········ 2개
- 브랜디(Brandy) ········ 20cc
- 생크림(Fresh Cream) ········ 600cc
- 빵가루(Bread Crumb) ········ 100g
- 연어살(Fresh Salmon) ········ 100g
- 감자(Potato Small Dice) ········ 50g
- 딜 잎(Dill Leaves) ········ 2잎
- 파슬리 잎(Parsley Leaves) ········ 1잎
- 코리앤더 파우더(Coriander Powder) ········ 5g
- 레몬(Lemon) ········ 1/2개
- 부채 가재살(Lobster Meat) ········ 200g
- 화이트 와인(White Wine) ········ 20cc
- 소금, 후추(Salt, Pepper) ········ 각 5g
- 셀러리(Celery Small Dice) ········ 50g
- 양파(Onion Small Dice) ········ 30g
- 마늘(Garlic Slice) ········ 3쪽
- 블랙 올리브(Black Olive) ········ 8개
- 세이지 잎(Sage Leaves) ········ 2잎
- 생강 파우더(Ginger Powder) ········ 5g
- 마늘 파우더(Garlic Powder) ········ 5g

조리방법

① 생선살(농어, 대구, 넙치)과 부채 가재살에 브랜디+와인+허브+생크림+우유+마늘+양파+레몬주스+소금+후추 등을 넣어 1.5kg 정도 마리네이드로 준비한다.

② 마리네이드를 한 생선살에 달걀 흰자+빵가루+생크림+생강 파우더+마늘 파우더+딜 잎+코리앤더 파우더 등을 넣어 블렌더에 곱게 갈아서 준비한다.

③ 연어살 다이스, 셀러리 다이스, 감자 다이스, 블랙 올리브 다이스 등을 혼합한다.

④ 직사각형이나 타원형의 긴 몰드를 준비하여 버터를 표면에 바르고 생선살 내용물을 잘 채운다. 공기가 들어가지 않도록 몰드를 바닥에 치면서 잘 채운다.

⑤ 잘 채운 생선살 몰드를 130℃ 오븐에서 이중탕으로 15분 정도 굽고, 체크하면서 온도를 아주 낮추어서 나머지 10분에서 15분간 더 뜸을 들이며 구워낸다.

⑥ 다 구워진 생선 테린은 약간 식힌 후 몰드에서 내용물을 빼서 시팬에 잘 식힌다.

⑦ 생선 테린을 적당한 두께로 자르고 야채와 딜 잎, 레몬 웨이지와 함께 접시에 담아 서빙한다.

2. Pate of Meat (Pork, Chicken Liver) (고기 파테 요리)

준비재료

- 돼지고기(Pork Meat) ········ 500g
- 닭간, 돼지간(Chicken Live, Pork Liver) ········ 200g
- 닭고기살(Chicken Meat) ········ 300g
- 양파(Onion Slice) ········ 50g
- 사과(Apple Slice) ········ 50g
- 허브류 ········ 5g
- 달걀(Eggs White) ········ 2개
- 코냑(Cognac) ········ 10cc
- 생강 파우더(Ginger Powder) ········ 5g
- 파슬리(Parsley) ········ 10g
- 소금, 후추(Salt, Pepper) ········ 각 5g
- 콩소메(Consomme) ········ 100cc
- 빵가루(Bread Crumb) ········ 100g
- 양송이(Mushroom) ········ 30g
- 핑크 소금(Pink Salt) ········ 3g
- 올스파이스(AllSpice) ········ 5g
- 생크림(Fresh Cream) ········ 50cc
- 레드 와인(Red Wine) ········ 20cc
- 타임, 월계수 잎(Thyme, Bay Leaf) ········ 각 1잎
- 피스타치오(Pistachio) ········ 50g
- 마늘 파우더(Garlic Powder) ········ 5g
- 파테 도우(Pate Dough) ········ 50g
- 젤라틴(Galatine ········ 10g
- 셀러리(Celery Slice) ········ 30g

조리방법

① 돼지고기, 닭고기는 따로 핑크 소금, 프레쉬 허브, 파테 스파이스, 소금, 후추, 코냑, 와인, 월계수 잎, 파슬리 잎 등을 넣어 마리네이드 해 준비한다.

② 돼지간과 닭간은 양파 찹+양송이 찹+셀러리 찹 등을 넣어 소테하면서 레드 와인+사과 슬라이스+생강즙+마늘즙+바질, 타임 스파이스+로즈마리, 쥬니퍼 스파이스+드라이 올스파이스 등을 넣어 함께 소테한다. 그리고 생크림+레몬주스+사과+달걀 흰자 등을 넣어 블렌더에 곱게 갈아서 준비한다.

③ 돼지고기+닭고기+달걀 흰자+생크림+빵가루+코냑+레드 와인+생강 파우더+마늘 파우더+프레쉬 허브+올스파이스+양파+셀러리+사과+레몬주스+소금+후추 등을 넣어 함께 섞어 블렌더에 곱게 갈아서 준비한다.

④ 3번과 2번을 함께 잘 어우러지도록 혼합하면서 피스타치오, 파슬리 찹을 넣어 맛과

농도 등을 체크한다.

⑤ 직사각형 파테 몰드에 파테도우를 준비하여 몰드 안에 깔고 4번으로 채운다. 그리고 도우 반죽의 뚜껑을 덮고 보기 좋게 공기 구멍을 뚫어서 가장자리를 잘 마무리 한다.

⑥ 220℃ 오븐에서 약 20분간 구워 표면이 갈색이 나면 쿠킹호일을 덮고 다시 120℃에서 약 40분간 구워 마무리한다. 식혀서 콩소메 젤라틴을 뚜껑 구멍으로 넣어 굳힌다.

3. Smoked Salmon Rolled with Cream Cheese (훈제연어에 크림 치즈를 곁들인 요리)

준비재료

- 훈제연어(Smoked Salmon) ········ 200g
- 샤워 크림(Sour Cream) ········ 20g
- 생크림(Fresh Cream) ········ 20cc
- 케이퍼(Capers) ········ 10g
- 젤라틴 녹인 것(Gelatine) ········ 3g
- 치커리 잎(Chicory Leaves) ········ 2잎
- 앤다이브 잎(Endive Leaves) ········ 2잎
- 크림치즈(Cream Cheese) ········ 50g
- 양파(Onion Chopped) ········ 10g
- 레몬(Lemon) ········ 1/4개
- 화이트 와인(White Wine) ········ 10cc
- 코냑(Cognac) ········ 5cc
- 달걀(Boiled Egg) ········ 1개
- 방울토마토(Cherry Tomato) ········ 2개
- 딜 잎(Dill Leaf) ········ 1잎
- 캐비아(Caviar) ········ 1ts
- 오이(Cucumber) ········ 1/6개
- 소금, 후추(Salt, Pepper) ········ 각 5g

조리방법

① 샤워 크림+생크림+크림치즈+잘 녹여 놓은 젤라틴+딜 찹+레몬주스+화이트 와인 등을 혼합해 준비한다.

② 훈제연어를 얇게 슬라이스하여 몇 조각으로 깔고 그 위에 크림치즈를 잘 펴서 놓고 김밥 말듯이 롤링한다. 굵기는 적당한 크기로 한다.

③ 준비한 롤링 훈제연어를 잘 말아서 냉장고에 5분간 보관하여 서빙할 때 김밥 크기로 잘라서 준비한다.

④ 접시에 양파 찹, 그린·레드 치커리 잎, 앤다이브 잎, 딜 잎, 레몬 웨이지, 케이퍼, 방울토마토, 삶은 달걀 노른자와 흰자 찹, 캐비아, 오이, 휘핑 크림과 샤워 크림 섞은 것을 담고 가니시로 보기 좋게 장식한다.

4. Tomato and Mozzarella Cheese with Olive Oil Dressing (토마토와 모차렐라 치즈 올리브 오일 드레싱 요리)

준비재료

- 토마토(Tomato Sliced) ······ 2개
- 모차렐라 치즈(Mozzarella Cheese Sliced) ······ 60g
- 올리브 오일(Olive Oil) ······ 20cc
- 오레가노 잎(Oregano Leaves) ······ 2잎
- 바질 잎(Basil Leaves) ······ 2잎
- 오이(Cucumber Slice) ······ 1/2개
- 레몬(Lemon) ······ 1/4개
- 소금, 후추(Salt, Pepper) ······ 각 5g

조리방법

① 토마토는 약간 두껍게 슬라이스하고 모차렐라 치즈도 토마토 크기로 비슷하게 썰어서 준비한다.

② 올리브 오일+오레가노 잎+바질 잎+소금+후추+레몬주스 등을 잘 혼합하여 마리네이드 드레싱을 만든다.

③ 토마토와 모차렐라 치즈에 드레싱을 잘 뿌려 냉장고에서 약 20분간 둔다.

④ 오이 슬라이스를 접시에 잘 두르고 가운데 마리네이드 한 토마토 치즈를 올려 놓고 바질 잎으로 가니시하여 서빙한다.

▶ 발사믹 소스(Balsamic Sauce)를 이용할 수도 있다.

5. Fried Mushroom Stuffed with Seafood on Saffron Basil Sauce (양송이 속에 해산물과 치즈를 채운 튀김요리)

준비재료

재료	분량	재료	분량
양송이(Fresh Mushroom)	6개	시금치(Spinach)	30g
에멘탈 치즈가루(Emmental Cheese)	1/4C	타임 잎(Thyme)	1잎
달걀(Eggs)	2개	빵가루(Bread Crumb)	50g
버터(Butter)	10g	파마산 치즈가루(Parmesan Cheese)	10g
다진 새우살(Shrimp Chopped)	20g	밀가루(Flour)	30g
다진 관자살(Scallop Chopped)	20g	식용유(Vegetables Oil)	100cc
화이트 와인(White Wine)	10cc	레몬(Lemon)	1/4개
코냑(Cognac)	5cc		

▶ 소스 만들기

① 양파 찹 30g, 버터 15g, 바질 잎 10g을 넣고 1/2 정도로 졸여서 맛을 낸다.

② 화이트 와인 20cc, 코냑 5cc, 샤프랑 향 5cc를 넣는다.

조리방법

① 다진 새우살+다진 관자살+에멘탈 치즈가루+시금치 다진 것+레몬주스+타임 잎+화이트 와인+코냑+소금+후추 등을 잘 혼합하여 냉장고에 20분간 둔다.

② 밀가루, 달걀물, 빵가루를 순서대로 묻혀서 딥 펫 프라이(Deep Fat Fry) 한다.

③ 소스는 버터와 양파 찹을 넣고 소테하고 바질 잎+와인+코냑+샤프랑을 넣어 졸인다.

④ 양송이는 신선하고 크기가 적당한 것으로 준비하여 꼭지를 없애고 그 속에 해산물과 치즈 섞은 것을 채워서 빵가루를 묻혀서 모양이 살아 있게 잘 튀겨낸다.

⑤ 접시에 만든 소스를 깔고 그 위에 양송이 튀김을 보기 좋게 놓은 다음 가지튀김이나 바질튀김 잎을 올리고 차이브로 가니시하여 서빙한다.

▶ 양송이 속에 달팽이를 채워 달팽이튀김도 가능하다. 소스는 토마토 쿨리 소스도 사용할 수 있다.

6. Prawn in Turnip Pickles with Ginger Dressing (새우를 무에 싼 피클과 생강 드레싱 요리)

준비재료

재료	분량	재료	분량
새우살(Shrimp)	100g	생강즙(Ginger Juice)	5cc
팽이버섯(Strip Mushroom)	60g	마늘즙(garlic Juice)	5cc
무(Turnip Sliced)	6조각	레몬주스(Lemon Juice)	5cc
식초(Vinegar)	20cc	처빌(Chervil Leaves)	2잎
화이트 와인(White Wine)	30cc	실파(Chive)	4조각
올리브 오일(Olive Oil)	10cc	소금, 후추(Salt, Pepper)	각 5g

▶ 소스 만들기

① 생강(Ginger Grated) 10g, 마늘(Garlic Chopped) 5g, 꿀(Honey) 1Ts, 레몬주스(Lemon Juice) 1ts을 혼합하여 졸인다.

② 올리브 오일(Olive Oil) 10cc, 와인(White Wine) 10cc, 소금과 후추(Salt, pepper) 각 5g을 넣는다.

조리방법

① 냄비에 식초+화이트 와인+레몬주스+소금+후추를 넣어 끓이다가 여기에 무를 포칭해 준비한다.

② 프라이팬에 새우살+팽이버섯+화이트 와인+처빌 잎+마늘즙+생강즙+레몬주스+올리브 오일+소금+후추를 넣어 소테하고 약간 식혀서 준비해 둔다.

③ 포칭한 무를 펼쳐서 그 위에 준비한 새우살을 한입에 먹기 좋게 올리고 싼다. 양쪽 끝을 실파로 묶는다.

④ 만들어진 소스는 접시에 깔고 그 위에 무 싼 것을 여섯 개 놓고 처빌과 실파로 가니쉬하여 서빙한다.

7. Oven Dried Tomato and Poached Scallop Basil Thinly (말린 토마토와 신선한 관자살 특별 요리)

준비재료

- 말린 토마토(Dried Tomato) ········ 6개
- 관자살(Fresh Scallop) ········ 6조각
- 바질(Basil Leaves) ········ 10잎
- 처빌(Chervil Leaves) ········ 2잎
- 생크림(Fresh Whipped Cream) ········ 3Ts
- 캐비아(Red & Black Caviar) ········ 1Ts
- 버터(Butter) ········ 1Ts
- 레몬주스(Lemon Juice) ········ 1Ts
- 화이트 와인(White Wine) ········ 10cc
- 3색 오일(3Kinds of Oil) ········ 각 1Ts
- 검은 통후추(Black Pepper Corn) ········ 10g

조리방법

① 신선한 관자살을 적당한 크기로 잘라 스파이스+레몬주스+식초+파슬리 잎을 넣은 뜨거운 물에 2분 정도 포칭해 준비한다.

② 말린 토마토는 잘 씻어서 정리하고, 생크림은 휘핑해 준비한다.

③ 3색 오일은 그린 피망 오일, 빨간 피망 오일, 노란 피망 오일을 색다르게 만든다.

④ 접시에 말린 토마토를 놓고 위에 바질 잎을 놓고 다시 포칭한 관자를 올린다. 3단씩 2번 올린다.

⑤ 접시에 관자가 위에 오도록 담고 그 위에 휘핑 생크림을 올리고, 2가지 캐비아를 보기 좋게 올린다. 처빌 한 잎과 실파 한 개를 올려 가니시하고 가장자리에 3색 오일을 뿌리고 서빙한다.

8. Grilled Fillet of Turbot / Rosemary Butter Sauce (구운 광어살과 로즈마리향 버터 소스 요리)

준비재료

- 광어살(Fillet Turbot) ······ 180g
- 레몬(Lemon) ······ 1/4개
- 버터(Butter Fondue) ······ 100g
- 화이트 와인(White Wine) ······ 10cc
- 우유(Milk) ······ 20cc
- 생크림(fresh Cream) ······ 20cc
- 코냑(Cognac) ······ 10cc
- 로즈마리 잎(Rosemary Leaves) ······ 2Ts
- 파슬리(Parsley) ······ 1조각
- 토마토 콩카세(Tomato Concasse) ······ 2Ts
- 다진 양파(Onion Chopped) ······ 10g
- 다진 마늘(Garlic Chopped) ······ 5g
- 올리브 오일(Olive Oil) ······ 10cc
- 소금, 후추(Salt, Pepper) ······ 각 5g

조리방법

① 광어살은 우유나 생크림+와인+코냑+레몬주스+허브 잎+소금+후추 등으로 마리네이드를 해 준비한다. 그래야 맛과 향기가 더욱 좋아진다.

② 두툼한 광어살에 올리브 오일 바르고 석쇠에 창살 무늬가 나도록 구워낸다.

③ 그리고 180℃ 오븐에서 살짝 더 구워낸다.

④ 로즈마리 버터 소스는 버터 혼듀+레몬주스+마늘즙+와인+코냑+파슬리 찹+로즈마리 잎을 많이 다져 넣고 버터를 골고루 섞은 다음 김밥 말듯이 말아서 냉장고에 굳혀서 사용한다. 대체로 주재료에 따라서 버터 소스의 종류가 구별된다.

⑤ 접시에 토마토 콩카세+양파 다이스+마늘 찹+올리브 오일+버터를 넣어 소테하여 깔고 그 위에 구운 광어살을 올린다. 그 위에 로즈마리 버터 소스를 올려서 버터 소스가 자연스럽게 흐르도록 하여 서빙한다.

⑥ 가니시는 바질 잎과 차이브를 올린다.

9. Spaghetti Bianche (백합 조개와 백포도주를 넣은 스파게티)

준비재료

- 스파게티(Spinach Spaghetti) ………… 300g
- 백합조개(Big Clam) ………… 200g
- 화이트 와인(White Wine) ………… 80cc
- 바질(Basil Leaves) ………… 2Ts
- 토마토 콩카세(Tomato Concasse) ………… 1Ts
- 올리브 오일(Olive Oil) ………… 50cc
- 파마산 치즈(Parmesan Cheese) ………… 50g
- 다진 마늘(Garlic Chopped) ………… 20g
- 다진 양파(Oniom Chopped) ………… 20g
- 레몬(Lemon) ………… 1/2개
- 소금, 후추(Salt, Pepper) ………… 각 5g

조리방법

① 스파게티는 뜨거운 물에 10분 정도 삶아서 물에 헹구지 않고 올리브 오일을 묻혀서 준비한다.

② 백합조개는 3/4 정도가 잠길 정도로 물을 넣고 레몬 슬라이스와 파슬리 잎을 추가해 삶는다.

③ 팬에 올리브 오일+양파 찹+마늘 찹을 넣어 소테하고 레몬주스+화이트 와인+조개 국물을 함께 넣어 맛을 내면서 끓인다. 신선한 맛을 추구한다.

④ 위의 3번 조개 국물 소스에 삶은 스파게티를 넣고 충분히 맛이 스며들 때까지 볶다가 바질 향이 나도록 맛을 낸다.

⑤ 맛이 나면 파마산 치즈와 토마토 콩카세, 소금, 후추로 마무리하여 완성한다.

▶ 스파게티와 조개 국물 본연의 맛을 내는 요리 방식이다.

10. Cream of Mushroom Thick Soup (진한 양송이 크림 수프)

준비재료

- 닭 스톡(Chicken Stock) ········· 800cc
- 양송이(Mushroom) ········· 300g
- 버터(Butter) ········· 40g
- 밀가루(Flour) ········· 30g
- 대파(Leek) ········· 1조각
- 양파(Onion) ········· 20g
- 월계수 잎(Bay leaves) ········· 2잎
- 생크림(Fresh Cream) ········· 500cc
- 우유(Milk) ········· 300cc
- 화이트 와인(White Wine) ········· 30cc
- 다진 마늘(Garlic Chopped) ········· 10g
- 소금, 후추(Salt, Pepper) ········· 각 5g

조리방법

① 팬에 버터+양파+대파+마늘+양송이를 함께 넣어 볶으다가 화이트 와인+월계수 잎+소금+후추를 넣어 볶아서 준비한다.

② 양송이 갈은 것에 닭 스톡을 부어 함께 끓인 다음 루(Roux)를 조금 넣어 끓이고 살짝 식혀 블렌더에 곱게 갈아 준비한다.

③ 다시 냄비에 부어 끓이면서 우유와 생크림을 넣는다. 맛과 향과 농도를 체크하면서 양송이 향 수프의 맛을 낸다.

④ 수프 볼에 양송이 수프를 담고 휘핑 생크림과 크루통을 올리고 위에 다진 실파를 올려서 서빙한다.

⑤ 진정한 본연의 맛을 낸 양송이 수프를 즐길 수 있다.

4장 메인요리에 곁들이는 HOT LEGUME 레시피 실제

요리 목록

1. Spinach Italian Style (이태리식 시금치 가니시)
2. Cream de Brussels Sprouts (생크림을 첨가한 작은 양배추 가니시)
3. Braised String Beans (브레이징 스트링 빈스 가니시)
4. Braised Lettuce with Brown Sauce (폰드 뷰 소스를 첨가한 배춧잎 가니시)
5. Green Peas French Style (프랑스식 완두콩 가니시)
6. Cucumber Provencal Style (프로방스식 오이 가니시)
7. Stuffed Cucumber (속을 채운 오이 가니시)
8. Green Celery Garnishes (그린 셀러리 브레이징 가니시)
9. Braised Red Cabbage (브레이징 적양배추 가니시)
10. Stuffed Tomatoes (속을 채운 토마토 가니시)
11. Tomato Provencal Style (프로방스식 토마토 가니시)
12. Buttered Beet Root (버터로 맛을 낸 사탕무 가니시)
13. Carrots Puree (당근 퓌레 가니시)
14. Creamed Chateau Carrot (생크림을 넣은 당근 가니시)
15. Gratinated Asparagus (아스파라거스 그라탱 가니시)
16. Buttered Lima Beans (버터로 맛을 낸 리마콩 가니시)

1. Spinach Italian Style(Epinards a l' Italienne)(이태리식 시금치 가니시)

준비재료

- 시금치(Spinach Leaves) 500g
- 베이컨(Bacon Chopped) 50g
- 버터(Butter) 40g
- 올리브 오일(Olive Oil) 20cc
- 샬롯(Shallots Chopped) 50g
- 앤쵸비(Anchovy Fillet) 20g
- 소금, 후추(Salt, Pepper) .... 각 5g

조리방법

① 깨끗이 정리한 시금치를 블랜칭하여 찬물에 빨리 식힌다.

② 손으로 꽉 뭉치면 모양과 색감이 파괴되니 조심해야 한다.

③ 5~6등분으로 자르고 프라이팬에 버터를 넣고 열을 가한 다음 살롯 찹+마늘 찹+앤쵸비 찹+베이컨 찹+약간의 올리브 오일을 넣어 빠르게 소테하여 준비한다.

▶ 생크림을 넣어 소테할 수도 있다.

④ 시금치 핫 가니시는 생선요리, 육류요리에 적합하다.

2. Cream de Brussels Sprouts (Choux de Bruxelles a la Creme) (생크림을 첨가한 작은 양배추 가니시)

준비재료

- 브루셀 스프라우트(Brussel Sprouts) ······ 500g
- 소금, 후추(Salt, Pepper) ······ 각 5g
- 버터(Butter) ······ 80g
- 생크림(Fresh Cream) ······ 200cc
- 베이컨(Bacon Chopped) ······ 50g
- 양파(Onion Chopped) ······ 50g
- 화이트 와인(White Wine) ······ 20cc
- 화이트 스톡(White Stock) ······ 10cc

조리방법

① 싹눈 작은 양배추 겉껍질을 떼어내기 위해 밑동을 자른다.

② 끓는 소금물에 약 3분 정도 데쳐 낸 다음 찬물에 빨리 식혀 물기를 완전히 제거한다.

③ 냄비에 버터+베이컨 찹+양파 찹 또는 살롯 찹+작은 양배추+화이트 와인+소금+후추 등을 넣어 살짝 볶다가 생크림을 넣고 끓이면서 농도와 맛을 낸다.

④ 농도가 너무 약하면 뵈르 마니에(Beurre Manier)를 넣어 농도를 조절할 수 있다. 그리고 화이트 스톡을 사용할 수 있다.

3. Braised String Beans(Haricots Vert Braises) (브레이징 스트링 빈스 가니시)

준비재료

- 스트링 빈스(String Beans) ········ 500g
- 베이컨(Bacon Diced) ········ 80g
- 버터(Butter) ········ 70g
- 양파 또는 살롯Onion Chopped or Shallots Chopped) ········ 60g
- 화이트 스톡(White Stock) ········ 80cc
- 소금, 후추(Salt, Pepper) ········ 각 5g

조리방법

① 신선한 스트링 빈스는 섬유질을 제거하고 적당한 크기로 잘라서 준비한다.

② 끓는 소금물에 3~4분 정도 데치고 찬물에 빨리 식혀서 물기를 완전히 제거한다.

③ 냄비에 버터+양파 또는 살롯 찹+베이컨 다이스를 넣어 볶다가 와인을 넣고 스트링 빈스를 넣어 갈색으로 볶는다. 스톡을 첨가하여 끓인 후 마무리 양념을 해 가니시로 사용한다.

④ 너무 오래 끓이면 색깔이 변하므로 빨리 사용해야 한다. 스트링 빈스는 색상이 살아 있어야 한다.

4. Braised Lettuce with Brown Sauce (Laitue Braised a la Fond de Veau) (폰드 뷰 소스를 첨가한 배춧잎 가니시)

준비재료

- 배춧잎(Lettuce of Korean Kimchi) ······ 800g
- 살롯(Shallots Chopped) ······ 50g
- 화이트 스톡(White Stock) ······ 100cc
- 소금, 후추(Salt, Pepper) ······ 각 5g
- 폰드 뷰 소스(Fond de Veau) ······ 150cc
- 버터(Butter) ······ 50g
- 화이트 와인(White Wine) ······ 50cc

조리방법

① 배춧잎은 손상된 부분은 제거하고 깨끗이 씻어서 끓는 소금물에 데쳐 준비한다.

② 데쳐진 배춧잎은 물기를 완전히 제거하고 제일 큰 잎을 밑에 깔고 작은 잎들을 차곡차곡 놓고 60g씩 병마개 모양으로 말아서 준비한다.

③ 팬에 버터를 넣고 살롯 찹과 배춧잎 말아 놓은 것을 넣고 준비된 스톡을 부어 소금, 후추, 와인으로 맛을 낸다.

④ 위 3번을 오븐에서 은근히 브레이징 한다. 스톡이 남아 있다면 완전히 제거하고 뜨겁게 하여 마무리는 폰드 뷰 소스를 끼얹어서 마무리한다.

⑤ 피스타치오나 땅콩가루를 함께 첨가할 수도 있다.

5. Green Peas French Style (Petit Pois a la Francaise) (프랑스식 완두콩 가니시)

준비재료

- 그린피스(Green Peas) ··· 800g
- 청경채(BokChoy) ··· 4잎
- 절인 작은 양파(Pickled Onion) ··· 80g
- 샬롯(Shallots Chopped) ··· 70g
- 화이트 스톡(White Stock) ··· 100cc
- 설탕(Sugar) ··· 50g
- 소금, 후추(Salt, Pepper) ··· 각 5g
- 버터(Butter) ··· 70g
- 화이트 와인(White Wine) ··· 50cc
- 스모크햄(Smoked Boneless Ham) ··· 50g
- 베이컨(Bacon Strip) ··· 50g
- 전분(Corn Starch) ··· 30cc
- 뵈르 마니에(Beurre Manier) ··· optional

조리방법

① 냄비에 버터를 넣고+샬롯 찹+스모크햄 줄리엔느+베이컨 줄리엔느 등을 넣어 볶다가 와인+치킨 스톡+설탕+청경채+소금+후추를 추가해 끓인 다음 오븐에서 은근히 8~9분 정도 맛을 낸다.

② 완두콩이 오븐에서 맛이 나면 꺼내서 전분물을 약간 섞어 농도와 풍미를 더한다.

③ 완성된 완두콩을 담을 수 있는 오목한 야채가 필요하면 사용한다.

④ 완두콩이 완성되면 가니시로 사용한다.

6. Cucumber Provencal Style(Concombres a la Provencale) (프로방스식 오이 가니시)

준비재료

- 오이(Cucumber) ··· 800g
- 버터(Butter) ··· 80g
- 소금, 후추(Salt, Pepper) ··· 각 5g
- 다진 마늘(Garlic Chopped) ··· 50g
- 샬롯(Shallots) ··· 50g
- 화이트 와인(White Wine) ··· 30cc
- 토마토 혼듀(Tomato Fondue) ··· optional

조리방법

① 신선한 오이는 길이 4cm로 잘라서 4등분으로 준비한다.

② 오이를 샤토(Chateau) 모양으로 예쁘게 준비하여 1~2분 정도 블랜칭 한다.

③ 냄비에 버터+마늘 찹+샬롯 찹+와인+소금+후추 등을 넣어 볶는다. 여기에 오이 샤토를 넣어 살짝 색깔을 낸 후 치킨 스톡을 조금 넣어 그라세(Glace) 한다.

④ 너무 오래 오이를 글레이징 하면 오이 색깔이 변하므로 조심해야 한다. 그리고 토마토 혼듀를 사용할 수 있다.

7. Stuffed Cucumber(Concombres Farcis) (속을 채운 오이 가니시)

준비재료

- 오이(Cumcuber) 800g
- 빵가루(Bread Crumb) 80g
- 야채 뒥셀(Vegetables Dexelles) 120g
- 소시지 다진 것(Sausage Chopped) 80g
- 파마산 치즈(Parmesan Cheese) 60g
- 소금, 후추(Salt, Pepper) .... 각 5g
- 버터(Butter) 20g
- 허브 잎(herbs Leaves) 3잎

조리방법

① 오이는 깨끗이 씻어서 길이 5cm 정도로 자르고 가운데 홈을 내고 소금, 후추로 간을 하고 버터에 살짝 볶아 준비한다.

② 냄비에 야채 뒥셀(3색 야채 다진 것)을 만들고 소시지 다진 것도 첨가하여 양념한다.

③ 홈을 낸 오이에 야채 뒥셀을 채우고 파마산 치즈가루를 뿌려서 철판에 배열해 둔다.

④ 스톡과 버터, 허브 잎 등을 넣고 130℃ 오븐에서 은근히 스튜(Stew)하여 가니시로 사용한다.

⑤ 오이는 굵은 것을 사용하는 것이 좋다. 그리고 야채 뒥셀은 양송이 뒥셀처럼 하면 좋다.

8. Green Celery Garnishes(Braised Vert Celeries) (그린 셀러리 브레이징 가니시)

준비재료

셀러리(Celery)	800g
당근(Carrots Julienne)	50g
양파(Onion Julienne)	50g
베이컨(Bacon Julienne)	30g
버터(Butter)	60g
월계수 잎(Bay Leaves)	2잎
타임 잎(Thyme Leaves)	2잎
화이트 와인(White Wine)	30cc
화이트 스톡(White Stock)	150cc
폰드 뷰 소스(Fond de Veau)	80cc
소금, 후추(Salt, Pepper)	각 5g
파슬리(Parsley Chopped)	5g
피스타치오(Pistachio)	optional

조리방법

① 셀러리는 깨끗이 씻어서 길이가 5cm 정도로 잘라서 준비한다.

② 냄비에 버터+양파 줄리엔느+당근 줄리엔느+베이컨 줄리엔느+와인+타임 잎+월계수 잎 등을 넣고 그 위에 셀러리 준비한 것을 올려 준비한다.

③ 스톡을 첨가하여 뚜껑을 덮고 은근히 20~30분간 끓인 다음 셀러리는 살짝 건져낸다. 국물은 체에 걸러서 다시 졸이면서 맛과 농도를 맞춘다.

④ 준비된 국물에 다시 셀러리를 넣고 폰드 뷰 소스를 첨가하여 맛을 내면서 살짝 끓인 다음 가니시로 사용한다.

▶ 셀러리 가니시 위에 파슬리 찹 또는 피스타치오를 뿌리면 좋다.

9. Braised Red Cabbage(Chou Rouge Braised) (브레이징 적양배추 가니시)

준비재료

- 베이컨(Bacon Sliced) ······ 150g
- 샬롯(Shallots Chopped) ······ 100g
- 라드(Lard) ······ 100g
- 적양배추(Red Cabbage Sliced) ······ 800g
- 레드 와인(Red Wine) ······ 100cc
- 레드 비네거(Red Vinegar) ······ 50cc
- 설탕(Sugar) ······ 80g
- 사과(Apples Sliced) ······ 3조각
- 소금, 후추(Salt, Pepper) ······ 각 5g
- 월계수 잎(Bay Leaves) ······ 2잎

조리방법

① 적양배추는 씻어 곱게 슬라이스하여 준비한다.
② 냄비에 라드+버터+올리브 오일+베이컨 슬라이스+샬롯 찹 등을 넣어 함께 볶는다.
③ 적양배추 슬라이스를 첨가하여 색깔이 나지 않도록 볶아 주면서 레드 비네거를 부어 데그라세(Deglacer)한다.
④ 레드 와인을 부어 은근히 끓이면서 사과 슬라이스와 소금, 후추, 허브를 넣고 뚜껑을 덮어 160℃ 오븐에서 약 25분 정도 은근히 졸여서 마무리한다.
⑤ 월계수 잎과 라드는 걷어내고 가니시로 사용한다.

10. Stuffed Fresh Tomatoes (Tomates Farcies a la Legume) (속을 채운 토마토 가니시)

준비재료

- 토마토 작은 것(Tomato Small Size) 8개
- 야채 뒥셀(Vegetables Duxelles) 50g
- 빵가루(Bread Crumb) 40g
- 소시지(Sausage Chopped) 30g
- 파마산 치즈(Parmesan Cheese) 20g
- 버터(Butter) 40g
- 살롯(Shallot) 20g
- 바질 잎(Basil Leaves) 10g
- 소금, 후추(Salt, Pepper) .... 각 5g

조리방법

① 토마토는 꼭지를 제거하고 둥글게 윗부분을 잘라 속을 파내고 소금, 후추를 넣어 천 위에서 물기를 뺀다.

② 버터를 넣은 야채 뒥셀(Vegetables Duxelles) 만들기 : 냄비에 빵가루+다진 소시지+다진 바질+허브+다진 파슬리+다진 살롯+소금+후추를 넣어 볶다가 양념하고 마무리한다.

③ 토마토 속에 야채 뒥셀을 채워서 파마산 치즈을 뿌리고 시팬에 잘 배열하여 200℃ 오븐에서 약 20분간 연한 갈색으로 구워낸다. 가니시로 사용할 때 파슬리 찹과 바질 찹을 뿌려 이용한다.

11. Tomato Provencal Style (Tomates Farcies a la Provencale) (프로방스식 토마토 가니시)

준비재료

- 토마토 작은 것(Tomato Small size) ········ 8개
- 살롯(Shallot) ········ 60g
- 다진 마늘(Garlic Chopped) ········ 10g
- 버터(Butter) ········ 50g
- 빵가루(Bread Crumb) ········ 80g
- 파슬리(Parsley Chopped) ········ 20g
- 앤쵸비(Anchovy Chopped) ········ 10g
- 파마산 치즈(Parmesan Cheese) ········ 20g
- 화이트 스톡(White Stock) ········ 30cc
- 소금, 후추(Salt, Pepper) ········ 각 5g

조리방법

① 토마토의 꼭지를 제거하고 윗부분을 둥글게 잘라 속을 파내고 소금, 후추를 넣고 완전히 물기를 빼서 준비한다.

② 냄비에 버터+살롯 찹+마늘 찹+빵가루 등을 넣어 잘 볶는다.

③ 잘 볶은 다음 파슬리 찹+파마산 치즈+앤쵸비 찹을 넣고 약간의 스톡을 넣어 마무리 맛을 낸다.

④ 토마토 속에 3번 재료를 채워 시팬에 잘 정리하여 놓고 200℃ 오븐에서 약 20분간 갈색으로 구워 가니시로 이용한다.

⑤ 토마토 꼭지를 씌워서 굽는 경우도 있다. 다양하게 이용할 수 있다.

12. Buttered Beet Root(Glaced de Betteraves) (버터로 맛을 낸 사탕무 가니시)

준비재료

- 사탕무(Beet Root) ········· 800g
- 살롯(Shallot Slice) ········· 80g
- 버터(Butter) ········· 40g
- 설탕(Sugar) ········· 20g
- 레몬주스(Lemon Juice) ········· 20cc
- 식초(Vinegar) ········· 20cc
- 소금, 후추(Salt, Pepper) ········· 각 5g

조리방법

① 사탕무를 통째로 식초+소금+레몬주스를 넣어 연하게 될 때까지 약 1시간 이상 서서히 끓인다. 익으면 건져서 식혀 둔다.

② 껍질을 벗겨서 막대 모양(Batonne)으로 자른 다음 다시 냄비에 담아서 준비한다.

③ 사탕무 담그는 물 만들기 : 소량의 물+설탕+레몬주스+버터+후추 등을 넣고 물을 졸여서 맛을 낸다. 국물 자체가 윤기가 나도록 잘 졸인다.

④ 사탕무 삶아서 준비한 것, 국물 준비한 것을 적절한 비율로 섞어 뜨거운 사탕무 가니시로 이용한다. 비트를 오븐에서 굽는 경우도 있다.

13. Carrot Puree (Puree de Carotte) (당근 퓌레 가니시)

준비재료

당근(Carrot)	800g
설탕(Sugar)	20g
버터(Butter)	50g
빵가루(Bread Crumb)	20g
생크림(Fresh Cream)	20cc
화이트 와인(White Wine)	10cc
달걀(Eggs White)	2개
레몬(Lemon)	1/2개
허브류(Bay leaf, Clove)	2잎
소금, 후추(Salt, Pepper)	각 5g

조리방법

① 당근은 깨끗이 씻어 껍질을 벗겨 미르포아(Mire-Poix)로 잘라서 준비한다.

② 냄비에 버터+당근+소금+후추+스톡+설탕+레몬+월계수 잎+정향(Clove)을 넣어 익을 때까지 약 20분 정도 은근히 시머링하여 준비해 둔다.

③ 당근이 익으면 건져서 물기를 빼고 블렌더에 곱게 갈아서 준비한다. 국물은 버리지 않는다.

④ 곱게 갈아서 준비한 당근에 빵가루+버터+와인+생크림+레몬주스+달걀 흰자 머랭을 함께 잘 혼합한다. 그리고 몰드에 넣어 200℃ 오븐에서 약 10분간 구워서 마무리한다.

⑤ 완성된 당근 퓌레는 가니시로 이용할 수 있다.

14. Creamed of Chateau Carrot(Carotte a la Creme) (생크림을 넣은 당근 가니시)

준비재료

당근(Carrot)	800g
소금, 후추(Salt, Pepper)	각 5g
설탕과 꿀(Sugar, Honey)	50cc
버터(Butter)	30cc
생크림(Fresh Cream)	80cc
양파(Onion Chopped)	30g
베이컨(Bacon Chopped)	30g

조리방법

① 당근을 5cm 길이로 잘라서 샤토(Chateau)형으로 깎아서 준비한다.

② 샤토형으로 깎는 기능을 필요로 한다.

③ 샤토 당근은 찬물에 소금+버터+월계수 잎+정향+설탕 등을 첨가하여 약 10분간 삶아 준비한다.

④ 삶은 샤토 당근은 물기를 제거하고 생크림+베이컨 찹+양파 찹+꿀 또는 설탕을 넣어 은근히 졸여 맛이 나도록 시머링을 해 준다. 너무 익으면 색깔이 좋지 않으므로 농도와 색깔을 잘 맞춘다.

⑤ 당근은 샤토 모양, 비쉬 모양, 바토네 모양 등 다양하게 준비한다.

15. Gratinated Asparagus (Asparagus au Gratine) (아스파라거스 그라탱 가니시)

준비재료

- 아스파라거스(Asparagus) 800g
- 소금, 후추(Salt, Pepper) .... 각 5g
- 모르네이 소스(Mornay Sauce) 200cc
- 모차렐라 치즈(Mozzarella Cheese) 50g
- 파마산 치즈(Parmesan Cheese) 30g
- 버터(Butter) 30cc
- 파슬리(Parsley Chopped) 10g

조리방법

① 아스파라거스는 껍질을 벗기고 표면을 닦아 끓는 소금물에 데친다.

② 찬물에 빨리 식혀서 물기를 뺀다.

③ 그라탱용 팬에 버터를 바르고 아스파라거스를 잘 배열해 준비한다.

④ 소금, 후추를 뿌리고 모르네이 소스(Mornay Sauce)를 끼얹어서 모차렐라 치즈와 강판에 간 파마산 치즈를 뿌린다. 녹여 놓은 버터도 뿌려서 200℃ 오븐에서 약 20분간 표면이 갈색이 나도록 잘 구워낸다. 잘 구워진 아스파라거스를 가니시로 이용한다.

⑤ 모르네이 소스 만들기 : 베샤멜 소스를 만들어서 달걀 노른자와 노란 치즈를 넣어서 잘 혼합하면 모르네이 소스가 된다.

16. Buttered Lima Beans (버터로 맛을 낸 리마콩 가니시)

준비재료

리마콩(Lima Beans)	800g
버터(Butter)	50g
양파(Onion Chopped)	30g
베이컨(Bacon Chopped)	30g
화이트 스톡(White Stock)	20cc
소금, 후추(Salt, Pepper)	각 5g

조리방법

① 냄비에 다진 양파 또는 살롯+베이컨+버터를 넣은 다음 리마콩을 넣어 비율을 잘 맞춰 준비한다. 리마콩은 생 콩이 있고 가공해 캔으로 나오는 콩도 있다. 콩은 선택할 수 있다.

② 은근한 불에서 소테하면서 맛과 농도를 맞춰 마무리한다.

③ 리마콩은 너무 일찍 많이 준비해 두면 색소가 변색될 수 있으니 주의해야 한다.

5장 세계 명품요리의 역사적 배경

1. Grenouille Sautees a la Provencal (그러뉴 소테 아라 프로방샬)

인간의 욕망 중에 강장식에 대한 맹신은 동서고금을 막론하고 공통적인 것 같다. 우리나라에서는 예로부터 개구리가 보양, 강장에 이롭다고 전해져 왔는데 이러한 개구리에 대한 인식은 프랑스에서도 마찬가지다. 특히 다른 점이 있다면 우리가 야생의 개구리를 포획해서 먹는 것에 반해 프랑스에서는 고급 식재료로 식용개구리를 사육해서 먹는다는 것이다. 또 우리나라의 개구리요리는 튀김이나 구이, 탕 등 비교적 간단하지만 프랑스에서는 다양한 메뉴로 기교를 부린 요리를 만들어 먹는다는 점에서 차이가 있다. 따라서 프랑스의 다양한 개구리요리 중 가장 대표적인 것은 그러뉴 소테 아라 프로방샬로 이것은 프로방스 지역 스타일의 개구리 뒷다리 튀김이라는 뜻이다. 지구상에는 약 2000여 종의 개구리가 서식하고 있으며 프랑스의 대표적인 개구리는 초록색 개구리, 붉은색 개구리, 식용 개구리, 벙어리 개구리 등이다.

이들 야생 개구리 가운데 식용 개구리만을 요리에 이용하고 있다. 2000여 종의 개구리 중 식품으로 쓸 수 있는 것은 식용 개구리와 미국이 원산지인 황소 개구리 정도이다. 결국 우리나라에서 마구잡이로 잡아 먹는 개구리는 음식 재료로 적당한 것이 아니다.

유럽 전역에 걸쳐 폭넓게 서식하고 있는 식용 개구리는 특히 유고슬로비아에 가장 많이 자생하고 있으며 프랑스와 영국에서도 많이 사육되고 있다. 프랑스에서는 브레뉴 지방의 동브르와 솔로뉴 지방에서 주로 사육한다. 사육되는 개구리는 성대를 제거해 울지 못하도록 하여 인위적으로 살을 찌운다. 개구리의 살은 맛이 닭고기와 비슷한데 살에 지방질이 적고 단백질이 많으며 소화흡수가 잘되는 것으로 알려져 있다.

프랑스인들이 개구리를 잡을 때에는 막대기에 붉은색 모직실로 덫을 만들어 묶어 두었다가 그 안에 개구리가 들어오면 덫을 잡아당겨 잡는다. 잡힌 개구리를 꼭 잡아 맨 뒤 마치 꼭 끼는 바지를 벗기듯이 뒷다리 껍질을 벗겨 허리 아래만을 잘라내 요리 재료로 이용한다. 개구리요리는 육류요리로 생각하기 쉬우나 살이 연한 까닭에 프랑스요리에서는 이를 생선요리로 분류한다. 그러뉴 소테 아라 프로방샬은 프로방스 지역 사람들이 즐겨 만들어 먹는 요리로 풀코스의 애피타이저 메뉴로 쓰이기도 하지만, 이런 경우는 별로 흔치 않으며 주로 일품요리로 먹는다.

개구리요리는 뒷다리를 찬 포도주에 담궜다가 밀가루를 묻혀 기름에 5~6분 동안 튀겨 수분을 없앤다. 기름은 올리브 오일과 버터 녹인 것을 반반씩 섞어 사용한다.

튀긴 개구리 다리에 마늘 다진 것, 토마토 다진 것, 딜 등 향신료 다진 것, 파슬리 다진 것과 레몬주스, 화이트 와인을 약간 넣어 프라이팬에 살짝 볶는다. 이것을 레몬으로 장식을 한 뒤 서빙한다. 1인분을 6마리로 만드는 이 요리는 값이 꽤 비싼 편이다. 우리나라 고급 호텔 레스토랑에서는 가격이 2~3만 원을 넘는다. 프랑스 레스토랑에서는 계절에 구애 받지 않고 메뉴 주문을 받는다.

이 요리를 먹을 때는 손으로 먹어도 실례가 되지 않는다. 특별히 곁들여야 할 음식은 따로 없으며 포도주를 곁들여 마시면 제격이다. 그 밖에 그러뉴 아라 크렘 시부레트(Grenouille a la Creme et Ciboulette)라 하여 더블 생크림과 실파를 넣은 개구리 다리로 만든 요리도 유명하다. 이 요리는 개구리 뒷다리에 밀가루를 뿌린 다음 소금, 후추로 양념을 한다. 이것을 버터에 튀긴 다음 건져서 에샬로트(옥파의 일종)를 넣어 잠시 재워둔다. 그 다음 더블 생크림을 넣어 끓인 후 개구리 다리는 건져 내고 국물에 실파 다진 것, 레몬주스, 화이트 와인을 넣어 졸인다. 개구리 다리 위에 소스를 얹어서 완성한다. 실파와 생크림을 넣은 이 개구리요리는 다소 느끼한 맛이 있으나 그러뉴 소테 아라 프로방샬은 마늘, 파슬리, 토마토, 와인, 향신료 등이 많이 들어가서 조금도 느끼하지 않아 한국인의 입맛에도 맞는 세계적 명품요리이다. 담백하고 쫄깃쫄깃한 개구리 다리의 맛이 한껏 살아나는 프랑스요리라고 할 수 있다.

2. Papillote de Truite Au Poivre Rouge (파피요드 드 트루위트 오 프와브르 루지)

파피요드 드 트루위트 오 프와브르 루지는 분홍 후추를 곁들인 송어 찜으로 두툼하게 포를 뜬 송어에 색색의 야채를 넣고 찜을 한 생선요리이다.

시각적 효과가 뛰어난 이 송어 요리는 분홍 후추를 뿌린 후 알루미늄 은박지에 싸서 찜을 한 것으로 월계수 잎, 향신료의 그윽한 향기와 더불어 분홍 후추의 독특한 맛이 특징이다. 프랑스에서는 최근 들어 생선요리가 차지하는 비중이 부쩍 높아지고 있다. 프랑스인들의 식습관이 점차 간편화되고 있을 뿐만 아니라 소량의 음식을 섭취하려는 경향 때문이라는 것이다.

프랑스에서 주로 쓰이는 생선들은 혀넙치, 송어 연어, 도미, 대구, 숭어 등 비교적 고급 어종들이다. 송어(Truite)는 청어목 연어과에 속하는 것으로 몸길이가 50~60㎝정도 되는 바다생선이다. 바다에서 자라다가 3~5월이 되면 강으로 올라와 8~9월에 산란한 후 다시 바다로 내려가는 독특한 생태적 특징을 지니고 있다. 외관상 연어와 큰 차이가 없는 송어는 등쪽이 담갈색이며, 배 부분은 은백색으로 빛이 비치면 무지개색으로 반짝거리는 것이 특징이다. 그래서 무지개 송어라고도 한다. 살색은 흰색으로 맛이 좋기 때문에 담백한 음식을 좋아하는 세계 미식가들의 사랑을 받는다.

송어를 비롯한 생선들은 다양한 조리방법으로 요리되고 있다. 그 가운데 가장 대표적인 것은 소금, 후추로 간을 하면서 불에 굽는 방법이다. 우리나라의 소금구이 방법과 거의 비슷하나 생선의 표면에 직사각형의 무늬를 만들어 볼품 있게 굽는 것이 다른 점이다. 그 밖에 밀가루와 달걀물을 묻혀 지져 내는 생선전과 흡사한 뫼니에르, 물에 삶거나 중탕을 해서 찌는 포칭, 기름에 튀기는 튀김요리들이 주류를 이루고 있다.

파피요드 드 트루위트 오 프와브르 루지는 찜의 일종이기는 하나 기름종이나 은박지에 싸서 간접적으로 찐다는 것이 특징이다.

파피요트(Papillote)란 원래 종이라는 말로 요리에서는 기름종이나 은박지에 싸서 요리하는 요리법을 총칭하는 것이다. 파피요트는 생선요리를 할 때 야채나 향신료 자체 맛의 유출을 방지하기 위한 목적으로 쓰인다. 파피요드 드 트루위트 오 프와브르 루지는 보통 200~250g짜리 송어 1마리를 1인분으로 만든다. 송어의 머리를 떼어 내고 껍질을 벗겨 낸 다음 등뼈를 발라 내고 그 살을 포로 떠낸다. 생선을 준비한 후에는 당근, 애호박, 버섯, 양파, 셀러리, 대파를 가는 채로 썰어 월계수 잎을 가미해서 버터에 볶는다. 딜, 월계수 잎은 서양음식에서 널리 사용되는 향신료로 지중해 연안이 원산지이며 모로코, 프랑스, 멕시코, 벨기에 등에서 나는 식물이다.

육류나 어패류의 소스에 주로 사용되는 월계수 잎은 잎사귀를 통째로 사용한다. 서양요리에선 때때로 낙엽과 비슷한 건더기가 건져져 불쾌하게 여기는 경우도 있으나, 이는 향신료로 사용된 월계수 잎이기 때문에 불쾌하게 생각할 필요는 없다. 이렇듯 월계수 잎으로 향을 낸 색색의 야채를 포를 뜬 송어살 사이에 넣은 다음 소금과 후추로 간을 맞춘다. 그 다음에는 지중해 연안에서 재배되는 분홍 후추 10알 정도를 넣는다.

프랑스요리에 사용되는 후추로는 흰색 통후추, 검은색 통후추, 그린 통후추, 레드 통후추, 핑크 통후추 등 5가지 색상이 다양하게 사용되고 있다.

그 중 흰색 통후추는 후추 열매가 완숙되기 전에 따서 소금과 석회수에 담가 탈색시킨 것이고, 그린 통후추는 후추 열매의 막이 생기기 전에 따서 만든 것이며, 검정 통후추는 완숙된 후추 열매로 가공된 것이다. 레드 통후추는 아주 잘 익은 후추 열매이다. 그러나 핑크 통후추는 식물학적으로 후추의 범주에 넣지 않는다. 이는 지중해 연안에서 자생하는 껍질이 산호색인 식물의 열매이기 때문이다. 송어에 분홍색 통후추를 뿌려 이를 기름종이나 은박지로 잘 싼 다음 백포도주를 섞은 액체가 들어 있는 오븐에 이것을 약 10분 동안 넣어 둔다. 이 송어요리는 간접열로 익히면 영양과 맛의 손실을 줄여 준다. 완전한 요리가 되면 은박지에 싸여진 채 웨이터가 가지고 나와 손님 앞에서 은박지를 벗기고 접시에 담아 서빙한다.

생선요리에 곁들이는 가니시로는 찐 감자나 으깬 감자가 있다. 생선용 포크와 나이프로 먹으면 되는데, 생선살 결을 거슬러 자르면 살이 부스러지기 쉬우니 주의해야 한다. 이 요리에는 백포도주를 곁들여 먹으면 담백한 맛이 아주 환상적이다.

3. Escargots a la Bourgougne (에스카르고 아라 부르고뉴)

단단한 달팽이 껍데기 안의 속살에 버터와 갖가지 향신료로 양념해 껍데기째로 구워낸 것이 에스카르고 아라 부르고뉴라는 이름을 가진 세계적 명품 달팽이요리이다. 쫄깃쫄깃하면서 향기로운 맛이 일품이며 허브향의 푸른 빛깔이 입맛을 더욱 돋워 준다.

프랑스의 대표적인 오르되브르(Hors d'Oeuvre) 중의 하나다. 오르되브르란 수프가 나오기 전에 입맛을 돋우기 위해 먹는 음식으로 보통 야채, 연어, 새우, 관자살 등 담백한 식재료를 써서 시각적으로도 보기 좋게 만드는 음식을 말한다. 여러 가지 오르되브르 중에서도 특히 달팽이요리인 에스카르고 아라 부르고뉴는 '부르고뉴식 달팽이'라는 뜻이다.

지구상에는 2만여 종의 달팽이가 서식하고 있다. 그 중에는 독을 품고 있어 절대로 먹어서는 안 되는 달팽이가 있기도 하지만, 헬릭스 포마티아(Helix Pomatia) 등 몇몇 종류는 식용으로 사용되고 있다. 식용 달팽이들을 에스카르고라고 부르며 오래 전부터 세계 명품요리의 식재료로 사용해 왔고, 세계 미식가들을 즐겁게 하고 있다.

BC 50년경 이미 식용 달팽이가 양식된 것으로 알려져 있으며, 고대 로마 제국에서도 식도락가들이 달팽이요리를 즐겨 만들어 먹었다는 기록이 전해 온다. 로마제국에서 프랑스로 전해져 프랑스 궁중요리로 발전했는데, 유럽 지역 중 영국, 이탈리아, 독일, 스위스, 오스트리아 등지에서도 달팽이요리를 먹기는 했지만 프랑스만큼 성행하고 있지는 않았다. 달팽이로 만든 여러 가지 요리 중 가장 널리 알려진 것이 바로 에스카르고 아라 부르고뉴 요리이다. 부르고뉴 지방의 달팽이요리가 유명한 데에는 특별한 이유가 있었다. 부르고뉴란 프랑스 동부의 샤블리(Chabis), 디종(Dijon), 리용(Lyons) 일대를 일컫는데 이곳은 포도의 집산지이며 포도주의 명산지로 유명한 곳이다. 19세기 부르고뉴 지역 포도밭에 포도의 잎을 갉아 먹는 달팽이들의 극성으로 농민들이 골치를 앓은 적이 있었다. 껍데기가 단단해 약물을 써도 박멸되지 않아 궁리 끝에 요리의 식재료로 썼다고 한다. 이 덕분에 포도나무는 달팽이의 폐해에서 벗어날 수 있게 되었고, 달팽이요리는 궁중음식으로 대우를 받게 됐다. 대중들에게는 접근할 수 없었던 달팽이요리가 점차 대중음식으로 격하되었다고 한다.

그 이유 때문에 전 세계적으로 유명한 에스카르고 아라 부르고뉴를 요즘도 리용이나 디종에 가면 싼값으로 즐길 수가 있다. 이 달팽이는 동면하기 전에 특히 맛이 좋다고 해서 동면하기 1개월 전부터 1주일 동안 양상추만을 먹인 뒤 3주일 동안 굶긴 다음 요리하는 것이 특징이다. 소금과 식초를 섞은 물에 1일 동안 담가 놓으면 뱃속의 배설 물질을 모두 토해 내 깨끗해진다. 이 달팽이를 껍데기째 삶은 뒤 살만 빼내어 백포도주, 닭고기 육수, 향신료, 마늘 등을 넣고 다시 2시간 정도 끓인다. 껍데기는 껍데기대로 소다를 넣어 삶아 놓는다. 끓여 놓은 달팽이 살은 다시 부르고뉴 버터(일명 허브 버터)를 만들어 요리한다.

부르고뉴 버터는 피네제르(Fines-herb) 파슬리, 에스트라곤, 샐피유 등 허브를 다져 만든 향신료와 마늘, 딜, 실파의 일종인 에샬로트(Ehalote) 등을 섞어 만든 녹색 빛깔의 버터이다. 달팽이 껍데기에 이 부르고뉴 버터를 약간 넣은 다음 부르고뉴 버터와 백포도주를 넣어 맛을 낸 다음 달팽이 살을 다시 채워 넣는다.

달팽이요리에는 특별히 6개씩 담기도록 둥근 홈이 파인 특별 접시가 쓰인다. 이 접시에 달팽이 6개를 담고 사라만더에 넣고 버터가 녹을 때까지 굽는다. 달팽이 껍데기 안의 버터가 녹아 부글부글 끓어 오르면 코냑을 부어 불길이 치솟게 하는 플랑베(flamber)를 해야 한다. 먹기 전에 플랑베를 하면 시각적 효과로 식욕이 증진될 뿐만 아니라 코냑의 향미가 달팽이 살에 베어 들어 맛이 더욱 좋아지기 때문이다. 에스카르고 아라 부르고뉴를 먹을 때는 날이 두 개 달린 2지창과 달팽이 전용 집게인 펭스(Pence)를 사용한다. 집게로 달팽이 껍데기를 고정시킨 다음 2지창으로 찍어 먹는다. 달팽이 살을 먹은 다음에는 껍데기 안의 국물을 접시에 쏟아 붓고 껍데기는 다른 빈 접시에 담는다. 달팽이 살을 모두 먹은 다음에는 프랑스 고유의 빵인 바케트(baguette)를 국물에 찍어 먹는다. 보통 1인분은 달팽이 6개로 파리의 중급 레스토랑에서는 자주 맛을 볼 수 있다. 국내 특급 호텔에서는 매우 비싼 편이다. 마늘, 실파, 허브 등이 들어가 비교적 우리나라 사람의 입맛에 잘 맞는다. 이 에스카르고 아라 부르고뉴를 주문하면서 잊지 말아야 할 식사매너는 식사주로 부르고뉴 백포도주를 주문하는 일이다. 에스카르고와 바케트, 부르고뉴 백포도주가 삼위일체가 되어야 비로소 제 맛을 내기 때문이다.

4. Consomme Soup(콩소메 수프)

프랑스요리 코스에는 식욕을 증진시킬 목적으로 정찬의 에피타이저 다음 코스로 서빙되는 것이 수프다. 수프는 각 나라마다 다양한 종류가 있으나, 특히 프랑스의 콩소메 수프는 맛이나 영양면에서 세계 최고의 수프로 꼽힌다. 에피타이저나 메인요리는 향신료나 조리법에 의해 얼마든지 맛을 낼 수 있으나 콩소메는 조리법이 간단한 만큼 맛도 정직하게 나타나며, 들어가는 식재료와 주방장의 정성에 따라 맛이 달라진다. 레스토랑의 주방장 솜씨를 알아보려면 콩소메 맛을 보라는 말이 있을 만큼 중요한 것이 수프요리인 것이다. 프랑스에서는 수프를 포타지(potage)라고 부르며 이는 크게 3가지로 나누어진다. 맑은 수프를 뜻하는 포타지 클레어(potage clair), 진한 수프는 포타지 리에(potage lie), 외국의 유명한 수프를 의미하는 포타지 에뜨랑제(Potage Etranger)가 있다. 콩소메는 포타지 클레어에 속하며 야채수프나 크림수프는 포타지 리에에 속한다. 포타지 에뜨랑제로는 러시아의 borshch, 미국의 clam chowder, 스페인의 gazpacho, 헝가리의 Goulash, 이탈리아의 Minestron 등이 있다.

이들 다양한 수프는 나름대로 독특한 맛, 특징, 분위기가 있어 어느 것이 우월하다고 말할 수는 없으나, 프랑스적 분위기를 가장 잘 나타내는 수프가 콩소메인 것이다. 콩소메 수프를 만드는 방법은 비교적 간단하다. 소고기, 소뼈, 소힘줄 등과 닭고기를 3:1의 비율로 넣고 여기에 양파, 당근, 셀러리, 파슬리, 향신료, 통후추 등을 넣어 끓여 부용 형태로 만든다. 고기의 진국인 부용은 수프의 국물이나 소스로도 사용되는 기본적인 액체 국물이다. 이 부용에 다시 다진 소고기, 양파, 당근, 셀러리, 향신료, 타임, 파슬리,

월계수 잎, 달걀 흰자, 쉐리 와인, 파레아라 와인 등을 넣고 은근히 끓인다.

이때 달걀 흰자가 불순물을 흡수하기 때문에 국물이 맑아지며 달걀 흰자가 응고되어 위로 떠 상층을 덮어주기 때문에 맛과 향이 보존된다. 달걀 흰자를 걷어낸 후 체에 거르면 맑고 진한 소고기 국물이 되는데, 이것이 바로 그 유명한 콩소메 수프의 기본 맛을 낸다. 이렇게 만들어진 기본적인 콩소메를 콩소메 심플(Simple)이라고 하며, 더욱 진하게 고아서 거른 것을 콩소메 더블(Double), 차게 해서 굳힌 것을 콩소메 글라세(Glacee)라고 부른다. 또한 콩소메에 띄우는 가니튜어에 따라 300여 종류로 콩소메가 나누어진다. 그 대표적인 것으로는 달걀에 부용을 넣고 찐 것을 썰어놓은 콩소메 로얄, 얇고 가늘고 길게 썬 야채를 넣은 콩소메 줄리엔느, 녹말가루를 빚어 넣은 콩소메 타피오카 등이 있다. 그 밖에도 토마토를 풍부하게 넣은 콩소메 마들린느, 바다제비집을 넣은 콩소메 프로 피테롤르 등이 유명하다.

이처럼 다양한 콩소메들 가운데 특히 콩소메 줄리엔느에는 한 가지 일화가 있다. 18세기에 살았던 요리장 줄리엔은 모든 유산을 가난한 사람들에게 남겨 줄 만큼 박애정신이 투철한 사람이었다. 그가 1785년 가난한 결핵환자의 영양을 증진시킬 목적으로 콩소메에 가늘게 썬 야채를 집어 넣은 것에서 콩소메 줄리엔느가 유래됐다는 것이다.

콩소메 수프는 귀가 양쪽으로 달린 타세(Tasse), 일명 뷔용에 담겨져 서빙된다. 스푼도 보통 스푼과는 달리 둥근 뷔용 스푼이 따라 나온다. 먹는 방법은 스푼으로 맛을 본 다음 뷔용컵을 손으로 들어 마시는 것이 매너이다. 물론 소리를 내서는 안되며 컵이 뜨거워 손으로 마실 수 없을 때는 스푼으로 저어 약간 식힌 후 마셔도 좋다. 콩소메는 양이 적고 위에 부담이 적어 풀코스 요리의 수프로 아주 적합하다. 다만 1인분의 콩소메를 만들기 위해 소고기 200g 이상이 필요하기 때문에 값이 약간 비싼 편이다.

5. Huitre Frappe Au Citron (위트르 프라페 오 시트롱)

위트르 프라페 오 시트롱은 잘게 부순 얼음 위에 차갑게 식혀져 껍질째 서빙되는 생굴요리이다. 보기만 해도 담백하면서 시원한 맛이 연상돼 입안의 침을 돌게 할 뿐만 아니라 저절로 식욕을 돋워 준다. 회백색의 별로 크지 않은 생굴의 몸체에는 수용성 비타민, 인, 철, 마그네슘, 요오드 등 무기질이 다량 함유되어 있어 '바다의 우유'라는 별칭으로 불리면서 영양식으로 주목받고 있다. 우리나라에서도 날것을 그대로 먹거나 전을 부치기고 하고 전골 등에도 넣어 먹어 친숙한 식품이지만, 생굴을 좋아하기로는 프랑스 사람들을 따라가기 어렵다. 생굴은 고대 이집트인과 아시아인들이 즐겨 먹었고, 고대 중국과 5세기에는 로마시대의 나폴리에서 이미 양식 되기 시작한 것으로 알려져 있을 만큼 인류와 친숙한 식품이며 프랑스인들에게는 더욱 각별한 음식이다. 프랑스요리에서 입맛을 돋우기 위한 오르되브르 중 가장 대표적인 요리가 생굴요리이다. 프랑스인들은 굴을 요리해서 먹기도 하지만 생굴로 먹는 것을 더욱 즐긴다. 프랑스인들이 해산물을 날로 먹는 경우는 훈제연어를 제외하고는 별로 흔치 않은데, 미루어 보아 생굴은 프랑스 식탁에서 독특한 위치를 굳히고 있음을 알 수 있다.

프랑스인들이 굴을 날것으로 먹는 것을 즐기기 때문에 생굴을 먹는 절기에 대한 일화도 있다. 생굴은 불어로 Huitre로서 어미가 re로 끝난다. 즉 1월(Janvier), 2월(Fevrier), 10월(October), 11월(Novembre), 12월(December)에 생굴을 먹는 일이 유행하고 있다. 비록 생굴에 얽힌 속설이기는 하나 3~8월 까지는 굴의 번식기이므로 맛과 영양이 떨어지는 편이어서 과학적으로 근거가 없는 것은 아니다. 위트르 프라페 오 시트롱은 생굴요리이므로 먹는 시기를 기억해 두는 것이 좋다.

레스토랑에서 위트로 프라페 오 시트롱을 주문하게 되면 껍질이 반쯤 까진 굴이 잘게 부순 얼음 위에 얹어져 레몬 웨이지, 칵테일 소스, 비네거 소스와 함께 서빙되는 것이 일반적이다. 에스카르고와 마찬가지로 1인분은 6개이다. 그러나 그의 2배인 12개(dozen) 즉 1더즌(dozen)을 먹어도 실례가 되지 않는다.

생굴요리는 포크와 손을 사용해야 하기 때문에 요리가 서빙되기 전에 핑거볼을 준다. 핑거볼에 왼쪽 손가락을 가볍게 닦고 생굴요리를 먹도록 한다. 먹는 방법은 우선 레몬을 짜서 그 즙을 생굴 위에 뿌린다. 레몬즙이 잘 짜지지 않을 때에는 레몬의 살 부분을 포크로 찔러 오른손으로는 포크를 잡고 왼손으로는 레몬을 비틀면 즙이 잘 짜진다. 레몬즙을 짠 후에는 기호에 따라 칵테일 소스나 비네거 소스를 얹어 왼손으로 생굴 껍데기를 잡고 오른손에 쥔 포크로 굴을 먹는다. 생굴이 껍데기에 단단하게 붙어서 쉽사리 떨어지지 않을 때에는 포크 옆 모서리로 떼어 내어 먹는다. 생굴의 살을 먹고 난 후 껍데기 안에 생굴 자체의 소스가 남아 있을 때에는 왼손으로 들고 국물을 마셔도 실례가 되지 않는다. 오히려 이 국물을 마시지 않는 것이 덜 세련된 매너이다. 먹고 나서는 다시 핑거볼에 손을 씻는다. 한편 위트르 프라페 오 시트롱에는 반드시 칵테일 소스와 비네거 소스가 함께 따라 나온다. 마치 우리나라에서 생선회를 주문하면 초고추장과 와사비를 곁들인 간장이 두 가지 양념장으로 나오는 것과 마찬가지이다. 칵테일 소스는 토마토 케첩, 칠리 소스, 잘게 다진 호스래디시, 타바스코, 우스터 소스, 허브, 코냑, 소금, 후추 등을 섞어 만든 것이다. 칠리 소스, 호스래디시, 타바스코, 후추 등이 들어가 약간 매운맛을 내는데 해산물에 많이 사용되는 것이다. 비네거 소스는 적포도주를 발효시켜 만든 비네거 식초로 된 것이다. 생굴 맛을 중요하게 생각하는 사람은 향이 강한 칵테일 소스보다는 비네거 소스를 얹어 먹도록 한다. 이 두 가지가 같은 붉은색을 띠고 있으나 맑은 것이 비네거 소스, 농도가 진한 것이 칵테일 소스임을 알아 둬야 한다.

이 밖에 익힌 굴요리로는 위트르 록펠러(Rockefeller)가 유명하다. 이 요리는 시금치, 셀러리, 파슬리, 양파를 잘게 다져 소금과 후추를 넣고 버터에 볶아 체에 거른 뒤 빵가루, 허브, 다진 베이컨, 타바스코를 섞어 굴 위에 얹어 오븐에 구워낸 것이다. 이는 미국의 거부 록펠러가 좋아했던 굴요리로 알려져 있다.

6. Langouste Eu Gratin a la Mathurini (랑구스트 엉 그라탱 아라 마투리니)

달팽이, 개구리, 생 거위간 등 다양하고 값진 진기한 식재료를 사용하는 프랑스요리 중에서도 랑구스트 엉 그라탱 아라 마투리니는 최고급 요리로 손꼽힌다.

특히 잘 세팅된 파티에는 커다란 랑구스트를 통째로 조리한 것이 빠지지 않을 만큼 랑구스트 요리는 볼품도 맛도 훌륭한 음식이다. 재료가 흔치 않고 값이 비싸기 때문에 여러 가지 요리법이 있는데 특히 랑구스트 엉 그라탱 아라 마투리니는 랑구스트와 시금치의 맛이 조화를 이뤄 특진미로 알려진 요리다. 갑각류인 랑구스트는 단백하며 쫄깃쫄깃한 속살이 단단한 껍데기에 싸여 있다. 크기는 작은 것은 20㎝ 남짓한 것부터 50㎝가 넘는 큼직한 것까지 다양하다. 모양은 역시 바닷가재의 일종인 호마드(Homard)와 달리 집게발이 없고 긴 수염과 가늘고 긴 발이 달려 있다. 색깔은 대체적으로 초록빛이 도는 갈색에 꼬리 부분은 노란색으로 종류에 따라 약간의 차이가 있다. 이 랑구스트는 번식력이 강해서 1회에 10만개 이상의 알을 낳으며 알에서 완전히 성숙할 때까지는 대략 5년 정도가 걸린다. 보통 성숙할 때까지 20회 이상 껍데기를 벗어야 하고 다 자라면 약 4㎏ 정도가 된다. 또 랑구스트는 단백질, 칼슘, 비타민 등이 풍부하고 단백질에는 필수아미노산이 많이 들어 있는 것이 특징이다. 여러 종류의 랑구스트 가운데 프랑스요리에서는 3가지 정도가 쓰인다. 가장 많이 쓰이는 것은 적색 랑구스트로 대서양 동쪽과 지중해 연안에서 많이 잡힌다. 이 중 브레타뉴 지방에서 잡힌 것을 브레톤느라고 부르며 이 지방에서는 많이 양식을 하기도 한다.

그 밖에 분홍색 랑구스트, 녹색 랑구스트도 있다. 분홍색 랑구스트는 에이레 남서쪽에서부터 아프리카 세네갈 사이의 바다에서 잡히는 것으로 적색 랑구스트보다 그 수가 적으며 껍데기에 조그만 붉은색 점이 있는 것이 특징이다.

녹색 랑구스트는 다른 종류보다 2배 이상 크며 긴 수염이 있고 모리타니에서 많이 잡힌다. 랑구스트는 재료 구하기가 쉬운 브레타뉴에서 많이 만들어 먹는데 여러 가지 조리법 중 튀김이나 석쇠에 굽는 방법이 주로 이용되고 있다.

향신료는 커리가루, 코냑, 바질릭 버터가 쓰인다. 바질릭 버터는 물풀과에 속하는 박하와 비슷한 풀인 바질락을 넣은 버터로 이 바질락은 생선요리, 거북이 수프 등의 향신료로 쓰이기도 한다. 랑구스트의 전통요리는 차게 해서 먹는 벨레뷰(Belleveu)와 아라파리지엔느(A La Parisienne)가 있으며, 익혀서 먹는 것으로는 카타고 뉴쵸걸리트를 넣은 랑구스트 요리, 생강을 넣은 랑구스트 요리, 보로도풍의 랑구스트 요리, 르 웰드 랑구스트 엉 그라탱 아라 마투리니 등이 있다.

이처럼 여러 가지 랑구스트 요리 가운데 르 웰드 랑구스트는 시금치를 넣은 랑구스트라는 뜻이다. 브레타뉴의 향토음식으로 랑구스트의 꼬리 부분으로 만든다. 먼저 랑구스트의 꼬리 부분을 생선 비린내를 제거하기 위해 찬물과 백포도주, 레몬주스를 넣어 만든 쿠르 부용에 넣어 삶은 후 껍질을 벗겨 둥글게 썬다.

삶은 랑구스트 살 밑에 시금치를 깔고 위에는 애호박, 당근, 실파, 대파를 가늘게 채 썰어 버터에 살짝 볶은 것을 얹고 송이버섯으로 장식을 한다. 이 위에 소스를 뿌린다.

소스는 송이, 표고, 느타리 버섯과 에샬로트(락교)를 잘게 썰어 버터에 볶은 다음 백포도주로 만든 소스, 생크림, 소금, 후추, 토마토 퓌레 등을 넣어 끓여 거른 것이다.

그 다음에는 달걀 노른자와 생크림을 넣은 사바용 소스를 뿌린 후, 사라만더나 오븐에 넣어 보기 좋은 색깔이 나면 뜨거운 상태로 서빙한다.

시금치의 향긋한 맛과 랑구스트의 감칠맛이 어우러진 최고급 요리로, 가격이 비싼 것이 흠이다.

7. Insalata Di Riso Con Frutti Di Mare (인살라타 디 리소 콘 푸루티 디 마레)

인살라타 디 리소 콘 푸루티 디 마레는 이태리요리로 쌀, 조개류를 주재료로 한 샐러드다. 날씨가 더울 때 먹기 좋은 여름철 음식이다. 얼핏 보기에는 우리나라의 비빔밥과 비슷하지만 쌀을 제외하고는 그 사용되는 식재료가 아주 다르다. 비빔밥에는 쌀을 비롯하여 시금치, 콩나물, 고사리 등 주로 나물류가 많이 들어가는 반면 인살라타 디 리소 콘 프루티 디 마레에는 홍합, 대합, 새우, 오징어 등 해산물이 주로 사용된다. 그리고 독특한 맛을 살리기 위해 레몬즙과 양파, 올리브 오일, 파슬리 등의 양념과 특히 회향풀을 허브로 사용한다는 것도 비빔밥과 다른 점이다.

회향풀은 특이한 향기를 내는 식물로 우리나라에서는 주로 약재로 쓰이지만 그 향기가 어떠한 종류의 해산물과도 잘 어울리기 때문에 지중해 지방에서는 요리의 허브로 많이 사용된다.

인살라타 디 리소 콘 프루티 디 마레가 유래한 곳은 이탈리아의 베니스다. 베니스는 이탈리아 북동부 아드리아해 베네치아만 안쪽의 호수 위에 산재하는 100여 개의 섬들이 약 400개의 다리로 이어져 있는 유서 깊은 항구도시이다.

이 도시에서는 섬과 섬 사이의 수로가 중요한 교통로로 이용되고 있어 흔히 물의 도시라고도 불린다. 지리적 조건 때문에 예로부터 무역의 중심지가 된 베니스는 10세기 말에는 동부 지중해 지역과의 무역으로 얻어진 경제적 번영으로 이탈리아 도시 중에서 가장 부강한 도시로 발달하게 되었다. 또 14세기 말경에는 교역 상대를 인접국가에서 극동 지역으로까지 확장하여 해상무역의 공화국으로서 그 황금시대를 개척하였다. 아카데미아 미술관 등 과거 번영의 모습을 보여주는 건축물이 그대로 남아 있다. 베니스는 로마 피렌체와 더불어 이탈리아에서 가장 중요한 관광도시의 하나로 꼽히고 있다. 이처럼 베니스가 외국과의 교역을 통해 발달해 온 도시인 만큼 그 요리도 다채로운 식재료를 사용하는 것이 특징이다. 요리에 사용되는 식재료로는 지중해에서 잡아 온 갖가지 종류의 해산물이 주류를 이루고 있으며 인근 지역에서 생산되는 야채와 향신료도 해산물 못지않게 다양하고 풍성하게 쓰이고 있다.

베니스인들은 한번에 많은 양의 음식을 먹기 때문에 대식가로도 소문이 나 있다. 그들이 전통적으로 즐겨 먹어 온 음식은 생선과 조개류를 식재료로 만든 샐러드이다. 그 중에서도 대표적인 것이 바로 인살라타 디 리소 콘 프루티 디 마레이다. 이 요리를 만드는 방법은 먼저 큰 냄비에 소금물을 붓고 끓인 다음 쌀을 넣어 밥을 짓는다. 밥이 다되면 다른 그릇에 옮겨 담고 올리브 오일, 레몬즙, 식초, 후추, 양파 등으로 양념을 해서 잘 섞은 후 밥이 식을 때까지 기다린다.

밥이 다 식은 다음 회향풀과 파슬리를 넣고 골고루 섞는다. 찬물에 깨끗이 씻은 홍합과 물을 큰 냄비에 넣고 뚜껑을 꼭 닫은 다음 강한 불 위에 올려 놓는다. 냄비를 가끔 흔들어 주면서 약 5분쯤 삶으면 홍합의 아가미가 벌어진다. 홍합의 아가미가 모두 벌어졌을 때 껍데기를 벗겨 내는데 몇 개의 껍데기를 그대로 두어 나중에 장식용으로 사용한다.

대합, 새우도 홍합과 같은 방법으로 껍데기를 벗겨 내며 역시 몇 개의 껍데기는 있는 채로 놔둔다. 이렇게 준비가 끝나면 홍합, 대합, 새우를 밥에 넣고 잘 섞은 다음 접시에 담는다.

여기에 회향풀 잎으로 만든 향신료를 한번 뿌려준 다음 껍데기가 있는 홍합, 대합, 새우와 삶은 달걀을 위에 얹어 주면 요리가 완성된다. 조리를 할 때 홍합, 대합 대신 새조개나 가리비조개 또는 다랑어 같은 생선류를 사용하면 다양한 맛의 변화를 즐길 수 있다.

8. Tartar Steak(타르타르 스테이크)

음식 고유의 순수한 맛을 즐기는 미식가들은 어떤 음식이든 간에 날것으로 먹는 것을 즐긴다. 야채든 고기든 간에 익히지 않은 날것이 훨씬 제맛이 난다는 것이 식도락가들의 지론인 것이다.

그러나 서양의 육류요리 중에는 날것을 그대로 먹는 경우가 흔치 않다. 예외적으로 날고기를 스테이크로 만들어 먹는 경우가 있는데, 그것이 바로 타르타르 스테이크(tartar Steak)로 육류요리를 즐기는 미식가들의 사랑을 받고 있는 요리이다. 우리나라의 육회와도 흡사한 이 음식은 몽고족의 음식을 본떠 만든 것으로 알려져 있는데 유럽 전역에 널리 퍼져 있다. 특히 프랑스 식당에서는 이 타르타르 스테이크를 낼 때 손님 앞에서 만들어 주는 등의 기교를 발휘하여 더욱 식욕을 돋우기도 한다.

몽고족으로부터 전래된 것으로 알려진 이 타르타르 스테이크의 유래는 다음과 같다.

1240년경 유럽의 북동쪽을 정복해 통치한 몽고족은 오랫동안 유목생활을 한 민족으로서 전쟁 중 소고기와 야채를 자루에 넣어 말 궁둥이에 매달고 다녔다고 한다. 말이 달릴 때 이 자루 안에 있는 고기와 야채는 잘게 부서져 뒤섞이게 되고 이것을 그대로 먹는 것을 본 유럽인들이 신기하게 생각하여 흉내를 내게 되었다는 것이다. 이처럼 소고기와 야채를 잘게 다진 것을 그대로 먹는 요리를 몽고족의 한 부족인 타르타르족의 이름을 따 타르타르 스테이크라고 불렀다. 그리고 독일의 함부르크 지역 사람들은 이것을 날로 먹지 못하고 익혀서 먹었는데 이를 함브루크의 이름을 따서 햄버거 스테이크라고 불렀다는 것이다. 타르타르 스테이크나 햄버거 스테이크는 가열하느냐 가열하지 않느냐의 차이가 있을 뿐만 아니라 날로 먹는 타르타르 스테이크는 순수한 소고기로 만들지만 햄버거 스테이크는 소고기와 돼지고기의 비율을 7:3으로 섞는다는 점도 다르다. 하지만 결국 그 유래의 뿌리는 하나인 셈이다.

그런데 타르타르 스테이크는 소고기 중에서도 신선한 안심 부위로만 만든다. 유럽의 콘티넨탈 레스토랑에서 타르타르 스테이크를 주문하면 날고기와 야채 다진 것을 버무려 완제품을 가져다 주지만, 프렌치 레스토랑에서는 주문한 고객이 보는 앞에서 고객의 식성에 맞춰 만들어 주기 때문에 더욱 식욕을 돋운다. 이 요리를 주문하면 주문한 고객 앞에서 달걀 노른자를 위에 얹은 소고기 안심 다진 것과 각종 야채 다진 것을 가지고 나와 보는 앞에서 만들어 준다. 야채로는 피클, 마늘, 양파, 머스터드, 파슬리, 케이퍼, 실파, 레몬 등을 쓴다. 이것을 섞는 순서는 커다란 믹싱볼에 우선 소금과 후추를 뿌린다. 소금을 맨 처음 뿌리는 것은 그릇 안에서 식재료들이 미끄러지지 않고 잘 비벼질 수 있도록 하기 위해서다. 그 다음은 케이퍼와 실파, 피클, 양파 다진 것을 넣고 머스터드와 달걀 노른자, 소고기 다진 것을 넣고 레몬즙을 짜 넣는다.

이 조리과정에서 조리사는 일일이 손님의 기호에 맞춰 만들어 주는데 대체로 유럽인들은 머스터드를 많이 사용하며, 미국인들은 타바스코를, 동양인들은 간장을 많이 넣는다. 모든 식재료를 골고루 저어 간이 배도록 한 후에는 동그랗게 모양을 내어 위에 노른자, 파슬리 다진 것을 뿌려 서빙한다.

먹을 때에는 포크로 떠서 먹기도 하고 포크와 나이프를 사용하기도 한다. 포크와 나이프를 사용할 때 포크의 등에 요리를 붙여 먹는 것은 잘못된 매너인 것이다. 포크의 앞부분에 요리를 얹어 먹어야 한다. 타르타르 스테이크는 반드시 얇게 구워 낸 멜바 토스트와 곁들여 먹는다. 멜바 토스트 위에 발라 먹어도 되고 스테이크를 먹는 사이사이에 멜바 토스트를 먹어도 된다. 멜바 토스트를 곁들이는 이유는 푸와그라 파테와 마찬가지로 요리의 강한 맛을 씻어 내기 위한 것이다. 날고기 다진 것이 주된 요리이기 때문에 아무래도 이 타르타르 스테이크의 맛은 좀 독특하다.

우리나라의 육회에는 참기름이 들어가 고소한 맛이 있으나 이 타르타르 스테이크에는 고소한 맛은 없고 겨자 맛이 나는 편이다. 특별히 어울리는 음식은 따로 없으나 반주로 보르도산 적포도주를 곁들이면 좋다. 그런데 유럽에서는 신선한 소고기로 만들기 때문에 맛이 뛰어나지만, 우리나라의 호텔 레스토랑에서는 냉동고기를 녹여 사용하기 때문에 다소 맛이 떨어지는 편이다. 신선한 소고기를 사용하는 레스토랑도 있다.

9. Filet de Sole Belle Meuniere(필레드 솔 벨르 뫼니에르)

노르스름한 생선살 요리에 토마토의 분홍살과 양송이를 곁들여 더욱 입맛을 돋우는 필레드 솔 벨르 뫼니에르는 과거에는 서양요리 풀코스의 메인요리로 생선요리와 육류요리를 모두 먹는 것을 의미했다. 그러나 점차 식생활이 간소화되어 메인요리로 육류나 생선요리 중 하나만 선택해서 먹는 것이 일반화됨에 따라 생선요리가 중요시 되고 있다.

메인 요리로 각광받는 프랑스의 생선요리 중 대표적인 요리가 바로 필레드 솔 벨르 뫼니에르이다. 이 요리는 혀넙치살을 벨르 뫼니에르 조리법으로 조리했다는 뜻이다. 이 요리에는 루이 14세 때의 재미있는 에피소드가 얽혀 있다. 지금으로부터 약 340여 년 전인 1671년 4월 프랑스 왕가인 부르봉가의 자손 콩데(conde) 공작이 프랑스 서북부 지방에 있는 샹티유(chantilly)성에서 루이 14세와 그의 왕비인 마리 테레즈를 비롯한 3000여 명을 초대해 대연회를 베풀었다. 그런데 이 연회는 콩데 공작이 생각했던 것보다 훨씬 많은 인사들이 참석해 음식이 부족하게 되었다.

음식이 부족한 데다가 연회의 분위기 마저 별로 좋지 않자 손님들이 불평을 하게 됐다. 콩데 공작은 연회 책임자인 프랑소와 바텔(Fransois Vatel)을 불러 크게 호통을 쳤다.

주인에게 꾸중을 들은 바텔은 다음날 파티를 성공적으로 끝낼 것을 주인 앞에서 맹세한 뒤 특별메뉴를 고안했다. 그것이 바로 필레드 솔 벨르 뫼니에르였다. 이 요리가 비교적 요리법이 간단하고 맛도 있을 것 같았기 때문이었다는 것이다. 메뉴는 결정됐으나 그 요리의 주재료인 생선을 급하게 구할 수는 없었다. 연회 시간이 다되어도 생선이 도착하지 않자 이에 책임감을 느낀 바텔은 자신의 방에서 단도로 자결해 버리고 말았다. 그러나 불과 1시간 후에 생선이 도착하여 예정했던 파티는 성황리에 끝이 났다. 그 뒤 바텔의 이야기를 들은 루이 14세는 죽은 그에게 코르동 블뢰(Cordon Bleu)라는 훈장을 수여했다. 이후 프랑스 궁전에서는 유명한 요리장이나 연회 책임자에게 이 훈장을 수여했다. 또 이러한 관습이 지금까지 남아 있어 프랑스의 유명한 요리사를 코르동 블뢰라고 부르고 있다.

필레드 솔 벨르 뫼니에르는 혀넙치살로 만든 요리이다. 필레(Fillet)란 일반적으로 소나

양 등의 안심을 말하나 생선에서는 가시를 발라낸 살코기를 뜻한다.

솔은 가자미과에 속하는 혀넙치로 손바닥 크기의 작은 생선이다. 우리나라의 넙치와는 약간 다르며, 프랑스 생선요리의 50%는 이 혀넙치를 이용할 만큼 대중적인 생선이다.

우선 가시를 발라낸 혀넙치 살코기에 밀가루와 달걀 노른자를 묻혀 뜨거운 프라이팬에 넣고 익힌다. 그리고 그것을 접시에 옮겨 담고 그 위에 얇게 썰어 프라이팬에 익힌 양송이 버섯과 토마토를 얹은 후 버터를 갈색이 나도록 만든 베르 누아제트(Beurre Noisette) 소스를 끼얹는다. 우리나라의 생선전처럼 밀가루와 날걀 노른자를 묻혀 만드는 요리법을 뫼니에르 요리라고 부른다. 뫼니에르란 원래 방앗간 집 여주인이란 뜻으로 방앗간 집 여주인의 아름다운 손에 묻은 밀가루와 비슷한 느낌을 주기 때문에 이런 이름이 붙여졌다고 한다.

벨르 뫼니에르는 주재료 위에 양송이나 토마토 등의 부재료를 곁들여 얹은 것이다. 보통 필레 드 솔 벨르 뫼니에르를 메인 요리로 주면 1인분으로 약 120~150g 정도가 나온다. 혀넙치가 작은 생선이므로 2마리가 1인분이 보통이다. 풀코스의 생선코스로 나올 때는 이보다는 적게 나온다.

맛은 우리나라의 민어전과 비슷해서 거부감 없이 즐길 수 있으며, 먹을 때 주의해야 할 특별한 매너도 없다. 다만 생선요리이므로 식사주로 백포도주를 곁들이면 더욱 맛을 즐길 수 있다.

한편 이 요리를 먹을 때 어울리는 애피타이저로 멜롱 오 잠봉(생 햄을 곁들인 멜론)이 어울리며 수프는 프랜치 양파 수프를 권한다. 식후 디저트로는 바닐라 아이스크림에 뜨거운 체리 소스를 얹은 체리 주블리가 적당하다.

6장 세계적 서양요리 명장의 히스토리 일생

1. 마리 앙투안 카렘(1783~1833) (Marie-Antoine Carême)

마리 앙투안 카렘(Marie-Antoine Carême)은 1783년 프랑스 파리에서 출생하여 50세를 일기로 사망하였다. 카렘은 프랑스에서 요리사이자 제과사였다. 가난한 석공의 16번째 아들로 태어나 그의 나이 10살 때 아버지와 파리 근교의 작은 음식점에서 마지막으로 저녁 식사를 한 후 길에 버려졌다.

그 후 그는 작은 음식점을 전전하다가 마이네(Maine)라는 성문 근처의 한 요리사로부터 요리의 기초를 배웠다. 16세에 파리의 유명한 제과업자들 중 하나인 비엔(Vienne)가에 있는 베일리(Bailly)라는 가게에 훈련생으로 들어가 수년 동안 일했다. 여기에서 재능과 배움의 의지를 인정받아 공부를 계속할 수 있도록 도움을 받았다. 특히 왕립도서관 건축 자료실에 들어가 건축모형 사본을 뜰 수 있도록 허락을 받았으며 따라서 그가 만들어 낸 제과 모형들 중 어떤 것들은 나폴레옹 1세 등 베일리 가게의 중요한 고객들에게 찬탄과 경이의 평을 받았다. 그가 만들어 낸 제과 모형 중 피에스 몬테라 불리는 웨딩 케익 위의 장식용 과자는 당시 연회의 인기품목으로서 빠져서는 안 되는 것이었다.

또한 그는 유명한 의사인 장 알리스(Jean Alice)를 만나고 그로부터 조언과 격려를 받아 자신감을 갖게 되었다.

그는 재능과 근면함으로 단시간에 파리에서 두각을 나타내었고 그의 탁월한 재능을 전해들은 베일리 가게의 단골 손님이었던 당시 프랑스 외무장관 탈레랑(Talleyrand)으로부터 시중을 들어줄 것을 제안 받았다. 그는 탈레랑의 개인 조리장으로 20년간 일했다. 카렘은 요리의 맛과 모양, 화려함 살리는 탁월한 감각과 재능으로 외교관들을 위해 훌륭한 음식을 만들어 내었다.

그는 조지(George) 4세가 된 영국 섭정왕자와 함께 비엔 궁전, 영국대사, 베거레이션 공주, 스튜어드경 등을 위해서도 훌륭한 요리를 만들어 주었다.

카렘은 요리사, 제과사로서 실무뿐만 아니라 이론가이기도 했으며 요리 역사에 대한 일가견도 가지고 있었다.

그는 말년을 로스차일드(Rothschild) 남작가에서 보냈으며 로렌 타일헤이트(Laurent Tailhate)로부터 "숯과 고기 굽는 기구로 요리의 천재성을 발휘하는 불꽃을 발휘하는 요리장이다."라는 평판을 들었다.

카렘의 저서로는 *Le Pâtissier Pittoresque*(1915), *Le Maitre d' hotel français*(1822), *Le Pâtissier royal parisien*(1825) 등이 있으며, *L'art de la cuisine au XIX Siècle*(1833)을 마지막으로 출판하였다. 이 마지막 저서는 총 5권으로 되어 있으며, 마지막 2권은 그의 제자인 프루머리(Plumerey)가 대필하여 마무리하였다.

그의 저서는 위엄 있고 장중한 문체로 집필되어 있다. 카렘이 출판한 요리책들은 황제, 왕실, 공주 및 일반 요리장들의 요리가 더욱 화려해지는 데 크게 기여하였다.

알렉산더(Alexander) 1세는 탈레랑 외교관에게 "카렘은 우리가 요리를 알지 못하고 그냥 먹던 것에서 요리는 화려하고 예술적인 것이라는 사실을 알게 만들었다."고 말했다. 또 그를 가르켜 "그는 왕실 왕들의 조리사였으며, 조리사 중의 왕이다."라고 하였다.

2. 위르뱅 뒤브와(1818~1901) (Urbain Dubois)

위르뱅 뒤브와(Urbain Dubois)는 화려한 요리의 대가 카렘과 그 후 에스코피에가 나타나기까지 중간적 위치에 실존한 훌륭한 요리사였다. 그의 명성은 수많은 요리 저술활동을 활발하게 한 요리이론가적 학자였다는 점에 있다.

뒤브와는 프랑스 사람이었지만 러시아 황제에게 20년이나 봉사를 한 훌륭한 요리사였다. 그가 요리업계에 남긴 유산은 그때까지의 프랑스요리 서비스 방법을 러시아식 서비스 방법으로 바꾸어 놓았다는 것이다. 그때까지 프랑스식 요리 서비스 방식은 한번에 요리 전부를 식탁 위에 올려 놓았다. 호화스러움과 예술적인 감상을 하기에는 좋은 방법이었으나, 뜨거울 때 먹어야 할 음식도 손님 입에 들어갈 때는 싸늘하게 식어버리는 단점이 있었다. 그 때문에 뒤브와는 러시아 같은 추운 지방 기후의 상황에서는 프랑스식 요리 서비스 방식이 무리가 있다고 느꼈다.

그리하여 생겨난 러시아식 요리 서비스 방식이란 각 코스마다 요리를 1인분씩 각 접시에 나누어 담아 서빙하는 것이었다. 현재 프랑스에서 행해지고 있는 프랑스식 요리 서비스 방식은 이 두 가지 방식의 장점을 잘 살린 방식으로 지금까지 세계 각국에서 이 서비스 방식이 행하여지고 있다.

뒤브와의 저서로는 *La cuisine classique*(1856), *La cuisine artistique*(1870), *L'Ecole des cuisinieres*(1876), *La nouvelle cuisine bourgeoise pour la ville et pour la campagne*(1878), *Le grand livre des patissiers et des confiseurs*(1883), *La cuisine d'aujourd'hu i*(1889), *La patisserie d'aujourd'hui*(1894) 등 7권이 소개되고 있다.

3. 조르주 오귀스트 에스코피에(1846~1935) (George Auguste Escoffier)

조르주 오귀스트 에스코피에(George Auguste Escoffier)는 1846년 프랑스 빌뇌브 루베(Villeneuve-Loubet)에서 출생하여 1935년 몬테 카를로(Monte Carlo)에서 89세를 일기로 생을 마쳤다. 그는 13세 때 부친이 학교를 그만두게 함으로써 숙부가 개업한 프랑쉐라는 레스토랑에서 조리사를 시작했다. 그 후 파리의 르프치 물랑루즈 식당에서도 일하였다.

에스코피에는 키가 몹시 작았기 때문에 오븐의 불꽃으로부터 머리를 보호하기 위하여 항상 굽 높은 목제 구두를 신고 다닌 것으로 유명하였다. 지금도 유럽의 전문 요리인들이 조리장에서 목제 구두를 신고 있는 것도 그의 흉내를 내는 전통인 것이다.

그는 그의 동료 요리사 필레아 질베르(Phileas Gilbert), 에밀 페트(Emile Fetu)와 함께 *Le guide culinaire*(1903)라는 요리책을 출판하였다. 이 요리책은 고전적이고 진부한 프랑스 요리를 개혁한 '현대 요리법의 신약성서'라고까지 일컬어질 정도의 지대한 평가를 1세기 동안 받았다. 현재까지도 전 세계적으로 요리법의 바이블로 계속 인기를 얻고 있다.

특히 그가 저술한 *Le guide culinaire*(1903)와 *Le livre des Menus*(1912)라는 요리책은 아직도 애용되고 있다.

그는 이 책을 통하여 지금까지 경험에 의해 요리하던 것을 정확한 수량과 수치를 이용하여 요리를 할 수 있도록 방법을 소개함으로써 현대 요리서적의 기초를 확립하였다.

에스코피에가 주로 근무하였던 호텔은 스위스 몬테 카를로의 그랜드호텔과 로잔의 내셔널호텔, 그리고 런던과 파리에 있는 리츠그룹의 리츠호텔이었으며 총 주방장으로서 크게 명성을 떨쳤다.

그는 결혼은 했지만 근무시간 이외의 대부분을 호텔에 있는 아파트에서 혼자 지냈고 부인은 모나코에서 살았으며 슬하에 자녀는 없었다고 한다. 그는 평생 일요일을 제외하고는 오직 요리하는 일에만 전념을 하였으며 술, 담배는 하지 않았고 평소에 화를 내는 일이 전혀 없었다고 한다. 음식도 맛있는 것은 되도록 삼가하였고 과일과 쌀밥만을 즐겨 먹었다고 한다.

그의 하루 일과는 조리사들의 음식 준비 감독과 주방 점검으로 시작해서 오전에는 식당 지배인과 서빙 접객원들과의 음식 판매에 관한 미팅을 통하여 고객의 기호를 파악하였고, 오후에는 음식 준비 감독과 준비 점검을 실시한 후 매일 동일한 장소로 산책을 다녀온 후 낮잠을 자고 오후 6시부터 9시까지 근무를 규칙적으로 하였다고 한다.

그리고 매일 영업 종료 후 남은 음식은 종교단체를 통해서 헐벗고 굶주린 고아원 같은 곳으로 보냈다고 한다.

에스코피에는 뛰어난 창조성을 지녔으며 음식을 예술성으로 연결시켜 당시 권력자 및 부자들 그리고 연예계의 유명한 인사들과 친분을 유지했다. 특히 오페라 가수들과 친밀한 교분을 가졌다고 한다.

에스코피에는 호주의 오페라 가수인 도메 넬리 멜바(Dame Nellie Melba)를 위하여 그 이름을 딴 피치 멜바(Pêche melba)와 프와레 쿠페 멜바(Poire coupe Melba) 요리를 만들었다. 또 가수인 아델리나 패티(Adelina Patti)를 위해 폴라드 아델리나 패티(Poularde Adelina Patti)를 만들었으며, 유명한 여가수였던 사라 베른하르트(Sarah Bernhardt)를 위해 프레이즈 사라 베른하르트(Fraisese Sarah Bernhardt)를 만들었다고 한다. 그리고 그는 아이스 카빙(Ice Carving) 조각에도 일가견을 가지고 있었다고 한다.

특히 그는 사려 깊고 성실하고 친절하고 마음이 따뜻하여 여러 사람들에게 도움을 많이 주었다고 한다. 아울러 그는 요리사들이 출퇴근할 때는 훌륭한 외출복으로 갈아입도록 하여 요리사라는 긍지와 자부심을 갖도록 하였으며, 이것을 계기로 새로운 요리사 신분을 만들어 내기도 했다. 그러나 주방에서만은 규율을 엄격하게 지키도록 하며 항상 개인 감정을 억제하도록 지시하였고, 아무리 급하고 바쁜 경우라도 서두르라고 재촉하지 않았다고 한다.

그는 오늘날 우리가 접하고 있는 요리주방의 시스템을 만든 창시자이기도 하다. 프랑스 레스토랑 주방의 운영이 부분화되어 있었던 것을 통합 조정 운영을 시도하여 성공한 것도 그의 아이디어였다. 뒤브와는 러시아식 음식 서비스 방법을 도입하여 현재의 음식 서비스 순서를 창안했다. 고객으로부터 주문을 받은 전표를 3장으로 만들어 한 장은 주방, 한 장은 접객원, 또 한 장은 캐셔에게 돌아가도록 하고, 특별히 전표에 고객의 성명을 적어 그 고객이 재차 방문하였을 때 그가 선호하는 음식이 무엇인지 미리 알아차리는 고품위 음식 서비스의 기틀을 마련한 것도 그였다.

에스코피에는 프랑스 정부로부터 1920년 레종 도뇌르(Legion d'Honneur) 훈장을 수여 받았다. 후에 프랑스 귀족 단체의 정회원이 되어 모든 요리사의 사회적인 지위와 명예를 높이는 데도 크게 공헌을 하였다.

1966년에는 프랑스 정부가 그가 태어난 집을 요리 예술 박물관으로 개조하였다.

오늘날 저명한 요리전문가, 미식가, 요리연구가 등 요리책을 쓰는 사람들은 모두 에스코피에의 요리교본을 응용하고 있다. 21세기 현재 프랑스요리의 원리를 이용하여 요리를 직접 만드는 전문요리사까지 그가 만들어낸 세계적인 요리법을 이용하지 않는 사람은 단 한 사람도 없다고 할 수 있다.

에스코피에가 죽은 후에 전문 요리장 개인의 경력을 표기하는 것 중 가장 권위가 있는 것은 상을 수상하거나 표창을 받거나 훈장을 받은 것보다 에스코피에와 함께 공부하고 실무를 경험했다는 것을 최고로 여겼다고 한다. 그는 세계적인 요리 명장이었다.

제3부

서양조리기능사 실기시험 문제

1장 국가직무능력표준(NCS)에 의한 양식조리 직무구성 기준

2장 서양조리기능사 실기시험 레시피 실제

1장 국가직무능력표준(NCS)에 의한 양식조리 직무구성 기준

1. 국가직무능력표준(NCS)의 개요

국가직무능력표준(NCS; National Competency Standards)은 정부가 우리나라 모든 직종의 직무를 표준화시켜 작업의 능률성과 효율성, 생산성을 높이고 글로벌 표준에 맞추어서 세계에 적응할 수 있는 능력 배양을 목적으로 표준화시스템을 만든 것이다.

조리 분야 산업현장에서 직무를 원활하게 수행하기 위해서 현장에서 요구하는 전문지식, 조리기술, 직무소양 등의 내용을 국가가 산업별, 수준별로 업무를 체계화시켜 국가적 차원에서 직무능력의 표준화를 추구한 것이다.

직무능력은 직장의 근로자가 해당 업무 내에서 소관 업무를 성공적으로 수행하기 위해 요구되는 실질적인 업무수행 능력을 의미한다.

따라서 국가직무능력표준은 산업현장의 직무 수요를 체계적으로 분석하여 제시함으로서 일병행 학습능력의 단계로 일 ⇨ 교육, 훈련 ⇨ 자격의 일련의 시스템 관리이다. 이것은 국가적 인적자원개발(HRD)의 핵심 토대의 역할을 담당하고 있다.

아울러 국가직무능력표준은 지정된 교육훈련기관의 교육훈련 과정과 직업능력개발훈련 기준에 맞는 기술교재 개발 등에 활용되어 국가산업별 기술 수요에 대한 맞춤형 인력양성에 기여한다. 그리고 기술 근로자를 대상으로 경력개발 경로 개발, 직무기술서, 직무내용서, 채용, 배치, 승진 체크 리스트, 자가진단 측정 도구로도 활용이 가능하다.

자격기본법의 근거 규정(기본법 제2조 제2항)에서도 국가직무능력표준은 산업현장에서 직무를 수행하기 위하여 요구되는 지식, 기술, 소양 등의 내용을 국가가 산업 부분별과 수준별로 직무를 체계화한 것을 의미한다.

2. 국가직무능력표준 구성

직무는 국가직무능력표준 분류체계의 세분화 분류를 의미하며 원칙상 세분화 단위에서 표준의 개발 단위이다. 능력 단위는 국가직무능력표준 분류체계상 세분화의 하위 단위로서 국가직무능력표준의 기본 구성요소에 해당한다. 능력 단위는 능력 단위 분류번호, 능력 단위 명칭, 능력 단위 정의, 능력 단위 요소, 지식·기술·태도, 적용 범위 및 작업 상황, 평가 지침, 직업 기초 능력 등으로 구성된다.

구성 항목	내 용
① 단위 분류번호 (Competency Unit Code)	능력 단위를 구분하기 위하여 부여되는 일련 번호로서 12자리 번호로 표현한다.
② 능력 단위 명칭 (Competency Unit Title)	능력 단위 명칭을 기입한다.
③ 능력 단위 정의 (competency unit description)	능력 단위 목적, 업무 수행 및 활용범위를 개괄적으로 기술한다.
④ 능력 단위 요소 (Competency Unit element)	능력 단위를 구성하는 중요한 핵심 하위 능력의 기술을 말한다. 능력 단위 요소별로 성취 여부를 판단하기 위하여 개인이 도달해야 하는 수행의 기준을 제시한다.
⑤ 지식 · 기술 · 태도 (Knowledge · Skill · Attitude)	능력 단위 요소를 수행하는데 필요한 지식, 기술, 태도 등을 기술한다.
⑥ 적용 범위 및 작업 상황 (Range of Variable)	적용 범위는 능력 단위를 수행하는데 있어서 관련되는 범위와 물리적 혹은 환경적 조건을 말한다. 작업 상황은 능력 단위를 수행하는데 있어서 관련되는 자료, 서류, 장비, 도구, 재료들이 해당된다.

구성 항목	내 용
⑦ 평가 지침 (Guide of Assessment)	능력 단위의 성취 여부를 평가하는 방법과 평가시 고려되어야 할 사항.
⑧ 직업 기초 능력 (Key Competency)	능력 단위별로 업무 수행을 위해서 기본적으로 갖추어야 할 직업 능력.

3. 국가직무능력표준의 수준 영역체계

수준 항목	직무 수준 정의
• 8수준	해당 분야에 대한 최고도의 이론 및 지식을 활용하여 새로운 이론을 창조할 수 있고 최고도의 숙련으로 광범위한 기술적 작업을 수행할 수 있으며, 조직 및 업무 전반에 대한 권한과 책임이 부여된 수준.
	(지식 기술) • 해당 분야에 대한 최고도의 이론 및 지식을 활용하여 새로운 이론을 창조할 수 있는 수준. • 최고도의 숙련으로 광범위한 기술적 작업을 수행할 수 있는 수준.
	(역량) • 조직 및 업무 전반에 대한 권한과 책임이 부여된 수준.
	(경력) • 수준 7영역에서 2~4년 정도의 계속 업무 후 도달 가능한 수준.
• 7수준	해당 분야의 전문화된 이론 및 지식을 활용하여 고도의 숙련으로 광범위한 직업을 수행할 수 있으며 타인의 결과에 대하여 의무와 책임이 필요한 수준.
	(지식 기술) • 해당 분야의 전문화된 이론 및 지식을 활용할 수 있으며, 인접 분야의 이론 및 지식을 사용할 수 있는 수준. • 고도의 숙련으로 광범위한 작업을 수행하는 수준.
	(역량) • 타인의 결과에 대하여 의무와 책임이 필요한 수준.
	(경력) • 수준 6영역에서 2~4년 정도의 계속 업무 후 도달 가능한 수준.

수준 항목	직무 수준 정의
• 6수준	독립적인 권한 내에서 해당 분야의 이론 및 지식을 자유롭게 활용하고 일반적인 숙련으로 다양한 과업을 수행하고 타인에게 해당 분야의 지식 및 노하우를 전달할 수 있는 수준.
	(지식 기술) • 해당 분야의 이론 및 지식을 자유롭게 활용할 수 있는 수준. • 일반적인 숙련으로 다양한 과업을 수행할 수 있는 수준.
	(역량) • 타인에게 해당 분야의 지식 및 노하우를 전달할 수 있는 수준. • 독립적인 권한 내에서 과업을 수행할 수 있는 수준.
	(경력) • 수준 5영역에서 1~3년 정도의 계속 업무 후 도달 가능한 수준.
• 5수준	포괄적인 권한 내에서 해당 분야의 이론 및 지식을 사용하여 매우 복잡하고 비일상적인 과업을 수행하고 타인에게 해당 분야의 지식을 전달할 수 있는 수준.
	(지식 기술) • 해당 분야의 이론 및 지식을 사용할 수 있는 수준. • 매우 복잡한 비일상적인 과업을 수행할 수 있는 수준.
	(역량) • 일반적인 권한 내에서 해당 분야의 이론 및 지식을 제한적으로 사용하여 복잡하고 다양한 과업을 수행하는 수준.
	(경력) • 수준 4영역에서 1~3년 정도의 계속 업무 후 도달 가능한 수준.
• 4수준	일반적인 권한 내에서 해당 분야의 이론 및 지식을 제한적으로 사용하여 복잡하고 다양한 과업을 수행하는 수준.
	(지식 기술) • 해당 분야의 이론 및 지식을 제한적으로 사용할 수 있는 수준. • 복잡하고 다양한 과업을 수행할 수 있는 수준.
	(역량) • 일반적인 권한 내에서 과업을 수행할 수 있는 수준.
	(경력) • 수준 3영역에서 1~4년 정도의 계속 업무 후 도달 가능한 수준.

수준 항목	직무 수준 정의
• 3수준	제한된 권한 내에서 해당 분야의 기초이론 및 일반 지식을 사용하여 다소 복잡한 과업을 수행하는 수준.
	(지식 기술) • 해당 분야의 기초 이론 및 일반 지식을 사용할 수 있는 수준. • 다소 복잡한 과업을 수행하는 수준.
	(역량) • 제한된 권한 내에서 과업을 수행하는 수준.
	(경력) • 수준 2영역에서 1~3년 정도의 계속 업무 후 도달 가능한 수준.
• 2수준	일반적 지시 및 감독 하에서 해당 분야의 일반 지식을 사용하여 절차화 되고 일상적인 과업을 수행하는 수준.
	(지식 기술) • 해당 분야의 일반 지식을 사용할 수 있는 수준. • 절차화되고 일상적인 과업을 수행하는 수준.
	(역량) • 일반적인 지시 및 감독 하에 과업을 수행하는 수준.
	(경력) • 수준 1영역에서 6~12개월 정도의 계속 업무 후 도달 가능한 수준.
• 1수준	구체적인 지시 및 철저한 감독 하에서 문자 이해, 계산 능력 등 기초적인 일반지식을 사용하여 단순하고 반복적인 과업을 수행하는 수준.
	(지식 기술) • 문자 이해, 계산 능력 등 기초적인 일반 지식을 사용할 수 있는 수준. • 단순하고 반복적인 과업을 수행하는 수준.
	(역량) • 구체적인 지시 및 철저한 감독 하에서 과업을 수행하는 수준.

4. 양식조리 직무의 개요 및 능력 단위

양식조리는 서양식 음식을 조리사가 메뉴를 계획하고 식재료를 구매, 관리, 손질하여 정해진 조리법에 의해 조리하고 식품위생과 조리기구, 조리시설을 관리하는 업무이다.

국가직무능력표준(NCS) 분류 체계도

대분류	중분류	소분류	세분류
13. 음식서비스	1. 식음료조리, 서비스	1. 음식조리	01. 한식조리
			02. 양식조리
			03. 중식조리
			04. 일식, 복어조리

양식조리 능력 단위별 실기

순번	능력 단위	실기 적용
1	양식 조리 실무	• 기초 양식조리
2	양식 스톡 조리	• 브라운 스톡
3	양식 소스 조리	• 이탈리아 미트 소스 • 홀랜다이즈 소스 • 브라운 그래비 소스 • 타르타르 소스 • 사우전 아일랜드 드레싱
4	양식 수프 조리	• 비프 콩소메 수프 • 미네스트로니 수프 • 피시 차우더 수프 • 프렌치 어니언 수프 • 포테이토 크림 수프
5	양식 전채 조리	• 쉬림프 카나페 • B.L.T. 샌드위치 • 샐러드 부케를 곁들인 참치 타르타르와 채소 비네그레트 • 채소로 속을 채운 훈제연어롤

순번	능력 단위	실기 적용
6	양식 샐러드 조리	• 월도프 샐러드 • 포테이토 샐러드 • 해산물 샐러드
7	양식 어패류 조리	• 프렌치 프라이드 쉬림프 • 피시 뫼니에르 • 솔 모르네이
8	양식 육류 조리	• 햄버거 샌드위치 • 치킨 아라 킹 • 치킨 커틀릿 • 비프 스튜 • 살리스버리 스테이크 • 서로인 스테이크 • 바베큐 폭찹
9	양식 파스타 조리	• 스파게티 카르보나라 • 토마토 소스 해산물 스파게티
10	양식 달걀 조리	• 스패니시 오믈렛 • 치즈 오믈렛

양식조리 능력 단위별 능력 수준

분류번호	능력 단위(수준)	기초 양식조리 실기 적용	능력 단위 요소	수준
1301010201_14v2	양식조리 실무(3)	• 기초 양식조리	위생 관리하기	3
			안전 관리하기	2
			메뉴 관리하기	3
			구매 관리하기	3
			식재료 관리하기	3
			양식 기초 기능 익히기	2
1301010202_14v2	양식 스톡 조리(2)	• 브라운 스톡	스톡 재료 준비하기	2
			스톡 조리하기	2
			스톡 완성하기	2

분류번호	능력 단위(수준)	기초 양식조리 실기 적용	능력 단위 요소	수준
1301010203_14v2	양식 소스 조리(4)	• 이탈리아 미트 소스 • 홀랜다이즈 소스 • 브라운 그래비 소스 • 타르타르 소스 • 사우전 아일랜드 드레싱	소스 재료 준비하기	3
			소스 조리하기	4
			소스 완성하기	4
1301010204_14v2	양식 수프 조리(4)	• 비프 콩소메 수프 • 미네스트로니 수프 • 피시 차우더 수프 • 프렌치 어니언 수프 • 포테이토 수프	수프 재료 준비하기	3
			수프 조리하기	4
			수프요리 완성하기	4
1301010205_14v2	양식 전채 조리(4)	• 쉬림프 카나페 • B.L.T. 샌드위치 • 샐러드 부케를 곁들인 참치 타르타르와 채소 비네그레트 • 채소로 속을 채운 훈제연어 롤	전채 재료 준비하기	3
			전채요리 조리하기	4
			전채 요리 완성하기	4
1301010206_14v2	양식 샐러드조리(3)	• 월도프 샐러드 • 포테이토 샐러드 • 해산물 샐러드	샐러드 재료 준비하기	2
			샐러드 조리하기	3
			샐러드요리 완성하기	3
1301010207_14v2	양식 어패류 조리(5)	• 프렌치 프라이드 쉬림프 • 피시 뫼니에르 • 솔 모르네이	어패류 재료 준비하기	4
			어패류요리 조리하기	5
			어패류요리 완성하기	5
1301010208_14v2	양식 육류 조리(5)	• 햄버거 샌드위치 • 치킨 아라 킹 • 치킨 커틀릿 • 비프 스튜 • 살리스버리 스테이크 • 서로인 스테이크 • 바비큐 폭찹	육류 재료 준비하기	4
			육류요리 조리하기	5
			육류요리 완성하기	5
1301010209_14v2	양식 파스타 조리(4)	• 스파게티 카르보나라 • 토마토 소스 해산물 스파게티	파스타 재료 준비하거	4
			파스타 조리하기	4
			파스타요리 완성하기	4

분류번호	능력 단위(수준)	기초 양식조리 실기 적용	능력 단위 요소	수준
1301010210_14v2	양식 계란 조리(3)	• 스패니시 오믈렛 • 치즈 오믈렛	계란 재료 준비하기	2
			계란요리 조리하기	3
			계란요리 완성하기	3

양식조리 능력 단위별 세부 내용

▶ 분류 번호: 1301010201_14v2
- 능력 단위 명칭 : 양식조리 실무
- 능력 단위 실기 적용 : 기초 양식조리
- 능력 단위 정의 : 양식조리 실무 수행에 필요한 위생 관리, 안전 관리, 메뉴 관리, 구매 관리, 식재료 관리, 양식조리 기초 기능을 습득하는 능력이다.

능력 단위 요소	수행 준거
• 301010201_14v2.1 • 위생 관리하기	1.1. 개인 위생을 관리하기 위해서 신체 청결을 유지하고 근무 중의 흡연, 음주, 취식 등에 대한 작업장 근무 수칙을 준수할 수 있다. 1.2. 법률 기준에 따라 작업장 위생관리 업무를 준비 및 수행할 수 있다. 1.3. 작업장 내에서 사용하는 주방도구, 장비, 작업공간을 구분하여 사용할 수 있다. 1.4. 위생 안전에 있어 위해요소를 파악하고 취급 규칙에 따라 다룰 수 있다. 1.5. 작업 중 교차 오염의 발생을 예방하기 위하여 세척, 소독, 작업 순서를 조절할 수 있다. 1.6. 남은 식재료, 폐기물 등을 정해진 절차에 따라서 처리할 수 있다.
	[지식] • 식품 위생법 적용. • 위생관리의 기초. • 조리도구, 장비의 종류와 특성. • 양식 조리도구의 종류와 명칭, 특성. • 조리원리. • 미생물의 분류, 성질, 특성. • 식품위생에 관련된 질병, 식중독, 미생물의 특성.

능력 단위 요소	수행 준거
• 301010201_14v2.1 • 위생 관리하기	[기술] • 조리작업을 매뉴얼에 의해서 위생적으로 실행하고 관리할 수 있는 능력. • 조리도구, 장비 관리법. • 위생장구의 활용 능력. • 용도별 위생 기물 사용기술과 관리 능력. • 식중독 증상과 응급처치 방법. • 냉장, 냉동고의 관리 능력. • 세제, 소독제 등 약품류의 취급법. • 방서, 방충 방법. • 식중독을 예방하고 대처할 수 있는 능력. [태도] • 매뉴얼에 따른 위생관리 수칙을 지키고자 하는 자세. • 법이 정한 기준에 따라 위생관리 방법을 지키고자 하는 준법정신. • 주방도구를 사용 전, 조리과정, 사용 후 정리정돈을 하고자 하는 태도. • 자기능력을 개발하고자 메모하는 태도. • 적극적으로 문제를 해결하려 질문하는 태도. • 적합한 용모와 복장. • 주방직원의 원할한 의사소통. • 주의 깊게 관찰하는 태도. • 반복적으로 훈련하는 태도. • 식품위생법을 준수하는 태도.

능력 단위 요소	수행 준거
• 1301010201_14v2.2 • 안전 관리하기	2.1. 개인적인 안전사고 예방을 위해 도구 및 장비의 정리정돈을 상시할 수 있다. 2.2. 반복 작업에 따른 부상 및 질환에 대하여 안전장구를 착용하여 예방할 수 있다. 2.3. 화재 발생 시 소화기 등을 사용하여 초기에 대응할 수 있다. 2.4. 안전 장비류 취급 시 주의사항을 숙지하고 실천할 수 있다. 2.5 양식기구의 종류를 파악하고 사용할 수 있다. 2.6. 작업장 내의 적정한 수준의 조명과 환기, 이물질 및 미끄럼, 오염 등을 방지할 수 있다.
	[지식] • 식품 위생법 적용 • 안전관리 지침과 산업재해법. • 양식 조리기구의 종류와 명칭, 특징, 용도. • 식중독 증상과 응급조치. • 조리원리. • 조리도구, 장비의 종류와 특성. • 식품위생에 관련된 질병, 식중독, 미생물의 특성. [기술] • 조리작업을 매뉴얼에 의하여 안전 실행. • 용도별, 종류별 칼 사용 기술관리. • 숫돌 사용하기. • 주방도구를 활용하고 관리 보관. • 도구, 장비의 종류와 동작 특성. • 응급처치(지혈, 소독, 화상, 처치 등) • 냉장고, 냉동고의 종류, 동작 특성. [태도] • 안전관리 • LNG, LPG의 가스점검. • 도구 정리정돈. • 메모 태도. • 문제를 해결. • 안전한 용모와 복장. • 원활한 의사소통. • 관찰 태도. • 반복 훈련. • 안전사항 준수. • 위생관리.

능력 단위 요소	수행 준거
	3.1. 영양소가 겸비된 식단 구성 방식을 감안하여 메뉴를 구성할 수 있다. 3.2. 원가, 식재료, 시설용량, 경제성을 감안하여 메뉴 구성을 조정할 수 있다. 3.3. 메뉴의 식재료, 조리방법, 메뉴명, 메뉴판 작성 등 사용되는 용어와 명칭을 정확하게 구분하고 사용할 수 있다. 3.4. 레시피에 준하여 조리작업을 수행할 수 있다. 3.5. 양식조리 작업에 접합한 조리방법과 자르기 방법을 기준으로 조리작업을 수행할 수 있다. 3.6. 메뉴에 따른 식재료와 영양 특성을 파악하고 이를 식단 구성, 조리과정에 반영할 수 있다. 3.7. 식단별, 메뉴별 칼로리의 양, 주요 영양소의 양을 계산해 관리할 수 있다.
• 1301010201_14v2.3 • 메뉴 관리하기	[지식] • 식품위생법. • 메뉴관리. • 식단, 상차림의 이해. • 요리의 특징과 분류. • 요리에 관한 지식. • 코디네이션 기법과 개념. • 폐기율, 가식률의 개념과 계산법. • 칼로리 계산법. [기술] • 계절식품 시장조사 능력. • 식재료 소요량 계산과 대체 능력. • 식재료의 발주, 검수, 저장관리 능력. • 식재료의 품질, 식재료 특성에 맞는 메뉴개발 능력. • 메뉴 조절, 관리 능력. • 정기적으로 메뉴 교체, 개발 능력. • 조리 완성 능력. • 인터넷 활용 능력. [태도] • 메모하는 태도. • 문제 해결. • 안전한 복장. • 의사 소통. • 관찰 태도. • 훈련 태도. • 식품위생법 준수. • 식품위생법을 준수하는 태도.

<table>
<tr><th>능력 단위 요소</th><th>수행 준거</th></tr>
<tr><td rowspan="2">• 1301010201_14v2.4
• 구매 관리하기</td><td>4.1. 수시로 시장조사를 하여 품목의 원활한 공급선을 파악하고 활용할 수 있다.
4.2. 메뉴별 주요 특산물, 희귀품, 고가품의 공급 상황 등 품목 특성을 파악하고 활용할 수 있다.
4.3. 정기적으로 재고량을 파악하여 재고 부족 및 수급문제 등에 대비한 대체방안을 준비, 활용할 수 있다.
4.4 식재료를 특성에 맞게 선별하고 검수하여 적정한 용도에 맞게 활용할 수 있다.
4.5. 알맞은 주문처와 주문 시기, 방법에 따라 구매를 수행할 수 있다.
4.6. 원가 수준에 맞추어 식재료 소모품의 질과 양, 종류를 결정할 수 있다.</td></tr>
<tr><td>[지식]
• 메뉴에 따른 식재료 관리법.
• 메뉴에 따른 식재료 영양소.
• 메뉴에 필요한 식품 재료별 조리특성.
• 식재료의 원가, 구매, 검수, 저장 관리법.
• 식재료의 특성과 선별법.
[기술]
• 식재료의 구매, 검수, 저장관리를 활용하기.
• 조리방법과 자르기 방법.
• 재고조사 방법.
• 식재료의 품질별 활용 방안.
[태도]
• 유통기한 관리.
• 메모 태도
• 문제 해결 태도.
• 안전한 복장.
• 의사 소통.
• 관찰 태도.
• 반복 훈련.
• 안전사항 준수.
• 위생관리.</td></tr>
</table>

<table>
<tr><th>능력 단위 요소</th><th>수행 준거</th></tr>
<tr><td rowspan="2">• 1301010201_14v2.5
• 식재료 관리하기</td><td>5.1. 요리에 맞는 육류, 가금류의 종류와 부위, 품질 및 등급을 선별할 수 있다.
5.2. 산지, 계절, 특성에 따라 요리에 맞는 어패류와 먹을 수 있는 식재료를 선별할 수 있다.
5.3 산지, 계절, 특성에 따라 요리에 맞는 채소, 과일, 곡류를 선택하여 보관과 전처리 과정을 처리할 수 있다.
5.4. 식재료의 유통기간, 입출고일, 단가, 제품 등 관리 항목을 정하여 표시하고 분류할 수 있다.
5.5. 요리에 따른 식재료 처리방법을 적용하고 활용할 수 있다.
5.6. 조리 장비(냉장고, 냉동고)의 작동 상태를 파악하고 조치를 취할 수 있다.</td></tr>
<tr><td>[지식]
• 식재료 관리하기.
• 식재료 영양소 관리.
• 식품 재료별 조리 특성 관리.
• 식재료의 원가, 구매, 검수, 저장관리.
• 식용 가능한 재료의 특성과 선별법 관리.
[기술]
• 레시피에 준하여 조리를 완성할 수 있는 능력.
• 육류의 등급별, 산지, 품종별 차이와 선별법 관리.
• 어패류의 종류와 품질 관리법.
• 식용 가능한 식재료 선별 방법.
• 식재료 손질법 관리
• 채소, 과일류의 종류와 품질 판정 능력.
• 식재료의 유통 및 가격구조 파악 능력.
• 재고파악의 절차와 방법.
• 식재료의 품질별 활용 방안 관리.
[태도]
• 유통기한 관찰하기.
• 메모 태도
• 문제해결 태도.
• 안전 복장 태도.
• 의사소통 태도.
• 관찰 태도.
• 반복 훈련 태도.
• 안전사항 준수.
• 위생관리.</td></tr>
</table>

<table>
<tr><th>능력 단위 요소</th><th>수행 준거</th></tr>
<tr><td rowspan="2">• 1301010201_14v2.6
• 양식 기초 기능 익히기</td><td>6.1. 양식조리에 필요한 조리도구를 사용하고 종류별 특성에 맞게 적용할 수 있다.
6.2. 양식조리의 각종 식재료와 조미료를 파악하고 메뉴에 맞게 사용할 수 있다.
6.3. 양식조리의 요리별 소스를 용도에 맞게 만들 수 있다.
6.4. 양식조리 작업에 사용한 조리도구와 주방을 정리정돈할 수 있다.
6.5. 메뉴에 따른 양식 식재료의 전 처리방법을 이해하고 처리할 수 있다.
6.6 양식 조리 용어와 기본 썰기에 대하여 이해하고 습득할 수 있다.</td></tr>
<tr><td>[지식]
• 식품위생법 이해하기.
• 위생관리.
• 안전관리.
• 조리기구의 종류와 명칭, 특징, 용도 이해하기.
• 조리방법과 썰기 방법.
• 식재료 관리하기.
• 식재료 영양소 알기.
• 메뉴에 필요한 식품 재료별 조리 특성.
• 식재료 원가, 구매, 검수, 저장관리 알기.
• 조리원리 이해.
• 식품위생 법규 이해.
[기술]
• 레시피에 의한 조리 능력
• 적합한 주방도구 활용, 관리, 보관 능력.
• 조리방법과 썰기 방법.
• 식중독의 예방 능력.
[태도]
• 메모 태도.
• 문제해결 태도.
• 안전 복장.
• 의사소통 태도.
• 관찰 태도.
• 반복 훈련 태도.
• 안전사항 준수.
• 위생관리.</td></tr>
</table>

양식조리 직업 기초 능력

- ▶ 분류번호: 1301010202_14v2
- 능력 단위 명칭 : 양식 스톡 조리
- 단위 실기 적용 : 브라운 스톡(Brown Stock)
- 능력 단위 정의 : 양식 스톡 조리는 육류, 어패류, 채소류 등을 활용하여 조리에 시용되는 육수를 조리하는 능력이다.

능력 단위 요소	수행 준거
• 1301010202_14v2.1 • 스톡재료 준비하기	1.1. 조리에 필요한 부케가르니(Bouquet Garni)를 준비할 수 있다. 1.2. 스톡의 종류에 따라 미르포아(Mire-Poix)를 준비할 수 있다. 1.3. 육류, 어패류의 뼈를 찬물에 담가 핏물을 제거한다. 1.4. 브라운 스톡은 조리에 필요한 뼈와 부속물을 오븐에서 구워 준비할 수 있다.
	[지식] • 향신료 종류와 특성 및 용도. • 채소의 종류와 특성. • 육류, 어패류의 주재료 특성과 용도. • 스톡의 종류와 조리법. • 용도별 칼, 도마의 사용법. [기술] • 오븐 조작 능력. • 스토브 조작 능력. • 냉장, 냉동고 관리 능력. • 육류, 어패류 뼈, 부속물 손질 능력. • 부케가르니를 만들 수 있는 능력. • 미르포아를 만들 수 있는 능력. • 메뉴의 특성에 맞는 식재료 손질법. [태도] • 준비 상태 확인. • 조리기기 상태 관찰. • 안전사항 준수. • 반복 훈련. • 인내력. • 정확성.

능력 단위 요소	수행 준거
• 1301010202_14v2.2 • 스톡 조리하기	2.1. 찬물에 식재료를 넣고 서서히 끓일 수 있다. 2.2. 끓이는 과정에서 불순물이나 기름이 위로 떠오르면 걷어 낼 수 있다. 2.3. 적절한 시간에 미르쁘아와 향신료를 첨가할 수 있다. 2.4. 지정된 맛, 향도, 농도, 색이 될 때까지 조리할 수 있다.
	[지식] • 스톡의 종류에 따른 조리법. • 주재료와 어울리는 채소 선택법. • 스키밍(Skimming) : 거품 제거하기는 방법. • 향신료 사용법. • 스톡의 맛, 향기, 농도, 색깔의 특징. [기술] • 오븐 사용과 화력 조절 능력. • 가스레인지 사용과 화력 조작 능력. • 용도에 맞는 조리방법 적용 능력. • 냉장, 냉동고 관리 능력. • 적정한 상태로 구울 수 있는 능력. • 부케가르니, 미르포아 투입 시점과 방법에 대한 능력. • 주재료에 따른 조리온도와 시간 조절 능력. • 원하는 맛, 향기, 농도, 색상으로 만들 수 있는 능력. [태도] • 준비 상태 확인. • 조리기기 상태 확인. • 안전사항 준수. • 위생사항 준수. • 반복 훈련. • 인내력. • 정확성.

능력 단위 요소	수행 준거
• 1301010202_14v2.3 • 스톡 완성하기	3.1. 조리된 스톡을 불순물이 섞이지 않게 걸러 낼 수 있다. 3.2. 마무리 된 스톡의 색상, 맛, 투명감, 풍미, 온도를 통해 스톡의 품질을 평가할 수 있다. 3.3. 스톡을 사용 용도에 맞추어 풍미와 질감을 갖도록 완성할 수 있다.
	[지식] • 종류에 따른 질감, 향미, 색채의 특징. • 스톡의 사용 용도. [기술] • 적정한 상태와 양으로 스톡을 걸러 내는 정제 능력. • 원하는 온도로 보관 사용하는 능력. • 냉장, 냉동고 관리 능력. • 질감, 향미, 색채와 조화를 고려한 제공 능력. [태도] • 준비 상태 확인 태도. • 조리기기 상태 관찰. • 안전사항 준수. • 반복 훈련. • 인내력. • 정확성.

▶ 분류번호 : 1301010203_14v2
- 능력 단위 명칭 : 양식 소스 조리
- 능력 단위 실기 적용 : 이탈리안 미트 소스, 홀랜다이즈 소스, 브라운 그래비 소스, 타르타르 소스, 사우전 아일랜드 드레싱
- 능력 단위 정의 : 양식 소스 조리는 육류, 어패류, 채소류, 스톡류 등을 활용하여 조리에 사용되는 소스를 조리하는 능력이다.

능력 단위 요소	수행 준거
• 1301010203_14v3.1 • 소스재료 준비하기	1.1. 조리에 필요한 부케가르니(Bouquet Garni)를 준비한다. 1.2. 미르포아(Mire-Poix)를 준비할 수 있다. 1.3. 루(Roux)는 버터와 밀가루를 동량으로 사용하여 만들 수 있다. 1.4. 소스에 필요한 스톡(Stock)을 준비한다. 1.5. 소스 조리에 필요한 주방도구(Kitchen Utensil)를 준비한다.
	[지식] • 향신료의 종류와 특성 및 용도 알기. • 채소의 종류와 특성 알기. • 육류, 어패류의 주재료 특성과 용도. • 스톡의 종류와 조리법. • 소스의 종류와 조리법. • 농후제의 종류와 조리법. • 주재료 용도별 칼, 도마 사용법. [기술] • 오븐 조작 능력. • 스토브 조작 능력. • 냉장, 냉동고 관리 능력. • 육류, 어패류, 채소, 스톡을 선택하는 능력. • 부케가르니를 만들 수 있는 능력. • 미르포아를 만들 수 있는 능력. • 원하는 농후제를 만들 수 있는 능력. [태도] • 준비 상태 확인. • 조리기기 상태 관찰. • 안전사항 준수. • 위생사항 준수. • 반복 훈련. • 인내력. • 정확성.

능력 단위 요소	수행 준거
• 1301010203_14v3.2 • 소스 조리하기	2.1. 미르포아(Mire-Poix)를 볶은 다음 찬 스톡을 넣고 서서히 끓일 수 있다. 2.2. 소스의 용도에 맞게 농후제를 사용할 수 있다. 2.3. 소스를 끓이는 과정에서 불순물이나 기름이 위로 떠오르면 걷어 낼 수 있다. 2.4. 적절한 시간에 향신료를 첨가할 수 있다. 2.5. 원하는 소스의 지정된 맛, 향기, 농도, 색상이 될 때까지 조리할 수 있다. 2.6. 소스를 걸러 내어 정제할 수 있다.
	[지식] • 소스의 용도와 특성. • 소스 종류에 따른 스톡 활용법. • 채소 선택법. • 향신료 선택법. • 농후제 사용법. [기술] • 스토브 화력 조작과 시간 조절 능력. • 적정한 상태로 볶는 능력. • 냉장, 냉동고 관리 능력. • 원하는 소스의 맛, 향기, 농도, 색상으로 만들 수 있는 능력. • 부케가르니의 투입 시점과 방법에 대한 능력. • 소스 특성에 맞는 농후제 선택 및 사용 능력. • 적정한 상태로 소스를 걸러내는 정제 능력. [태도] • 준비 상태 확인. • 조리기기 상태 관찰. • 안전사항 준수. • 위생사항 준수. • 반복 훈련. • 인내력. • 정확성.

능력 단위 요소	수행 준거
• 13010100203_14v3.3 • 소스 완성하기	3.1. 소스의 품질이 떨어지지 않도록 적정온도를 유지할 수 있다. 3.2. 소스에 표막이 생성 되는 것을 막도록 버터나 정제된 버터로 표면을 덮어 마무리할 수 있다. 3.3. 마무리 된 소스의 색깔과 맛, 투명성, 풍미, 온도를 통해 소스의 품질을 평가할 수 있다. 3.4. 요구되는 양에 맞추어 소스를 제공할 수 있다.
	[지식] • 소스 종류에 따른 좋은 품질 선별법. • 스톡 종류에 따른 질감, 향미, 색채의 특징. • 소스를 용도에 맞게 재공하는 방법. • 완성된 소스를 요리에 어울리게 담는 푸드스타일 방법. [기술] • 적정한 상태로 소스를 걸러 내는 정제 능력. • 냉장, 냉동고 관리 능력. • 소스의 표면이 마르지 않게 보관하는 능력. • 소스의 색상, 맛, 투명감을 평가할 수 있는 능력. • 소스의 질감,향미, 색채, 온도의 조화를 고려한 제공 능력. [태도] • 준비 상태 확인. • 조리기기 상태 관찰. • 안전사항 준수. • 위생사항 준수. • 반복 훈련. • 인내력. • 정확성.

▶ 분류번호 : 1301010204_14v2
- 능력 단위 명칭 : 양식 수프 조리
- 능력 단위 실기 적용 : 비프 콩소메 수프, 미네스트로니 수프, 피시 차우더 수프, 프렌치 어니언 수프, 포테이토 크림 수프
- 능력 단위 정의 : 양식 수프조리는 육류, 어패류, 채소류, 스톡류 등을 활용하여 메뉴에 사용되는 수프를 조리하는 능력이다.

능력 단위 요소	수행 준거
• 1301010204_14v4.1 • 수프 재료 준비하기	1.1. 육류, 어패류, 채소류, 곡류에서 수프 용도에 알맞은 식재료를 선별해 준비할 수 있다. 1.2. 조리에 필요한 부케가르니(Bouquet Garni)를 준비한다. 1.3. 미르포아(Mire-Poix)를 준비할 수 있다. 1.4. 수프에 적합한 농후제를 준비한다. 1.5. 수프에 필요한 스톡(Stock)을 준비한다. 1.6. 수프 조리에 필요한 주방도구(Kitchen Utensil)를 준비한다.
	[지식] • 향신료의 종류와 특성 및 용도 알기. • 육류, 어패류의 주재료 특성과 용도. • 곡류의 특성과 영양적 가치. • 스톡의 종류와 특성. • 수프의 종류와 조리법. • 농후제의 종류와 특성. • 주재료 용도별 칼, 도마 사용법. [기술] • 오븐 조작 능력. • 스토브 조작 능력. • 냉장, 냉동고 관리 능력. • 육류, 어패류, 채소, 스톡을 선택하는 능력. • 부케가르니를 만들 수 있는 능력. • 미르포아를 만들 수 있는 능력. • 원하는 농후제를 만들 수 있는 능력. [태도] • 준비 상태 확인. • 조리기기 상태 관찰. • 안전사항 준수. • 위생사항 준수. • 반복 훈련. • 인내력. • 정확성.

<table>
<tr><th>능력 단위 요소</th><th>수행 준거</th></tr>
<tr><td rowspan="2">• 1301010204_14v4.2
• 수프 조리하기</td><td>2.1. 수프의 종류에 따라 건더기와 수분의 비율을 조정할 수 있다.
2.2. 수프의 종류에 따라 주요 향미를 가진 식재료를 순서에 따라 볶아 낼 수 있다.
2.3. 수프를 끓이는 과정에서 불순물이나 기름이 위로 떠오르면 걷어 낼 수 있다.
2.4. 식재료가 냄비 바닥에 눌러 붙지 않도록 조리할 수 있다.
2.5. 원하는 수프의 지정된 맛, 향기, 농도가 충분히 우러나도록 끓일 수 있다.
2.6. 수프의 종류에 따라 갈아주거나 걸러줄 수 있다.</td></tr>
<tr><td>[지식]
• 수프의 용도와 특성.
• 스톡 종류에 따른 수프 조리법.
• 수프 종류에 따른 육류, 어패류, 채소, 곡류 선택법.
• 수프 종류에 따른 향신료 선택법.
• 농후제 사용법.
[기술]
• 스토브 화력 조작과 시간조절 능력.
• 적정한 상태로 볶는 능력.
• 냉장, 냉동고 관리 능력.
• 원하는 수프의 맛, 향기, 농도, 색상으로 만들 수 있는 능력.
• 부케가르니의 투입 시점과 방법에 대한 능력.
• 수프 특성에 맞는 농후제 선택하여 사용하는 능력.
• 적정한 상태로 수프를 걸러내는 정제하는 능력.
• 식재료를 메뉴의 특성에 맞추어 손질하는 능력.
[태도]
• 수시로 준비 상태를 확인하는 태도.
• 필요한 조리기기 상태를 관찰하는 태도.
• 안전사항 준수.
• 위생사항 준수.
• 반복 훈련.
• 인내력.
• 정확성.</td></tr>
</table>

능력 단위 요소	수행 준거
• 1301010204_14v4.3 • 수프 완성하기	3.1. 수프의 종류에 따라 크루통(Crouton), 휘핑크림(Whipping Cream), 퀸넬(Quennell)과 같은 곁들임을 제공할 수 있다. 3.2. 수프에 표막이 생성되는 것을 막도록 버터나 정제된 버터로 표면을 덮어 마무리할 수 있다. 3.3. 마무리 된 수프의 색깔과 맛, 투명성, 풍미, 온도를 통해 수프의 품질을 평가할 수 있다. 3.4. 요구되는 양에 맞추어 수프를 제공할 수 있다.
	[지식] • 수프 종류에 따른 좋은 품질 선택법. • 수프 종류에 따른 질감, 향미, 색채의 특징. • 수프를 용도에 맞게 제공하는 방법. • 완성된 수프를 요리와 어울리게 담는 푸드스타일 방법. [기술] • 적정한 상태로 수프를 걸러내는 정제 능력. • 냉장, 냉동고의 관리 능력. • 수프와 어울리는 곁들임을 선택하여 제공할 수 있는 능력. • 수프의 표면이 마르지 않게 보관하는 능력. • 수프의 색상, 맛, 투명감이 좋은 품질을 평가할 수 있는 능력. • 질감, 향미, 색채, 온도의 조화를 고려하여 제공할 수 있는 능력. [태도] • 준비 상태 확인. • 조리기기 상태 관찰. • 안전사항 준수. • 위생사항 준수. • 반복 훈련. • 인내력. • 정확성.

▶ 분류번호 : 1301010205_14v2
- 능력 단위 명칭 : 양식 전채 조리
- 능력 단위 실기 적용 : 쉬림프 카나페, B.L.T. 샌드위치, 샐러드 부케를 곁들인 참치 타르타르와 채소 비네그레트, 채소로 속을 채운 훈제연어 롤
- 능력 단위 정의 : 양식 전채조리는 식욕을 돋우기 위한 요리로 육류, 어패류, 채소류 등을 활용하여 곁들여지는 소스 등을 조리하는 능력이다.

능력 단위 요소	수행 준거
• 1301010205_14v5.1 • 전채 재료 준비하기	1.1. 적합한 콘디멘트(Condiments)를 준비한다. 1.2. 식욕을 돋우며, 전채 메뉴 구성을 고려한 식재료를 준비할 수 있다. 1.3. 전채 조리에 필요한 조리도구(Kitcken Utensil)를 준비할 수 있다. 1.4. 메뉴와 전채 조리에 필요한 조리법을 숙지할 수 있다.
	[지식] • 전채 메뉴의 종류와 특성. • 적합한 양념의 종류와 특성. • 육류, 어패류, 채소류의 특성과 용도. • 식욕을 자극하는 식재료와 색채, 맛, 향기의 특성. • 메뉴 구성과 서비스 방식. • 주재료 용도별 칼, 도마 사용법. [기술] • 오븐 조작 능력. • 스토브 조작 능력. • 냉장, 냉동고 관리 능력. • 신선한 육류, 어패류, 채소류을 선택하여 전채를 만드는 능력. • 조리실 온도 관리 능력. • 미르포아를 만들 수 있는 능력. • 메뉴 구성 시 식재료와 조리법 중복을 하지 않는 능력. [태도] • 준비 상태 확인. • 조리기기 상태 관찰. • 안전사항 준수. • 위생사항 준수. • 반복 훈련. • 인내력. • 정확성.

능력 단위 요소	수행 준거
• 1301010205_14v5.2 • 전채요리 조리하기	2.1. 메뉴 구성에 알맞은 양의 전채를 준비할 수 있다. 2.2. 채소와 허브를 적절하게 사용할 수 있다. 2.3. 전채에 적합한 콘디멘트(Condiments)를 사용할 수 있다. 2.4. 메뉴와 어울릴 수 있는 조리법을 선택할 수 있다.
	[지식] • 전채의 종류에 따른 조리법. • 각각의 전채에 적합한 콘디멘트 선택법 • 채소와 허브의 종류와 특성 명칭. [기술] • 스토브 화력 조작과 시간조절 능력. • 적정한 상태로 볶는 능력. • 냉장, 냉동고 관리 능력. • 원하는 수프의 맛, 향기, 농도, 색상으로 만들 수 있는 능력. • 부케가르니의 투입 시점과 방법에 대한 능력. • 수프 특성에 맞는 농후제 선택하여 사용하는 능력. • 적정한 상태로 수프를 걸러내는 정제하는 능력. • 식재료를 메뉴의 특성에 맞추어 손질하는 능력. [태도] • 수시로 준비 상태를 확인하는 태도. • 필요한 조리기기 상태 관찰하는 태도. • 안전사항 준수. • 위생사항 준수. • 반복 훈련. • 인내력. • 정확성.

<table>
<tr><th>능력 단위 요소</th><th>수행 준거</th></tr>
<tr><td rowspan="2">• 1301010205_14v5.3
• 전채요리 완성하기</td><td>3.1. 요리에 알맞은 온도로 접시를 준비할 수 있다.
3.2. 색상과 모양 그리고 여백을 살려 접시에 담을 수 있다.
3.3. 전채를 먹는데 필요한 접시나 기물, 핑거볼을 제공할 수 있다.
3.4. 전채에 적합한 콘디멘트(Condiments)를 제공할 수 있다.
3.5. 마무리 된 음식의 색깔, 맛, 풍미, 온도를 통해 음식의 품질을 평가할 수 있다.</td></tr>
<tr><td>[지식]
• 푸드 스타일링 및 테이블 스타일링 방법.
• 품질 및 접시 선택법.
• 식욕을 자극하는 재료와 색채, 맛, 향기의 특성.
• 식, 공간 연출법.
[기술]
• 곁들임을 선택하여 조리하는 능력.
• 냉장, 냉동고 관리 능력.
• 전채의 양, 색, 맛을 좋은 품질로 만드는 능력.
• 조리실 온도 관리 능력.
• 조화를 고려하여 제공할 수 있는 능력.
[태도]
• 준비 상태 확인.
• 조리기기 상태 관찰.
• 안전사항 준수.
• 위생사항 준수.
• 반복 훈련.
• 인내력.
• 정확성.</td></tr>
</table>

▶ 분류번호 : 1301010206_14v2
- 능력 단위 명칭 : 양식 샐러드 조리
- 능력 단위 실기 적용 : 월도프 샐러드, 포테이토 샐러드, 해산물 샐러드
- 능력 단위 정의 : 양식 샐러드 조리는 육류, 어패류, 채소류, 유제품, 가공 식품류를 활용하여 단순 샐러드와 복합 샐러드 및 각종 드레싱류를 조리하는 능력이다.

능력 단위 요소	수행 준거
• 1301010206_14v6.1 • 샐러드 재료 준비하기	1.1. 샐러드와 어울리는 드레싱 재료를 준비할 수 있다. 1.2. 샐러드용 재료를 적합한 용도와 특성에 맞게 전 처리할 수 있다. 1.3. 샐러드 조리에 필요한 조리도구(Kitcken Utensil)를 준비할 수 있다.
	[지식] • 샐러드의 종류와 특성. • 드레싱 종류와 특성. • 콘디멘트(Condiments)의 종류와 특성. • 샐러드와 드레싱의 구성 방법. • 육류, 어패류, 채소류의 주재료 특성과 용도 방법. • 식욕을 자극하는 식재료와 색채, 맛, 향기의 특성. • 메뉴 구성과 서비스 방식. • 주재료 용도별 칼, 도마 사용법. [기술] • 스토브, 오븐 조작 능력. • 신선한 육류, 어패류, 채소류 선택 능력. • 냉장, 냉동고 관리 능력. • 전채의 양, 색, 맛을 좋은 품질로 만드는 능력. • 조리실 온도 관리 능력. • 식재료와 조리법의 중복을 하지 않는 능력. • 채소와 과일의 전 처리과정 처리 능력. • 식재료를 메뉴의 특징에 맞게 써는 능력. [태도] • 준비 상태 확인. • 조리기기 상태 관찰. • 안전사항 준수. • 위생사항 준수. • 반복 훈련. • 인내력 • 정확성

능력 단위 요소	수행 준거
	2.1. 유화에 안정을 주는 식재료와 식초, 기름을 넣어 안정된 상태로 만들 수 있다. 2.2. 드레싱의 특징에 맞는 허브와 향신료, 콘디멘트(Condiments)를 첨가할 수 있다. 2.3. 육류, 어패류, 채소류, 곡류는 따로 익혀서 조리할 수 있다. 2.4. 필요한 경우 드레싱에 버무리기 전에 양념할 수 있다.
• 1301010206_14v6.2 • 샐러드요리 조리하기	[지식] • 샐러드 종류에 따른 조리법. • 드레싱 종류에 따른 조리법. • 적합한 콘디멘트 선택법. • 채소와 허브의 종류와 특성 명칭. • 샐러드 특성과 메뉴 구성. [기술] • 스토브, 오븐 조작 능력. • 신선한 육류, 어패류, 채소류 선택 능력. • 냉장, 냉동고 관리 능력. • 전채의 양, 색, 맛을 좋은 품질로 만드는 능력. • 조리실 온도 관리 능력. • 식재료와 조리법의 중복을 하지 않는 능력. • 채소와 과일의 전 처리과정 처리 능력. • 식재료를 메뉴의 특징에 맞게 써는 능력. [태도] • 준비 상태 확인. • 조리기기 상태 관찰. • 안전사항 준수. • 위생사항 준수. • 반복 훈련. • 인내력 • 정확성

<table>
<tr><th>능력 단위 요소</th><th>수행 준거</th></tr>
<tr><td rowspan="2">• 1301010206_14v6.3
• 샐러드요리 완성하기</td><td>3.1. 샐러드용 식재료에 드레싱을 얹거나 버무릴 수 있다.
3.2. 메뉴에 알맞은 허브와 향신료, 콘디멘트(Condiments)를 선택하여 첨가할 수 있다.
3.3. 샐러드는 차갑게 제공할 수 있다.
3.4. 마무리 된 음식의 색깔, 맛, 품이, 온도를 통해 음식의 품질을 평가할 수 있다.</td></tr>
<tr><td>[지식]
• 요리종류에 따른 질감, 향미, 색채의 특징.
• 다양한 색감의 음식을 접시에 담는 방법.
• 접시 선택법.
• 샐러드에 드레싱을 버무리거나 따로 제공하는 능력.
• 푸드 스타일링 방법.
[기술]
• 드레싱을 선택하여 조리하는 능력.
• 냉장, 냉동고 관리 능력.
• 샐러드의 양, 색상, 맛을 좋은 품질로 만드는 능력.
• 곁들임을 선택하여 조리하는 능력.
• 식재료를 메뉴의 특징에 맞게 써는 능력.
[태도]
• 준비 상태 확인.
• 조리기기 상태 관찰.
• 안전사항 준수.
• 위생사항 준수.
• 반복 훈련.
• 인내력
• 정확성</td></tr>
</table>

▶ 분류번호 : 1301010207_14v2

- 능력 단위 명칭 : 양식 어패류 조리
- 능력 단위 실기 적용 : 프렌치 프라이드 쉬림프, 피시 뫼니에르, 솔 모르네이
- 능력 단위 정의 : 양식 어패류 조리는 생선류, 조개류, 갑각류 등을 활용하여 각각의 특성에 맞게 조리하고 곁들여지는 소스 등을 조리하는 능력이다.

능력 단위 요소	수행 준거
• 1301010207_14v7.1 • 어패류 재료 준비하기	1.1. 어패류의 원산지 및 조리법을 고려하여 선별할 수 있다. 1.2. 조리에 요구되는 신선도를 갖고 있는지 검사할 수 있다. 1.3. 구입 후 조리 이전까지 신선한 상태를 유지하도록 보관할 수 있다. 1.4. 생선류, 조개류, 갑각류를 손질하여 용도에 맞는 크기로 자를 수 있다. 1.5. 요리에 알맞은 부재료와 소스를 준비할 수 있다. 1.6. 필요한 경우 오일과 향신료를 이용하여 마리네이드(Marinade)할 수 있다. 1.7. 어패류 조리에 필요한 조리도구(Kitcken Utensil)를 준비할 수 있다.
	[지식] • 어패류의 특징. • 어패류의 원산지. • 메뉴의 특성에 맞는 어패류 손질 관리법. • 메뉴에 따른 부재료와 소스의 특성. • 메뉴의 특성에 맞는 전 처리, 마리네이드(Marinade) 방법. • 주재료 용도별 칼, 도마 사용법. [기술] • 오븐 및 가스레인지 조작 능력. • 냉장, 냉동고 관리 능력. • 요리의 양, 색, 맛을 좋은 품질로 만드는 능력. • 메뉴에 따라 어패류 선택하여 조리하는 능력. • 부재료, 소스 선택능력. • 특성에 맞게 전 처리 및 마리네이드를 할 수 있는 능력. [태도] • 준비 상태 확인. • 조리기기 상태 관찰. • 안전사항 준수. • 위생사항 준수. • 반복 훈련. • 인내력. • 정확성.

<table>
<tr><th>능력 단위 요소</th><th>수행 준거</th></tr>
<tr><td rowspan="2">• 1301010207_14v7.2
• 어패류요리 조리하기</td><td>2.1. 재료에 적합한 조리방식과 조리도구를 결정할 수 있다.
2.2. 재료가 눌러 붙거나 부서지지 않도록 조리할 수 있다.
2.3. 화력을 조절하여 살이 오그라들거나 덜 익혀지지 않도록 할 수 있다.
2.4. 용도에 알맞게 향신료와 와인을 사용하여 조리할 수 있다.
2.5. 요리에 알맞은 부재료와 소스를 조리할 수 있다.</td></tr>
<tr><td>[지식]
• 양식 기초 직무 능력.
• 어패류 특성과 용도.
• 어패류 조리방법.
• 부재료와 소스 방법.
• 어패류 익힘 정도.
• 향신료 종류와 쓰임 방법.
[기술]
• 오븐 및 가스레인지 조작 능력.
• 냉장, 냉동고 관리 능력.
• 적정한 상태로 조리할 수 있는 능력.
• 부재료와 소스를 조리할 수 있는 능력.
• 향신료 종류에 따라 활용할 수 있는 능력.
[태도]
• 어패류 요리준비 상태 확인.
• 조리기기 상태 관찰.
• 안전사항 준수.
• 위생사항 준수.
• 반복 훈련.
• 인내력
• 정확성</td></tr>
</table>

<table>
<tr><th>능력 단위 요소</th><th>수행 준거</th></tr>
<tr><td rowspan="2">• 1301010207_14v7.3
• 어패류요리 완성하기</td><td>3.1. 요리에 알맞은 맛과 풍미를 이끌어 낼 수 있는 소스를 제공할 수 있다.
3.2. 주재료에 어울리는 부재료, 가니시를 제공할 수 있다.
3.3. 마무리 된 음식의 색깔, 맛, 풍미, 온도를 음식의 품질로 평가할 수 있다.</td></tr>
<tr><td>[지식]
• 메뉴에 따른 어패류 조리법.
• 맛과 풍미를 이끌어 낼 수 있는 부재료와 소스 선택 방법.
• 메뉴에 따른 제공 기물의 선택법.
• 지정된 색, 맛, 온도를 유지하는 방법.
• 완성된 요리를 담는 푸드 스타일링 방법.
[기술]
• 메뉴에 따른 어패류 조리 능력.
• 메뉴에 따른 부재료 활용 능력.
• 양, 색, 맛을 좋은 품질로 만드는 능력.
• 요리에 따른 그릇 선택 능력.
• 색깔, 맛, 풍미, 온도를 고려한 제공 능력.
[태도]
• 준비 상태 확인.
• 조리기기 상태 관찰.
• 안전사항 준수.
• 위생사항 준수.
• 반복 훈련.
• 인내력
• 정확성</td></tr>
</table>

▶ 분류번호 : 1301010208_14v2
- 능력 단위 명칭 : 양식 육류 조리
- 능력 단위 실기 적용 : 햄버거 샌드위치, 치킨 아라 킹, 치킨 커틀릿, 비프 스튜, 살리스버리 스테이크, 서로인 스테이크, 바베큐 폭찹
- 능력 단위 정의 : 양식 육류 조리는 육류와 가금류 등을 활용하여 육류, 가금류 등을 조리하고 곁들여지는 소스 등을 조리하는 능력이다.

능력 단위 요소	수행 준거
• 1301010208_14v8.1 • 육류 재료 준비하기	1.1. 조리법과 질감정도, 향미를 고려하여 육류, 가금류의 종류와 메뉴에 맞는 뷔위를 선택할 수 있다. 1.2. 메뉴 종류에 따라 육류, 가금류의 종류와 조리 부위를 선택할 수 있다. 1.3. 용도에 맞게 재료를 발골, 절단하여 손질할 수 있다. 1.4. 요리에 알맞은 부재료와 소스를 준비할 수 있다. 1.5. 로스팅(Roasting)할 재료는 끈을 사용하여 감쌀 수 있도록 묶을 수 있다. 1.6. 필요에 따라 마리네이드(Marinade) 방법과 향신료와 채소를 채워 넣는 방법을 사용할 수 있다. 1.7. 육류 조리에 필요한 주방도구를 준비할 수 있다.
	[지식] • 육류, 가금류 특징. • 재료의 발골, 절단 방법. • 메뉴에 따른 부재료와 소스. • 전 처리과정, 마리네이드 방법. • 주재료 용도별 칼, 도마 사용법. [기술] • 오븐 및 가스레인지 조작 능력. • 냉장, 냉동고 관리 능력. • 발골, 절단 능력. • 육류, 가금류의 선택 능력. • 부재료와 소스 선택 능력. • 특성에 맞게 전 처리 및 마리네이드 할 수 있는 능력. [태도] • 준비 상태 확인. • 조리기기 상태 관찰. • 안전사항 준수. • 위생사항 준수. • 반복 훈련. • 인내력. • 정확성.

능력 단위 요소	수행 준거
• 1301010208_14v8.2 • 육류요리 조리하기	2.1. 육류, 가금류, 요리 시 재료에 적합한 조리방식과 조리도구를 결정할 수 있다. 2.2. 재료가 눌러 붙거나 부서지지 않도록 조리할 수 있다. 2.3. 육류, 가금류 요리에 알맞은 가니시와 소스를 조리할 수 있다. 2.4. 화력과 시간을 조절하여 원하는 익힘 정도로 조리할 수 있다. 2.5. 향신료를 사용하여 향과 맛을 조절할 수 있다.
	[지식] 양식 기초 직무 능력. 육류의 특성과 용도. 메뉴에 따른 육류 조리방법. 육류요리의 부재료와 소스. 육류요리의 익힘 정도. 향신료 종류와 쓰임방법. [기술] • 오븐 및 가스레인지 조작 능력. • 냉장, 냉동고 관리 능력. • 적정한 상태로 육류를 조리할 수 있는 능력. • 부재료와 소스를 조리할 수 있는 능력. • 향신료를 종류에 따라 활용할 수 있는 능력. [태도] • 육류요리 준비 상태 확인. • 조리기기 상태 관찰. • 안전사항 준수. • 위생사항 준수. • 반복 훈련. • 인내력 • 정확성

능력 단위 요소	수행 준거
• 1301010208_14v8.3 • 육류요리 완성하기	3.1. 육류, 가금류 요리에 알맞은 맛과 풍미를 이끌어 낼 수 있는 요리를 제공할 수 있다. 3.2. 주재료에 어울리는 가니시를 제공할 수 있다. 3.3. 마무리 된 음식의 색깔, 맛, 풍미, 온도를 통해서 음식의 품질을 평가할 수 있다.
	[지식] • 메뉴에 따른 육류 조리법. • 육류요리 가니시와 소스 선택법. • 메뉴에 따른 제공 기물 선택법. • 지정된 색, 맛, 풍미, 온도를 유지하는 방법. • 완성된 요리를 담는 푸드 스타일링 방법. [기술] • 메뉴에 따른 육류 조리 능력. • 부재료 활용 능력. • 요리에 따른 그릇 선택 능력. • 색깔, 맛, 풍미, 온도를 고려한 제공 능력. [태도] • 육류요리 준비 상태 확인. • 조리기기 상태 관찰. • 안전사항 준수. • 위생사항 준수. • 반복 훈련. • 인내력 • 정확성

▶ 분류번호 : 1301010209_14v2
● 능력 단위 명칭 : 양식 파스타 조리
● 능력 단위 실기 적용 : 스파게티 카르보나라, 토마토 소스 해산물 스파게티
● 능력 단위 정의 : 양식 파스타 조리는 파스타와 어패류, 육류, 채소류, 유제품, 가공 식품류, 가금류 등을 활용하여 파스타와 곁들여지는 소스 등을 조리하는 능력이다.

능력 단위 요소	수행 준거
• 1301010209_14v9.1 • 파스타 재료 준비하기	1.1. 파스타 재료를 개량하여 손으로 반죽할 수 있다. 1.2. 원하는 모양으로 만든 면발이 서로 엉겨 붙지 않도록 처리할 수 있다. 1.3. 파스타 요리에 필요한 부재료, 소스 재 료를 준비할 수 있다. 1.4. 파스타 조리에 필요한 주방도구를 준비할 수 있다.
	[지식] • 밀가루 종류 선택. • 파스타의 종류와 특징. • 생면 파스타 제조법. • 파스타에 필요한 부재료 및 소스. • 주재료 용도별 칼, 도마 사용법. • 생면 파스타 면기 사용법. [기술] • 오븐 및 가스레인지 조작 능력. • 냉장, 냉동고 관리 능력. • 파스타 반죽 능력. • 메뉴에 따른 파스타 만드는 능력. • 파스타 요리의 부재료와 소스를 만들 수 있는 능력. [태도] • 준비 상태 확인. • 조리기기 상태 관찰. • 안전사항 준수. • 위생사항 준수. • 반복 훈련. • 인내력. • 정확성.

<table>
<tr><th>능력 단위 요소</th><th>수행 준거</th></tr>
<tr><td rowspan="2">• 1301010209_14v9.2
• 파스타 조리하기</td><td>2.1. 면의 종류에 따라 끓는 물에 삶아 낼 수 있다.
2.2. 속을 채운 파스타 경우에 터지지 않게 삶을 수 있다.
2.3. 삶아 익힌 면은 물기를 제거한 후 달라붙지 않게 조리할 수 있다.
2.4. 파스타의 종류에 따라 부재료와 소스를 선택하여 조리할 수 있다.</td></tr>
<tr><td>[지식]
• 파스타 조리법.
• 속을 채운 파스타.
• 메뉴에 따른 부재료 및 소스 선택법.
[기술]
• 가스레인지 화력 조작과 시간 조절 능력.
• 냉장, 냉동고 관리 능력.
• 적정한 상태의 파스타 조리 능력.
• 속을 채운 파스타 조리 능력.
• 삶은 면을 적절하게 처리할 수 있는 능력.
• 파스타 요리의 부재료와 소스를 조리할 수 있는 능력.
[태도]
• 준비 상태 확인.
• 조리기기 상태 관찰.
• 안전사항 준수.
• 위생사항 준수.
• 반복 훈련.
• 인내력.
• 정확성.</td></tr>
</table>

능력 단위 요소	수행 준거
• 1301010209_14v9.3 • 파스타 완성하기	3.1. 일인분의 양을 조절하여 제공할 수 있다. 3.2. 주재료에 어울리는 가니시를 제공할 수 있다. 3.3. 파스타 종류에 알맞은 그릇에 담아 제공할 수 있다. 3.4. 마무리 된 음식의 색깔, 맛, 풍미, 온도를 통해 음식의 품질을 평가할 수 있다.
	[지식] • 메뉴에 따른 파스타 조리법. • 메뉴에 따른 양 조절 방법. • 부재료 선택법. • 지정된 맛, 색깔, 풍미, 온도를 유지하는 방법. • 완성된 요리를 담는 푸드 스타일링 방법. [기술] • 가스레인지 화력 조작과 시간 조절 능력. • 냉장, 냉동고 관리 능력. • 곁들임 선택 조리 능력. • 파스타의 양, 색, 맛을 좋은 품질로 만드는 능력. • 파스타에 따른 그릇 선택 능력. • 파스타 색깔, 맛, 풍미, 온도를 고려한 제공 능력. [태도] • 준비 상태 확인. • 조리기기 상태 관찰. • 안전사항 준수. • 위생사항 준수. • 반복 훈련. • 인내력. • 정확성.

양식조리기능사 출제 기준(실기)

직무 분야	음식 서비스	중직무 분야	조리	자격 종목	양식조리기능사	적용 기간	2016.1.1.~ 2018.12.31

- 직무내용 : 양식조리 부분에 배속되어 제공될 음식에 대한 기초 계획을 세우고 식재료를 구매, 관리, 손질하여 맛, 영양, 위생적인 음식을 조리하고 조리기구 및 조리시설관리를 유지하는 직무이다.
- 수행 준거 : 1. 양식의 고유한 형태와 맛을 표현할 수 있다.
  2. 식재료의 특성을 이해하고 용도에 맞게 손질할 수 있다.
  3. 레시피(Recipe)를 정확하게 숙지하고 적절한 도구 및 기구를 사용할 수 있다.
  4. 기초조리기술을 능숙하게 할 수 있다.
  5. 조리과정이 위생적이고 정리정돈을 잘 할 수 있다.

실기검정방법	작업형	시험시간	70분 정도

실기과목명	항목	주요항목	세부항목
양식조리 작업	1. 기초 조리작업	1. 식재료별 기초 손질 및 모양 썰기	1.식재료를 각 음식의 형태와 특징에 알맞도록 손질할 수 있다.
	2. 스톡 조리	2. 스톡 조리하기	2.주어진 재료를 사용하여 요구사항대로 스톡을 만들 수 있다.
	3. 소스 조리	3. 소스 조리하기	3.주어진 재료를 사용하여 요구사항대로 소스를 만들 수 있다.
	4. 수프 조리	4. 수프 조리하기	4.주어진 재료를 사용하여 요구사항대로 수프를 만들 수 있다.
	5. 전채 조리	5. 전채요리 조리하기	5.주어진 재료를 사용하여 요구사항대로 전채요리를 만들 수 있다.
	6. 샐러드 조리	6. 샐러드 조리하기	6.주어진 재료를 사용하여 요구사항대로 샐러드를 만들 수 있다.
	7. 어패류 조리	7. 어패류 조리하기	7.주어진 재료를 사용하여 요구사항대로 어패류 요리를 만들 수 있다.

양식조리 작업	8. 육류조리	8.육류요리 조리하기 (각종 육류, 가금류, 엽조류 및 그 가공품 등)	8.주어진 재료를 사용하여 요구사항대로 육류요리를 만들 수 있다.
	9. 파스타 조리	9. 파스타 조리하기	9. 주어진 재료를 사용하여 요구사항대로 파스타요리를 만들 수 있다.
	10. 계란 조리	10. 계란 조리하기	10. 주어진 재료를 사용하여 요구사항대로 계란요리를 만들 수 있다.
	11. 채소류 조리	11. 채소류 조리하기	11. 주어진 재료를 사용하여 요구사항대로 채소요리를 만들 수 있다.
	12. 쌀 조리	12. 쌀 조리하기	12. 주어진 재료를 사용하여 요구사항대로 쌀요리를 만들 수 있다.
	13. 후식 조리	13. 후식 조리하기	13. 주어진 재료를 사용하여 요구사항대로 후식요리를 만들 수 있다.
	14. 담기	14. 그릇 담기	14. 적절한 그릇에 담는 원칙에 따라 음식을 모양 있게 담아 음식의 특성을 살려 낼 수 있다.
	15. 조리작업 관리	15. 조리작업, 위생관리하기	15. 조리복 및 위생모 착용, 개인위생 및 청결 상태를 유지할 수 있다. 식재료를 청결하게 취급하며 전 과정을 위생적으로 정리정돈하며 조리할 수 있다.

양식조리기능사 실기문제 (32가지)

작품유형	작 품 명	시험시간	비고
전채요리	1. 쉬림프 카나페 (Shrimp Canape)	30분	
달걀요리	2. 치즈 오믈렛 (Cheese Omelet) 3. 스패니시 오믈렛 (Spanish Omelet)	20분 30분	
수프	4. 비프 콩소메 수프 (Beef Consomme soup) 5. 미네스트로니 수프 (Minestrone Soup) 6. 피시 차우더 수프 (Fish Chowder Soup) 7. 포테이토 크림 수프 (Potato Cream Soup) 8. 프렌치 어니언 수프 (French Onion Soup)	40분 30분 30분 30분 30분	
찬 전채요리	9. 샐러드 부케를 곁들인 참치 타르타르와 채소 비네그레트 (Tuna Tartar with Salad Bouquet and Vegetables Vinaigrette) 10. 채소로 속을 채운 훈제연어 롤 (Smoked Salmon Roll with Vegetables)	30분 40분	
찬 샐러드	11. 포테이토 샐러드 (Potato Salad) 12. 월도프 샐러드 (Waldorf Salad) 13. 해산물 샐러드 (Seafood Salad)	30분 20분 30분	
샌드위치	14. 햄버거 샌드위치 (Hamburger Sandwich) 15. B.L.T. 샌드위치 (Bacon, Lettuce, Tomato Sandwich)	30분 30분	
스톡류	16. 브라운 스톡 (Brown Stock)	30분	
냉 소스류	17. 사우전 아일랜드 소스 (Thousand Island Dressing) 18. 타르타르 소스 (Tartar Sauce)	20분 20분	
온 소스류	19. 홀랜다이즈 소스 (Hollandaise Sauce) 20. 이탈리안 미트 소스 (Italian Meat Sauce) 21. 브라운 그래비 소스 (Brown Gravy Sauce)	25분 30분 30분	
생선요리	22. 프렌치 프라이드 쉬림프 (French Fried Shrimp) 23. 피시 뫼니에르 (Fish Meuniere) 24. 솔 모르네이 (Sole Mornay)	25분 30분 40분	
육류요리	25. 치킨 아라 킹 (Chicken a la King) 26. 치킨 커틀릿 (Chicken Cutlet) 27. 바베큐 폭찹 (Barbecued Pork Chop) 28. 비프 스튜 (Beef Stew) 29. 살리스버리 스테이크 (Salisbury Steak) 30. 서로인 스테이크 (Sirloin Steak)	30분 30분 40분 40분 40분 30분	
파스타요리	31. 스파게티 카르보나라 (Spaghetti Carbonara) 32. 토마토 소스 해산물 스파게티 (Seafood Spaghetti Tomato Sauce)	30분 35분	신규

2장 서양조리기능사 실기시험 레시피 실제

1 쉬림프 카나페
시험시간 : 30분

2 치즈 오믈렛
시험시간 : 20분

3 스패니시 오믈렛
시험시간 : 30분

4 비프 콩소메 수프
시험시간 : 40분

5 미네스트로니 수프
시험시간 : 30분

6 피시 차우더 수프
시험시간 : 30분

7 포테이토 크림 수프
시험시간 : 30분

8 프렌치 어니언 수프
시험시간 : 30분

9 샐러드 부케와 참치 타르타르 비네그레트 시험시간 30분

10 채소로 속을 채운 훈제 연어 롤 시험시간 : 40분

11 포테이토 샐러드
시험시간 : 30분

12 월도프 샐러드
시험시간 : 20분

13 해산물 샐러드
시험시간 : 30분

14 햄버거 샌드위치
시험시간 : 30분

15 B.L.T. 샌드위치
시험시간 : 30분

16 브라운 스톡
시험시간 : 30분

17 사우전 아일랜드 소스
시험시간 : 20분

18 타르타르 소스
시험시간 : 20분

19 홀랜다이즈 소스
시험시간 : 25분

20 이탈리안 미트 소스
시험시간 : 30분

21 브라운 그래비 소스
시험시간 : 30분

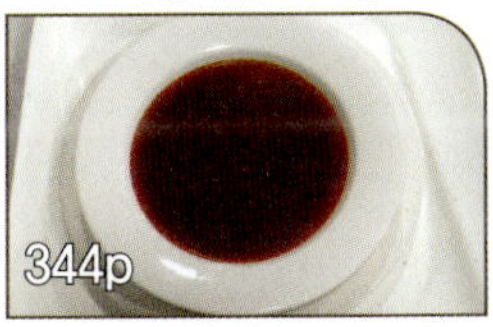

22 프렌치 프라이드 쉬림프
시험시간 : 25분

23 피시 뫼니에르
시험시간 : 30분

24 솔 모르네이
시험시간 : 40분

25 치킨 아라 킹
시험시간 : 30분

26 치킨 커틀릿
시험시간 : 30분

27 바베큐 폭찹
시험시간 : 40분

28 비프 스튜
시험시간 : 40분

29 살리스버리 스테이크
시험시간 : 40분

30 서로인 스테이크
시험시간 : 30분

31 스파게티 카르보나라
시험시간 : 30분

32 토마토 소스 해산물 스파게티
시험시간 : 35분

1 쉬림프 카나페 실기시험

자격종목	양식조리기능사	과제명	쉬림프 카나페 (Shrimp Canape)

▶ 시험시간 : 30분

1. 요구사항

※ 주어진 재료를 사용하여 다음과 같이 쉬림프 카나페를 만드시오.

가. 새우는 내장을 제거한 후 미르포아(Mire-Poix)를 넣고 삶아서 껍질을 제거하시오.

나. 달걀은 완숙으로 삶아 사용하시오.

다. 식빵은 직경 4㎝ 정도의 원형으로 하고 4개 제출하시오.

2. 수험자 유의사항

1) 새우를 부서지지 않도록 하고 달걀 삶기에 유의한다.
2) 식빵의 수분 흡수에 유의한다.
3) 조리작품 만드는 순서는 틀리지 않게 하여야 한다.
4) 숙련된 기능으로 맛을 내야하므로 조리 작업 시 음식의 맛을 보지 않는다.
5) 지정된 수험자 지참 준비물 이외의 조리 기구나 재료를 시험장 내에 지참할 수 없다.
6) 지급재료는 시험 전 확인하여 이상이 있을 경우 시험위원으로부터 조치를 받고 시험 도중에는 재료의 교환 및 추가 지급은 하지 않는다.
7) 다음과 같은 경우에는 채점대상에서 제외한다.
 가) 시험시간 내에 과제 두 가지를 제출하지 못한 경우 : 미완성
 나) 시험시간 내에 제출된 과제라도 다음과 같은 경우
  (1) 문제의 요구사항대로 작품의 수량이 만들어지지 않은 경우 : 미완성
  (2) 해당과제의 지급재료 이외의 재료를 사용한 경우 : 오작
  (3) 구이를 찜으로 조리하는 등과 같이 조리방법을 다르게 한 경우 : 오작
  (4) 불을 사용하여 만든 조리작품이 작품특성에 벗어나는 정도로 타거나 익지 않은 경우 : 실격
  (5) 가스레인지 화구를 2개 이상 사용한 경우 : 실격
  (6) 시험 중 칼, 가스레인지 등 시설·장비 사용 시 감독위원 및 타수험자의 시험 진행에 위협이 될 것으로 감독위원 전원이 합의하여 판단한 경우 : 실격
8) 항목별 배점은 위생상태 및 안전관리 5점, 조리기술 30점, 작품의 평가 15점이다.

English Menu	Shrimp Canape	
Korean Menu	쉬림프 카나페	Menu Section
		the claims postulated (요구사항)

Time	30 Minute
Cooking Point	

	재료	수량	재료	수량
재료	새우	4마리	레몬 웨이지	1/8개
	양상추	1잎		
	파슬리	1줄기		
	양파	10g		
	셀러리	15g		
	당근	15g		
	토마토 케첩	10ml		
	버터	30g		
	식빵	1조각		
	달걀	1개		
	소금	약간		
	이쑤시개	1개		

Cooking tip

- 달걀을 삶을 때는 달걀이 물에 잠기도록 물을 붓고 소금, 식초를 넣어 5분 정도 담근 후 불을 켠다. 기포가 형성되면서 10분간(12~13분) 삶는다.
- 새우를 끓는 물에 데칠 때는 3색 야채, 레몬주스를 넣고 데치면 맛이 좋다.
- 카나페는 애피타이저와 같은 뜻으로 식전에 식욕을 돋우기 위하여 곁들여 내는 요리이다.
- 식빵을 원형으로 자를 때는 가장자리가 찌그러지지 않도록 한다.
- 새우를 끓는 물에 익혀 식힌 다음 껍질을 벗겨야 새우가 부서지지 않는다.
- 양상추는 찬물에 담가 싱싱하게 하여 물기를 제거하고 자른다.

조리방법	1. 달걀은 둥글게 노른자가 중심에 오도록 삶아 찬물에 담가 식힌 다음 껍질을 벗기고 달걀 커터기로 자른다. 2. 새우는 머리와 내장을 제거하고 소금물에 씻어 껍질째 끓는 물에 넣는다. 소금, 양파, 셀러리, 당근, 레몬주스를 같이 넣어 익히고 식으면 껍질과 꼬리를 제거하고 카나페용 모양으로 자른다. 3. 빵은 칼을 사용하여 4cm 원형으로 잘라 토스트 한다. 그리고 버터나 마요네즈를 바른다. 4. 양상추는 토스트 한 빵보다 작게 손질하여 물기를 없앤다. 5. 빵의 한 면에 버터를 바르고 양상추를 놓고 달걀, 새우를 올려 배열한 다음 케첩과 작게 자른 파슬리와 레몬 웨이지로 장식하여 접시에 담는다. 접시에 카나페를 잘 디자인하여 담아 낸다.

[NCS 과정/ 과목명 : 양식 전채 조리]

▶ 훈련 개요

훈련 목표	식욕을 돋우기 위한 요리로 육류, 어패류, 채소류 등을 활용하여 전채요리와 그에 곁들여지는 소스 등을 조리할 수 있는 능력 함양.
수준	4
권장 훈련 방법	집체 훈련

▶ 평가 시 고려사항 : 평가자는 다음과 같은 사항을 평가해야 한다.

- 요리에 적합한 콘디멘트 준비의 적정성.
- 재료의 전 처리와 준비과정의 적정성.
- 전채조리에 필요한 조리도구 사용의 적정성.
- 메뉴와 전채조리에 필요한 조리법 숙지 정도.
- 전채요리의 종류 및 선정 기준에 대한 이해 정도.
- 메뉴에 맞는 양과 모양을 담아내는 방법에 대한 이해 정도.

2 치즈 오믈렛 실기시험

자격종목	양식조리기능사	과제명	치즈 오믈렛 (Cheese Omelet)

▶ 시험시간 : 20분

1. 요구사항

※ 주어진 재료를 사용하여 다음과 같이 치즈 오믈렛을 만드시오.

가. 치즈는 사방 0.5㎝ 정도로 자르시오.

나. 오믈렛은 타원형으로 치즈가 들어가 있는 것을 알 수 있도록 만드시오.

다. 나무젓가락과 팬을 이용하여 만드시오.

2. 수험자 유의사항

1) 익힌 오믈렛이 갈라지거나 굳어지지 않도록 유의한다.

2) 오믈렛에서 익지 않은 달걀이 흐르지 않도록 유의한다.

3) 조리작품 만드는 순서는 틀리지 않게 하여야 한다.

4) 숙련된 기능으로 맛을 내야하므로 조리 작업 시 음식의 맛을 보지 않는다.

5) 지정된 수험자 지참 준비물 이외의 조리 기구나 재료를 시험장 내에 지참할 수 없다.

6) 지급재료는 시험 전 확인하여 이상이 있을 경우 시험위원으로부터 조치를 받고 시험 도중에는 재료의 교환 및 추가 지급은 하지 않는다.

7) 다음과 같은 경우에는 채점대상에서 제외한다.

가) 시험시간 내에 과제 두 가지를 제출하지 못한 경우 : 미완성

나) 시험시간 내에 제출된 과제라도 다음과 같은 경우

(1) 문제의 요구사항대로 작품의 수량이 만들어지지 않은 경우 : 미완성

(2) 해당과제의 지급재료 이외의 재료를 사용한 경우 : 오작

(3) 구이를 찜으로 조리하는 등과 같이 조리방법을 다르게 한 경우 : 오작

(4) 불을 사용하여 만든 조리작품이 작품특성에 벗어나는 정도로 타거나 익지 않은 경우 : 실격

(5) 가스레인지 화구를 2개 이상 사용한 경우 : 실격

(6) 시험 중 칼, 가스레인지 등 시설·장비 사용 시 감독위원 및 타수험자의 시험 진행에 위협이 될 것으로 감독위원 전원이 합의하여 판단한 경우 : 실격

8) 항목별 배점은 위생상태 및 안전관리 5점, 조리기술 30점, 작품의 평가 15점이다.

English Menu	Cheese Omelet	
Korean Menu	치즈 오믈렛	Menu Section
		the claims postulated (요구사항)
		Time: 20 Minute
		Cooking Point

	재료	수량	재료	수량
재료	달걀	3개		
	치즈	1장		
	버터	30g		
	식용유	15ml		
	생크림	20ml		
	소금	5g		

Cooking tip

- 프라이팬에 달걀과 치즈가 눌려서 오믈렛 겉모양이 틀어지면 절대 안된다.
- 프라이팬에 식용유를 넣고 잘 가열하여 길이 든 다음 오믈렛을 해야 붙지 않고 모양이 예쁘게 된다.
- 오믈렛은 대표적인 달걀요리의 한 종류이다.
- 달걀을 고루 풀어 다양한 재료를 섞은 후 길이 잘 든 오믈렛 팬에 저어가며 부드럽게 익혀 타원형(럭비공) 모양으로 만든다.
- 달걀물에 우유 또는 생크림 3ts을 잘 풀어 놓는다. 오믈렛은 약불에 익혀야 된다. 절대 태우면 안된다.

조리방법	1. 달걀 3개를 믹싱볼에 풀어 놓는다. 2. 치즈를 0.5cm 정도의 크기로 잘라서 반은 풀어 놓은 달걀에 섞고, 반은 오믈렛 중간에 넣을 것이니 남겨 놓는다. 3. 달걀을 체에 걸러서 치즈와 생크림 3t, 또는 우유 3t를 넣고 섞는다. 4. 팬에 버터와 식용유를 조금씩 넣고 달군 다음 치익 소리 나면 달걀을 부어서 휘저어가면서 스크램블 형태로 만든다. 5. 프라이팬의 맨 끝쪽으로 스크램블 달걀을 완전히 밀어 내어 앞으로 끌어 준다. 6. 달걀 스크램블의 양 끝쪽을 먼저 살짝 접고 가운데 1/3 지점에 치즈를 넣는다. 7. 그리고 스크램블 달걀을 타원형으로 말아 준다. 그리고 굴리면서 익힌다. 절대로 태우면 안된다. 8. 오믈렛을 그릇에 담아 내고 약간의 버터로 표면을 발라 윤기가 나게 해 준다.

[NCS 과정/ 과목명 : 양식 계란 조리]

▶ 훈련 개요

훈련 목표	어패류, 육류, 채소류, 유제품류, 가공 식품류를 활용하여 조식 등에 사용되는 각종 계란요리를 조리할 수 있는 능력 함양.
수준	3
권장 훈련 방법	집체 훈련

▶ 평가 시 고려사항 : 평가자는 다음과 같은 사항을 평가해야 한다.

- 레시피(Recipe)에 따른 계란의 준비 및 취급과정.
- 조리 결과물의 완전성 및 적정성.
- 뒤집기 기술.
- 레시피에 따른 계란의 준비 및 취급과정의 적절성.
- 화력, 시간 준수 등 조리과정의 적정성.
- 계란요리 접시 담기 규칙 준수 여부.
- 계란요리 조리 절차와 요구사항 및 주의사항에 대한 이해 정도.

3 스패니시 오믈렛 실기시험

자격종목	양식조리기능사	과제명	스패니시 오믈렛 (Spanish Omelet)

▶ 시험시간 : 30분

1. 요구사항

※ 주어진 재료를 사용하여 다음과 같이 스패니시 오믈렛을 만드시오.

가. 토마토, 양파, 피망, 양송이, 베이컨은 0.5㎝ 정도의 크기로 써시오.

나. 오믈렛은 타원형으로 만드시오.

다. 나무젓가락과 팬을 이용하여 만드시오.

2. 수험자 유의사항

1) 내용물이 골고루 들어가고 터지지 않도록 유의한다.
2) 오믈렛을 만들 때 타거나 단단해지지 않도록 한다.
3) 조리작품 만드는 순서는 틀리지 않게 하여야 한다.
4) 숙련된 기능으로 맛을 내야하므로 조리 작업 시 음식의 맛을 보지 않는다.
5) 지정된 수험자 지참 준비물 이외의 조리 기구나 재료를 시험장 내에 지참할 수 없다.
6) 지급재료는 시험 전 확인하여 이상이 있을 경우 시험위원으로부터 조치를 받고 시험 도중에는 재료의 교환 및 추가 지급은 하지 않는다.
7) 다음과 같은 경우에는 채점대상에서 제외한다.
   가) 시험시간 내에 과제 두 가지를 제출하지 못한 경우 : 미완성
   나) 시험시간 내에 제출된 과제라도 다음과 같은 경우
      (1) 문제의 요구사항대로 작품의 수량이 만들어지지 않은 경우 : 미완성
      (2) 해당과제의 지급재료 이외의 재료를 사용한 경우 : 오작
      (3) 구이를 찜으로 조리하는 등과 같이 조리방법을 다르게 한 경우 : 오작
      (4) 불을 사용하여 만든 조리작품이 작품특성에 벗어나는 정도로 타거나 익지 않은 경우 : 실격
      (5) 가스레인지 화구를 2개 이상 사용한 경우 : 실격
      (6) 시험 중 칼, 가스레인지 등 시설·장비 사용 시 감독위원 및 타수험자의 시험 진행에 위협이 될 것으로 감독위원 전원이 합의하여 판단한 경우 : 실격
8) 항목별 배점은 위생상태 및 안전관리 5점, 조리기술 30점, 작품의 평가 15점이다.

English Menu	Spanish Omelet	
Korean Menu	스패니시 오믈렛	Menu Section
		the claims postulated (요구사항)
		Time: 30 Minute
		Cooking Point

	재료	수량	재료	수량	Cooking tip
재료	달걀	3개			- 프라이팬에 식용유를 적당히 붓고 가열하여 팬을 길들인 후 기름을 따라 내고 사용하면 좋다. - 달걀이 프라이팬에 붙지 않도록 주의한다. - 스페인풍의 오믈렛이라고 할 수 있다. - 스크램블 달걀물에 생크림을 넣어 부드러운 상태일 때 볶은 속재료를 알맞게 넣어 부드럽게 익혀야 한다. - 뜨거울 때 내놓는 것이 좋으며, 버터를 녹여 끼얹을 수도 있다. - 절대로 태우면 안된다.
	베이컨	15g			
	양파	10g			
	청피망	10g			
	양송이	1개			
	토마토	15g			
	토마토 케첩	2Ts			
	소금, 후추	각 5g			
	버터	20g			
	생크림	20ml			
	식용유	20ml			

조리방법	1. 달걀 3개에 소금, 후추, 생크림을 넣어 부드럽게 푼다. 2. 양파, 양송이, 피망, 베이컨은 사방 0.5cm 크기의 모양으로 잘게 썰고, 토마토도 0.5cm로 콩카세 한다. 3. 팬에 베이컨을 먼저 넣고 볶다가 버터를 넣고, 양파, 양송이, 피망, 토마토 순으로 볶은 후 토마토 케첩을 2Ts을 넣고, 조금 더 볶아준 다음 소금과 후추로 간을 한다. 4. 오믈렛 팬(직경 18cm)을 코팅한 후 달걀물을 부은 다음 젓가락으로 잘 저어 부드럽게 스크램블 형태로 만들어 반 정도 익었을 때 팬에 달걀을 고루 편 후 속에 준비한 볶은 야채 재료(2Ts 정도)를 가운데 길게 넣고 오믈렛 팬을 기울여 가며 타원형으로 말아 준다. 5. 접시에 겉 표면을 버터로 코팅하여 담아 낸다. 6. 오믈렛은 절대로 태우면 안된다.

[NCS 과정/ 과목명 : 양식 계란 조리]

▶ 훈련 개요

훈련 목표	어패류, 육류, 채소류, 유제품류, 가공 식품류를 활용하여 조식 등에 사용되는 각종 계란요리를 조리할 수 있는 능력 함양.
수준	3
권장 훈련 방법	집체 훈련

▶ 평가 시 고려사항 : 평가자는 다음과 같은 사항을 평가해야 한다.

- 레시피(Recipe)에 따른 계란의 준비 및 취급과정.
- 조리 결과물의 완전성 및 적정성.
- 뒤집기 기술.
- 레시피에 따른 계란의 준비 및 취급과정의 적절성.
- 화력, 시간 준수 등 조리과정의 적정성.
- 계란요리 접시 담기 규칙 준수 여부.
- 계란요리 조리 절차와 요구사항 및 주의사항에 대한 이해 정도.

4 비프 콩소메 수프 실기시험

자격종목	양식조리기능사	과제명	비프 콩소메 수프 (Beef Consomme Soup)

▶ 시험시간 : 40분

1. 요구사항

※ 주어진 재료를 사용하여 다음과 같이 비프 콩소메 수프를 만드시오.

가. 어니언 브루레(onion brulee)를 만들어 사용하시오.

나. 양파 등의 채소는 채 썰어 향신료, 소고기, 달걀 흰자 머랭과 함께 섞어 사용하시오.

다. 완성된 수프는 맑고 갈색이 되도록 하시오.

라. 완성된 수프의 양은 200㎖ 정도가 되도록 하시오.

2. 수험자 유의사항

1) 맑고, 갈색의 수프가 되도록 불 조절에 유의한다.
2) 조리작품 만드는 순서는 틀리지 않게 하여야 한다.
3) 숙련된 기능으로 맛을 내야하므로 조리 작업 시 음식의 맛을 보지 않는다.
4) 지정된 수험자 지참 준비물 이외의 조리 기구나 재료를 시험장 내에 지참할 수 없다.
5) 지급재료는 시험 전 확인하여 이상이 있을 경우 시험위원으로부터 조치를 받고 시험 도중에는 재료의 교환 및 추가 지급은 하지 않는다.
6) 다음과 같은 경우에는 채점대상에서 제외한다.
   가) 시험시간 내에 과제 두 가지를 제출하지 못한 경우 : 미완성
   나) 시험시간 내에 제출된 과제라도 다음과 같은 경우
      (1) 문제의 요구사항대로 작품의 수량이 만들어지지 않은 경우 : 미완성
      (2) 해당과제의 지급재료 이외의 재료를 사용한 경우 : 오작
      (3) 구이를 찜으로 조리하는 등과 같이 조리방법을 다르게 한 경우 : 오작
      (4) 불을 사용하여 만든 조리작품이 작품특성에 벗어나는 정도로 타거나 익지 않은 경우 : 실격
      (5) 가스레인지 화구를 2개 이상 사용한 경우 : 실격
      (6) 시험 중 칼, 가스레인지 등 시설·장비 사용 시 감독위원 및 타수험자의 시험 진행에 위협이 될 것으로 감독위원 전원이 합의하여 판단한 경우 : 실격
7) 항목별 배점은 위생상태 및 안전관리 5점, 조리기술 30점, 작품의 평가 15점이다.

English Menu	Beef Consomme Soup	
Korean Menu	비프 콩소메 수프	Menu Section
		the claims postulated (요구사항)
		Time: 40 Minute
		Cooking Point

	재료	수량	재료	수량	Cooking tip
재료	소고기 갈은 것	70g			- 비프 스톡이 없으면 찬물로 대체한다. - 달걀 흰자는 국물을 맑게 해주는 역할을 한다. 냄비에 흰자가 부풀어 오를 때까지 저어가면서 끓인다. 은근한 불에서 서서히 끓여야 국물이 깨끗하다. - 양파는 좀 과하다 싶을 정도로 갈색을 만드는데, 마지막 단계에서 확실한 색깔을 적절하게 만들어 낸다. - 달걀 흰자 거품이 거의 없어질 때까지 끓인다. - 절대 넘치면 안된다. 달걀 흰자 거품이 없어지면서 내용물이 안정을 찾는다. - 끓으면서 흰자가 넘쳐 버리면 국물이 탁하므로 절대 넘치지 않아야 맑은 콩소메 수프를 얻을 수 있다.
	양파	100g			
	당근	30g			
	셀러리	30g			
	달걀 흰자	1개			
	비프 스톡	500ml			
	소금, 검은 후추	각 5g			
	검은 통후추	3알			
	파슬리	1줄기			
	정향	2개			
	월계수 잎	1잎			
	토마토	1/4개			

조리방법	
조리방법	1. 당근, 양파, 셀러리는 곱게 채썰기하고 토마토는 굵게 다진다. 2. 갈은 소고기를 사용한다. 없으면 소고기를 다진다. 꼭 곱게 다지지 않아도 되지만 핏물은 확실히 제거해야 한다. 3. 파슬리는 물에 담가 둔다. 4. 달걀의 흰자를 그릇을 뒤집어 쏟아지지 않을 정도로 거품 머랭을 낸다. 5. 냄비에 아무 것도 넣지 않고 양파를 아주 갈색으로 볶는다. 양파의 수분이 어느 정도 증발되면 1/2Ts 정도의 물을 간간히 넣어주면서 갈색이 나도록 볶는다. 6. 비프 스톡을 4C 정도 부어 준다. 찬물을 사용할 수도 있다. 7. 달걀 흰자 거품, 당근, 셀러리, 소고기 갈은 것, 토마토, 소금, 후추를 믹싱볼에 넣고 버무린다. 거품이 죽지 않게 주의한다. 8. 7번을 양파 볶은 물에 넣고 가운데를 동그랗게 만들어 준 뒤 정향, 월계수 잎, 파슬리 줄기, 통추후으깬 것을 넣고 뚜껑을 열고 끓인다. 9. 절대로 넘치지 않도록 불 조절을 잘해야 한다. 센불→ 중약불→약불로 세심하게 조절한다. 10. 끓으면서 거품이 올라오면 나무 젓가락을 이용해 거품 흰자를 걸러 준다. 11. 냄비에 내용물이 안정적인지 확인하고 맑은 국물이 될 때까지 20분 가량 끓인다. 12. 콩소메 수프가 색깔과 맛이 나면, 물에 젖은 면포로 세심하게 거른다. 거를수록 맑아지지만 양은 줄어든다. 13. 맑고, 기름이 뜨지 않은 좋은 갈색으로 200ml 이상 제출한다.

[NCS 과정/ 과목명 : 양식 수프 조리]

▶ 훈련 개요

훈련 목표	육류, 어패류, 채소류, 스톡류 등을 활용하여 메뉴에 사용되는 수프를 조리할 수 있는 능력 함양.
수준	4
권장 훈련 방법	집체 훈련

▶ 평가 시 고려사항 : 평가자는 다음과 같은 사항을 평가해야 한다.

- 부케가르니(Bouquet Garni)를 활용할 수 있는 능력.
- 미르포아(Mire-Poix)를 활용할 수 있는 능력.
- 와인을 활용할 수 있는 능력.
- 농후제를 활용할 수 있는 능력.
- 원하는 상태로 적정하게 조리된 수프의 양.
- 보관, 유지방법에 대한 이해와 과정의 적정성.
- 관능검사를 통한 수프의 품질을 평가할 수 있는 능력.
- 질감, 향미, 색채와 조화를 고려하여 제공할 수 있는 능력.

5 미네스트로니 수프 실기시험

자격종목	양식조리기능사	과제명	미네스트로니 수프 (Minestrone Soup)

▶ 시험시간 : 30분

1. 요구사항

※ 주어진 재료를 사용하여 다음과 같이 미네스트로니 수프를 만드시오.

가. 채소는 사방 1.2㎝, 두께 0.2㎝ 정도로 써시오.

나. 스트링 빈스, 스파게티는 1.2㎝ 정도의 길이로 써시오.

다. 국물과 고형물을 3:1 비율로 하시오.

라. 파슬리 가루를 뿌리시오.

2. 수험자 유의사항

1) 수프의 색과 농도를 잘 맞추어야 한다.

2) 조리작품 만드는 순서는 틀리지 않게 하여야 한다.

3) 숙련된 기능으로 맛을 내야하므로 조리 작업 시 음식의 맛을 보지 않는다.

4) 지정된 수험자 지참 준비물 이외의 조리 기구나 재료를 시험장 내에 지참할 수 없다.

5) 지급재료는 시험 전 확인하여 이상이 있을 경우 시험위원으로부터 조치를 받고 시험 도중에는 재료의 교환 및 추가 지급은 하지 않는다.

6) 다음과 같은 경우에는 채점대상에서 제외한다.

가) 시험시간 내에 과제 두 가지를 제출하지 못한 경우 : 미완성

나) 시험시간 내에 제출된 과제라도 다음과 같은 경우

(1) 문제의 요구사항대로 작품의 수량이 만들어지지 않은 경우 : 미완성

(2) 해당과제의 지급재료 이외의 재료를 사용한 경우 : 오작

(3) 구이를 찜으로 조리하는 등과 같이 조리방법을 다르게 한 경우 : 오작

(4) 불을 사용하여 만든 조리작품이 작품특성에 벗어나는 정도로 타거나 익지 않은 경우 : 실격

(5) 가스레인지 화구를 2개 이상 사용한 경우 : 실격

(6) 시험 중 칼, 가스레인지 등 시설·장비 사용 시 감독위원 및 타수험자의 시험 진행에 위협이 될 것으로 감독위원 전원이 합의하여 판단한 경우 : 실격

7) 항목별 배점은 위생상태 및 안전관리 5점, 조리기술 30점, 작품의 평가 15점이다.

English Menu	Minestrone Soup	
Korean Menu	미네스트로니 수프	Menu Section

the claims postulated (요구사항)

Time	30 Minute

Cooking Point

재료

재료	수량	재료	수량
버터	10g	베이컨	1줄
양파	30g	토마토 페이스트	20g
셀러리	20g	치킨 스톡	300ml
당근	25g	소금, 후추	각 5g
무	10g	파슬리	1줄기
양배추	30g	부케가르니	1개
스트링 빈스	15g	정향	1개
감자	20g	월계수 잎	1잎
완두콩	15g	올리브 오일	10ml
토마토	10g		
마늘	2쪽		
스파게티	3줄		

Cooking tip

- 스파게티 국수는 끓는 물에 10분 정도 삶아서 찬물에 충분히 헹군 후 물기를 뺀다. 길이 1.5cm 정도로 썰어 수프가 거의 다 끓어갈 때 넣어 끓이면 농도가 약간 생긴다.
- 수프가 걸쭉하면 안된다. 스파게티 면을 야채에 넣고 오래 끓이면 걸쭉해지는 원인이 된다.
- 기름이 많이 뜨면 안된다. 토마토 페이스트를 많이 넣으면 걸쭉해지는 원인이 되므로 조절을 잘 해야 한다.
- 수프는 색깔과 농도가 아주 적절해야 한다.

조리방법	
조리방법	1. 야채류(무, 양배추, 감자, 셀러리, 당근, 양파, 양배추)는 1.2cm×1.2cm×0.2cm로 썬다. 2. 토마토는 씨를 제거하고 껍질을 벗겨 야채와 비슷하게 썬다. 3. 스파게티 면은 10분간 삶은 뒤 1.5cm 정도로 자른다. 채소와 크기를 맞추면 너무 짧다. 4. 스트링 빈스(껍질콩)는 1.2cm 크기로 자른다. 5. 마늘의 경우 절반은 다지고(1/2ts 정도), 절반은 두툼한 편 썰기를 한다. 6. 그린피스(완두콩)는 씻어 둔다. 7. 파슬리는 물에 담겼다가 곱게 다져 물로 씻은 뒤 수분을 제거한다. 8. 베이컨은 채소와 비슷하게 썬다. 9. 월계수 잎과 정향, 파슬리 잎, 마늘 편으로 부케가르니를 만든다. 10. 냄비에 버터를 약간 넣고 약불에서 단단한 야채부터 볶기 시작한다. 야채를 넣는 순서는 무 → 당근 → 셀러리 → 양파 → 양배추 → 감자 순이며 마늘 다진 것, 베이컨을 함께 넣어 볶는다. 11. 토마토 페이스트 2Ts을 넣고 골고루 섞어준다. 그리고 야채 양에 따라 치킨 스톡을 1.5 ~2C 정도 넣어 주고 부케가르니를 넣고 끓인다. 12. 끓으면 중불로 줄이고 거품을 제거한다. 불순물을 잘 제거해야 완성한 후 기름이 뜨지 않는다. 13. 중간에 스트링 빈스, 그린피스, 스파게티 면을 넣고 잠깐 끓인 뒤 소금, 후추로 간을 맞추고 부케가르니를 건져낸다. 14. 수프를 그릇에 담고 파슬리 다진 것을 살짝 뿌린다. 수프 내용물이 3:1 비율로 농도가 적당해야 한다.

[NCS 과정/ 과목명 : 양식 수프 조리]

▶ 훈련 개요

훈련 목표	육류, 어패류, 채소류, 스톡류 등을 활용하여 메뉴에 사용되는 수프를 조리할 수 있는 능력 함양.
수준	4
권장 훈련 방법	집체 훈련

▶ 평가 시 고려사항 : 평가자는 다음과 같은 사항을 평가해야 한다.

- 부케가르니(Bouquet Garni)를 활용할 수 있는 능력.
- 미르포아(Mire-Poix)를 활용할 수 있는 능력.
- 와인을 활용할 수 있는 능력.
- 농후제를 활용할 수 있는 능력.
- 원하는 상태로 적정하게 조리된 수프의 양.
- 보관, 유지방법에 대한 이해와 과정의 적정성.
- 관능검사를 통한 수프의 품질을 평가할 수 있는 능력.
- 질감, 향미, 색채와 조화를 고려하여 제공할 수 있는 능력.

6 피시 차우더 수프 실기시험

자격종목	양식조리기능사	과제명	피시 차우더 수프 (Fish Chowder Soup)

▶ 시험시간 : 30분

1. 요구사항

※ 주어진 재료를 사용하여 다음과 같이 피시 차우더 수프를 만드시오.

가. 피시 차우더 수프는 화이트 루(White Roux)를 이용하여 농도를 맞추시오.

나. 채소는 0.7cm×0.7cm×0.1cm, 생선은 1cm×1cm×1cm 정도 크기로 써시오.

다. 완성된 수프는 200㎖ 정도로 내시오.

2. 수험자 유의사항

1) 피시 스톡을 만들어 사용하며, 수프는 흰색이 나와야 한다.
2) 베이컨은 기름을 빼고 사용한다.
3) 조리작품 만드는 순서는 틀리지 않게 하여야 한다.
4) 숙련된 기능으로 맛을 내야하므로 조리 작업 시 음식의 맛을 보지 않는다.
5) 지정된 수험자 지참 준비물 이외의 조리 기구나 재료를 시험장 내에 지참할 수 없다.
6) 지급재료는 시험 전 확인하여 이상이 있을 경우 시험위원으로부터 조치를 받고 시험 도중에는 재료의 교환 및 추가 지급은 하지 않는다.
7) 다음과 같은 경우에는 채점대상에서 제외한다.
 가) 시험시간 내에 과제 두 가지를 제출하지 못한 경우 : 미완성
 나) 시험시간 내에 제출된 과제라도 다음과 같은 경우
  (1) 문제의 요구사항대로 작품의 수량이 만들어지지 않은 경우 : 미완성
  (2) 해당과제의 지급재료 이외의 재료를 사용한 경우 : 오작
  (3) 구이를 찜으로 조리하는 등과 같이 조리방법을 다르게 한 경우 : 오작
  (4) 불을 사용하여 만든 조리작품이 작품특성에 벗어나는 정도로 타거나 익지 않은 경우 : 실격
  (5) 가스레인지 화구를 2개 이상 사용한 경우 : 실격
  (6) 시험 중 칼, 가스레인지 등 시설·장비 사용 시 감독위원 및 타수험자의 시험 진행에 위협이 될 것으로 감독위원 전원이 합의하여 판단한 경우 : 실격
8) 항목별 배점은 위생상태 및 안전관리 5점, 조리기술 30점, 작품의 평가 15점이다.

English Menu	Fish Chowder Soup	
Korean Menu	피시 차우더 수프	Menu Section

the claims postulated (요구사항)

Time	30 Minute

Cooking Point

재료	재료	수량
	대구생선살	50g
	감자	50g
	베이컨	1조각
	양파	20g
	셀러리	30g
	밀가루	15g
	버터	20g
	우유	200ml
	소금, 흰 후추	각 5g
	정향	1개
	월계수 잎	1잎
	생크림	30ml

Cooking tip

- 생선은 블랜칭 후 식은 다음에 썰어야 덜 부서지는데, 1cm 크기로 잘라서 삶는 경우도 있다.
- 생선을 삶은 국물은 소창에 받쳐서 맑게 사용한다.
- 화이트 루는 두꺼운 냄비에 버터를 넣고 녹으면, 동량의 밀가루를 넣어 나무주걱으로 타지 않게 은근히 볶은 것이다.
- 루를 만들 때 너무 뜨거운 상태에서 우유을 부어 주면 밀가루가 익어 버려 몽우리가 풀어지지 않는다. 약불에서 물을 부어야 한다.
- 수프를 끓일 때 생선살이나 채소가 부서지지 않게 다루면서 수프의 농도가 맞도록 유의한다. 수프의 농도는 숟가락으로 떠 보았을 때 주르륵하고 흐르는 농도가 나와야 하므로 마지막에 우유로 농도를 잘 맞추고 조금 묽은 농도일 때 불을 끄고 식히면 조금은 되직해진다.
- 재료를 크지 않게 썰고(0.7cm), 두께(0.1cm)에도 주의한다. 두꺼우면 포를 뜬다.
- 셀러리는 저며서 자르면 편하다.
- 생선 스톡을 낼 때 월계수 잎과 정향이 나오면 부케가르니(Bouquet garni)를 만들어 같이 넣고 육수를 낸다.

		– 버터와 밀가루 양을 정확히 지켜야 탁하게 되지 않는다. – 거품 제거를 소홀히 하지 않는다. – 미리 완성되었을 경우 농도를 맞춰 놓지 말고 제출 직전에 정확한 농도를 맞춘다. – 미리 농도를 맞춰 놓은 수프는 식으면서 막이 생기므로 막을 제거하고 다시 끓여 농도를 맞추어 제출한다.
조리방법	1. 대구살 생선은 껍질을 벗기고 포를 떠서 사방 1cm 크기로 썬다. 2. 냄비에 찬물 3C을 넣고, 생선뼈와 부케가르니를 넣어 피시 스톡을 만들어 놓는다. 3. 2번의 피시 스톡을 체에 면포를 깔고 걸러 놓는다. 4. 감자, 양파, 셀러리는 0.7.cm×0.7cm×0.1cm로 썰고 각각 볶아 준다. 5. 감자를 제외한 채소 재료를 예쁘고 색깔이 선명한 것으로 2~3개씩 따로 빼 놓는다. 6. 화이트 루 만들기 : 냄비에 버터(2Ts)를 넣고 약불로 녹이고 밀가루(2Ts)를 넣고 볶는다. 볶을 때에는 한 방향으로 저어 준다. 밀가루가 부드럽게 풀어지면 여기에 피시 스톡 1~1과1/2C을 조금씩 넣어 주면서 끓인다. 소스가 만들어지면 체에 걸러 낸다 7. 묽은 수프 형태가 되면 볶아 놓은 채소를 넣고 적당히 끓인다. 8. 우유 혹은 생크림을 1/2C 정도 넣고 농도를 조절한다. 9. 소금, 흰 후추를 넣고 거품을 제거한 뒤, 완성된 수프를 그릇에 200ml 이상 담고 따로 빼둔 채소를 잘 보이게 위에 가니시로 얹은 뒤 제출한다.	

[NCS 과정/ 과목명 : 양식 수프 조리]

▶ 훈련 개요

훈련 목표	육류, 어패류, 채소류, 스톡류 등을 활용하여 메뉴에 사용되는 수프를 조리할 수 있는 능력 함양.
수준	4
권장 훈련 방법	집체 훈련

▶ 평가 시 고려사항 : 평가자는 다음과 같은 사항을 평가해야 한다.

- 부케가르니(Bouquet Garni)를 활용할 수 있는 능력.
- 미르포아(Mire–Poix)를 활용할 수 있는 능력.
- 와인을 활용할 수 있는 능력.
- 농후제를 활용할 수 있는 능력.
- 원하는 상태로 적정하게 조리된 수프의 양.
- 보관, 유지방법에 대한 이해와 과정의 적정성.
- 관능검사를 통한 수프의 품질을 평가할 수 있는 능력.
- 질감, 향미, 색채와 조화를 고려하여 제공할 수 있는 능력.

7 포테이토 크림 수프 실기시험

자격종목	양식조리기능사	과제명	포테이토 크림 수프 (Potato Cream Soup)

▶ 시험시간 : 30분

1. 요구사항

※ 주어진 재료를 사용하여 다음과 같이 포테이토 크림 수프를 만드시오.

가. 완성된 수프의 양이 200㎖ 정도 되도록 하시오.

나. 수프의 색과 농도를 맞추시오.

다. 크루톤(crouton)의 크기는 사방 0.8~1㎝ 정도로 만들어 버터에 볶아 수프에 띄우시오.

2. 수험자 유의사항

1) 수프의 농도를 잘 맞추어야 한다.

2) 수프를 끓일 때 생기는 거품을 걷어 내어야 한다.

3) 조리작품 만드는 순서는 틀리지 않게 하여야 한다.

4) 숙련된 기능으로 맛을 내야하므로 조리 작업 시 음식의 맛을 보지 않는다.

5) 지정된 수험자 지참 준비물 이외의 조리 기구나 재료를 시험장 내에 지참할 수 없다.

6) 지급재료는 시험 전 확인하여 이상이 있을 경우 시험위원으로부터 조치를 받고 시험 도중에는 재료의 교환 및 추가 지급은 하지 않는다.

7) 다음과 같은 경우에는 채점대상에서 제외한다.

가) 시험시간 내에 과제 두 가지를 제출하지 못한 경우 : 미완성

나) 시험시간 내에 제출된 과제라도 다음과 같은 경우

(1) 문제의 요구사항대로 작품의 수량이 만들어지지 않은 경우 : 미완성

(2) 해당과제의 지급재료 이외의 재료를 사용한 경우 : 오작

(3) 구이를 찜으로 조리하는 등과 같이 조리방법을 다르게 한 경우 : 오작

(4) 불을 사용하여 만든 조리작품이 작품특성에 벗어나는 정도로 타거나 익지 않은 경우 : 실격

(5) 가스레인지 화구를 2개 이상 사용한 경우 : 실격

(6) 시험 중 칼, 가스레인지 등 시설·장비 사용 시 감독위원 및 타수험자의 시험 진행에 위협이 될 것으로 감독위원 전원이 합의하여 판단한 경우 : 실격

8) 항목별 배점은 위생상태 및 안전관리 5점, 조리기술 30점, 작품의 평가 15점이다.

English Menu	Potato Cream Soup
Korean Menu	포테이토 크림 수프

Menu Section

the claims postulated (요구사항)

Time	30 Minute
Cooking Point	

재료	재료	수량	재료	수량
	감자	200g		
	버터	20g		
	대파(흰 부분)	1토막		
	양파	1/4개		
	생크림	20ml		
	우유	20ml		
	식빵	1조각		
	소금, 후추	각 5g		
	월계수 잎	1잎		
	치킨 스톡	300ml		

Cooking tip

- 감자와 양파는 버터에 볶을 때 절대로 색깔이 나지 않도록 주의하며 볶는다.
- 대파는 흰 부분 위주로 사용한다.
- 농도가 매우 중요하다. 냄비 바닥이 보일 정도로 걸쭉한 정도가 좋다.
- 크루톤은 수프가 어느 정도 식어 농도가 조금 진해지면 5~7개를 올리는데, 제출 바로 직전에 올리는 것이 좋다. 크루톤이 수프의 수분을 흡수하기 때문이다.

조리방법	
	1. 식빵은 사방 0.8~1cm로 잘라 아무것도 넣지 않은 팬에 굽거나 튀겨 놓는다. 이것이 크루톤(crouton)이다. 식빵은 전량을 다 사용하지 말고 적당히 사용한다. 2. 양파와 대파는 슬라이스하는데 양파가 길 경우 길이를 조절한다. 3. 감자는 전분을 제거하고 갈변을 방지하기 위해 얇게 썰어 물에 담근다. 4. 팬에 버터를 약간만 넣고 양파와 대파, 물기를 뺀 감자를 넣어 볶는다. 감자가 투명해질 때까지 볶는다. 불이 세면 타기 때문에 중불 혹은 약불에서 볶는다. 특히 버터를 많이 넣으면 기름이 뜨니 주의해야 한다. 5. 치킨 스톡 2C 정도를 부어 강불에서 가열한다. 부족하면 더 부어도 된다. 6. 월계수 잎도 넣고 뚜껑을 덮어 푹 끓인다. 강불에서 끓이다가 중불로 줄인다. 7. 감자가 익으면 주걱으로 콕콕 찍어 감자를 대충 으깬다. 8. 감자가 무르면 체에 완전히 거른다. 전량 걸러야 제출할 양을 얻을 수 있다. 9. 수프의 농도가 묽으면 불에 더 가열해주고, 되직하면 스톡을 더 넣어 농도를 맞추고 가열해 준다. 10. 농도가 맞으면 한 소금 식힌 뒤 생크림을 전량 넣어 준다. 11. 소금, 후추로 간을 하고 식으면 크루톤 5~7개 정도를 올린다. 12 완성된 수프를 200ml 이상 제출한다. 농도 조절이 중요하다.

[NCS 과정/ 과목명 : 양식 수프 조리]

▶ 훈련 개요

훈련 목표	육류, 어패류, 채소류, 스톡류 등을 활용하여 메뉴에 사용되는 수프를 조리할 수 있는 능력 함양.
수준	4
권장 훈련 방법	집체 훈련

▶ 평가 시 고려사항 : 평가자는 다음과 같은 사항을 평가해야 한다.

- 부케가르니(Bouquet Garni)를 활용할 수 있는 능력.
- 미르포아(Mire-Poix)를 활용할 수 있는 능력.
- 와인을 활용할 수 있는 능력.
- 농후제를 활용할 수 있는 능력.
- 원하는 상태로 적정하게 조리된 수프의 양.
- 보관, 유지방법에 대한 이해와 과정의 적정성.
- 관능검사를 통한 수프의 품질을 평가할 수 있는 능력.
- 질감, 향미, 색채와 조화를 고려하여 제공할 수 있는 능력.

8 프렌치 어니언 수프 실기시험

자격종목	양식조리기능사	과제명	프렌치 어니언 수프 (French Onion Soup)

▶ 시험시간 : 30분

1. 요구사항

※ 주어진 재료를 사용하여 다음과 같이 프렌치 어니언 수프를 만드시오.

가. 양파는 5㎝ 크기의 길이로 일정하게 써시오.

나. 바게트 빵에 마늘버터를 발라 구워서 사용하시오.

다. 완성된 수프의 양은 200㎖ 정도로 하시오.

2. 수험자 유의사항

1) 수프의 색깔이 갈색이 나도록 하여야 한다.

2) 조리작품 만드는 순서는 틀리지 않게 하여야 한다.

3) 숙련된 기능으로 맛을 내야하므로 조리 작업 시 음식의 맛을 보지 않는다.

4) 지정된 수험자 지참 준비물 이외의 조리 기구나 재료를 시험장 내에 지참할 수 없다.

5) 지급재료는 시험 전 확인하여 이상이 있을 경우 시험위원으로부터 조치를 받고 시험 도중에는 재료의 교환 및 추가 지급은 하지 않는다.

6) 다음과 같은 경우에는 채점대상에서 제외한다.

가) 시험시간 내에 과제 두 가지를 제출하지 못한 경우 : 미완성

나) 시험시간 내에 제출된 과제라도 다음과 같은 경우

(1) 문제의 요구사항대로 작품의 수량이 만들어지지 않은 경우 : 미완성

(2) 해당과제의 지급재료 이외의 재료를 사용한 경우 : 오작

(3) 구이를 찜으로 조리하는 등과 같이 조리방법을 다르게 한 경우 : 오작

(4) 불을 사용하여 만든 조리작품이 작품특성에 벗어나는 정도로 타거나 익지 않은 경우 : 실격

(5) 가스레인지 화구를 2개 이상 사용한 경우 : 실격

(6) 시험 중 칼, 가스레인지 등 시설·장비 사용 시 감독위원 및 타수험자의 시험 진행에 위협이 될 것으로 감독위원 전원이 합의하여 판단한 경우 : 실격

7) 항목별 배점은 위생상태 및 안전관리 5점, 조리기술 30점, 작품의 평가 15점이다.

English Menu	French Onion Soup	
Korean Menu	프렌치 어니언 수프	Menu Section

the claims postulated (요구사항)	
Time	30 Minute
Cooking Point	

	재료	수량	재료	수량
재료	양파	150g		
	버터	20g		
	콩소메 육수	270ml		
	바게트 빵	1조각		
	소금	5g		
	검은 후추	3g		
	파마산 치즈	10g		
	백포도주	15ml		
	파슬리	1줄기		
	마늘	1쪽		

Cooking tip

- 채 썰은 양파를 볶으면서 결이 그대로 익도록 조심스럽게 다룬다.
- 채 썰은 양파는 갈색이 진하게 나도록 볶는다.
- 스톡을 넣어 끓이면서 떠오르는 거품과 찌꺼기를 걷어 낸다.
- 수프의 색깔과 농도에 주의한다
- 색이 너무 진하거나 약하면 안된다.
- 천천히 약불에서 색을 내야 맑은 색이 나온다.
- 바케트 위에 파슬리는 조금만 뿌리고 마늘즙과 버터를 바른다.

조리방법	
조리방법	1. 버터를 넣지 않은 팬에 바게트 빵을 노릇하게 구워준다. 2. 마늘과 파슬리를 다진다. 파슬리는 다져서 면포에 싼 뒤 물에 씻어 꼭 짠다. 3. 버터와 마늘, 파슬리를 섞어 바게트 빵 한 면에 발라주고 팬에 살짝 구워 마늘 바게트 빵을 완성한다. 4. 양파는 5~6cm로 아주 곱게 채 썬다. 버터를 약간 넣고 양파를 볶는다. 5. 양파 수분이 없어졌다 싶으면 1C 정도의 스톡을 넣어 계속 저어 준다. 스톡을 넣을 때 칙 소리가 나야 하며 한 방향으로만 저어준다. 여러 방향으로 저으면 양파가 쪼개진다. 6. 스톡이나 콩소메 육수 넣기를 계속 반복하면서 색깔이 갈색이 될 때까지 볶다가 2~2.5C의 스톡을 넣는다. 7. 화이트 와인을 넣고 소금, 후추로 간을 한다. 8. 볶은 양파가 동동 뜨면 불을 끈다. 9. 바게트 빵을 얹어 제출한다. 제출하러 나가면서 수프 위에 얹어 주면 좋다. 빵이 수프를 바로 흡수해서 질척해 보이기 때문이다. 10. 파마산 치즈가 나오면 바게트 위에 뿌려 제출한다.

[NCS 과정/ 과목명 : 양식 수프 조리]

▶ 훈련 개요

훈련 목표	육류, 어패류, 채소류, 스톡류 등을 활용하여 메뉴에 사용되는 수프를 조리할 수 있는 능력 함양.
수준	4
권장 훈련 방법	집체 훈련

▶ 평가 시 고려사항 : 평가자는 다음과 같은 사항을 평가해야 한다.

- 부케가르니(Bouquet Garni)를 활용할 수 있는 능력.
- 미르포아(Mire-Poix)를 활용할 수 있는 능력.
- 와인을 활용할 수 있는 능력.
- 농후제를 활용할 수 있는 능력.
- 원하는 상태로 적정하게 조리된 수프의 양.
- 보관, 유지방법에 대한 이해와 과정의 적정성.
- 관능검사를 통한 수프의 품질을 평가할 수 있는 능력.
- 질감, 향미, 색채와 조화를 고려하여 제공할 수 있는 능력.

9 샐러드 부케와 참치 타르타르 비네그레트 실기시험

자격종목	양식조리기능사	과제명	샐러드 부케를 곁들인 참치 타르타르와 채소 비네그레트 (Tuna Tartar with Salad Bouquet and Vegetables Vinaigrette)

▶ 시험시간 : 30분

1. 요구사항

※ 주어진 재료를 사용하여 다음과 같이 샐러드 부케를 곁들인 참치 타르타르와 채소 비네그레트를 만드시오.

가. 참치는 꽃소금을 사용하여 해동하고, 3~4㎜ 정도의 작은 주사위 모양으로 썰어 양파, 그린 올리브, 케이퍼, 처빌 등을 이용하여 타르타르를 만드시오.

나. 채소를 이용하여 샐러드 부케를 만드시오.

다. 참치 타르타르는 테이블 스푼 2개를 사용하여 퀜넬 형태로 3개를 만드시오.

라. 비네그레트는 양파, 붉은색과 노란색의 파프리카, 오이를 가로와 세로 각각 2㎜의 작은 주사위 모양으로 썰어서 사용하고 파슬리와 딜은 다져서 사용하시오.

2. 수험자 유의사항

1) 썰어 놓은 참치의 핏물 제거와 색의 변화에 유의하시오.
2) 샐러드 부케 만드는 것에 유의하시오.
3) 조리작품 만드는 순서는 틀리지 않게 하여야 한다.
4) 숙련된 기능으로 맛을 내야하므로 조리 작업 시 음식의 맛을 보지 않는다.
5) 지정된 수험자 지참 준비물 이외의 조리 기구나 재료를 시험장 내에 지참할 수 없다.
6) 지급재료는 시험 전 확인하여 이상이 있을 경우 시험위원으로부터 조치를 받고 시험 도중에는 재료의 교환 및 추가 지급은 하지 않는다.
7) 다음과 같은 경우에는 채점대상에서 제외한다.
   가) 시험시간 내에 과제 두 가지를 제출하지 못한 경우 : 미완성
   나) 시험시간 내에 제출된 과제라도 다음과 같은 경우

(1) 문제의 요구사항대로 작품의 수량이 만들어지지 않은 경우 : 미완성
(2) 해당과제의 지급재료 이외의 재료를 사용한 경우 : 오작
(3) 구이를 찜으로 조리하는 등과 같이 조리방법을 다르게 한 경우 : 오작
(4) 불을 사용하여 만든 조리작품이 작품특성에 벗어나는 정도로 타거나 익지 않은 경우 : 실격
(5) 가스레인지 화구를 2개 이상 사용한 경우 : 실격
(6) 시험 중 칼, 가스레인지 등 시설·장비 사용 시 감독위원 및 타수험자의 시험 진행에 위협이 될 것으로 감독위원 전원이 합의하여 판단한 경우 : 실격

8) 항목별 배점은 위생상태 및 안전관리 5점, 조리기술 30점, 작품의 평가 15점이다.

English Menu	Tuna Tartar with Salad Bouquet and Vegetables Vinaigrette	
Korean Menu	샐러드 부케를 곁들인 참치 타르타르와 채소 비네그레트	Menu Section

the claims postulated (요구사항)

Time	30 Minute

Cooking Point

	재료	수량	재료	수량
재료	붉은 참치살	80g	노란 파프리카	1/8개
	양파	80g	오이	1토막
	케이퍼	5개	롤라로사	2잎
	그린 올리브	2개	잎상추	2잎
	핫 소스	5ml	그린 치커리	2줄기
	올리브 오일	30ml	그린 비타민	2장
	식초	10ml	물냉이	2잎
	레몬즙	1/2개	팽이버섯	3잎
	꽃소금	5g	실파	5줄기
	흰 후추	5g	처빌	2줄기
	파슬리	1줄기	테이블 스푼	2개
	붉은 파프리카	1/4개		

Cooking tip

- 참치는 꽃소금으로 알맞게 해동한다. 핏물과 물기를 완전히 제거한다.
- 참치 Quennell용 머리 부분은 가로 6cm, 세로 3.5~4cm 정도로 하고 그 형태는 위쪽이 너무 뾰족하면 안된다.
- 비네그레트 소스에 들어가는 채소는 아주 곱게 다진다.
- 주어진 채소를 잘 이용하여 샐러드 부케를 만든다.
- 오이 속을 파고 그린 치커리, 그린 비타민, 롤라로사, 잎상추, 물냉이, 팽이버섯 등을 꽂아서 꽃다발 형태로 만든다.

조리 방법	1. 채소 손질하기 – 채소는 깨끗이 씻고 가니시용 채소는 물에 담근다. – 팽이버섯은 밑동을 제거한다. – 홍피망은 안쪽의 씨를 제거한 뒤, 링 모양 상태 그대로 사용한다. 홍피망이 안 나오고 오이가 나올 경우 속을 파내고 링 모양을 만든 뒤 사용한다. 2. 참치는 소금물에 담가 해동한 뒤 수분을 제거한 후 0.3~0.4cm의 주사위 모양으로 썬다. 3. 그린 올리브, 양파, 케이퍼, 처빌, 차이브, 노란 파프리카, 딜은 비슷하게 다진다. 4. 참치와 다진 채소에 올리브 오일 2ts, 핫 소스, 레몬즙, 소금, 후추를 넣어 잘 섞어 준다. 5. 양파, 노란 파프리카, 딜은 곱게 다지고 오이는 돌려 깎기 후 겉 부분만 곱게 다진다. 파슬리는 곱게 다진 뒤 물기를 제거하고 파슬리 찹을 만든다. 6. 다진 채소에 올리브 오일 1Ts, 식초 1과 1/5ts, 레몬주스, 소금, 후추를 넣고 섞어 비네그레트 소스를 만든다. 7. 다진 참치를 3등분 한 뒤 Quennell 스푼을 이용하여 타원형으로 3개를 만든다. 8. 홍피망을 이용해 가니시하며, 크기가 비슷한 그린 비타민 3장을 따로 남긴다. 9. 접시에 샐러드 부케를 올리고, 그린 비타민 3장을 깔고 참치 타르타르를 올린다. 10. 비네그레트 소스를 곁들이고, 참치 타르타르 위에 비네그레트 소스를 약간 뿌린다.

[NCS 과정/ 과목명 : 양식 전채 조리]

▶ 훈련 개요

훈련 목표	식욕을 돋우기 위한 요리로 육류, 어패류, 채소류 등을 활용하여 전채요리와 그에 곁들여지는 소스 등을 조리할 수 있는 능력 함양.
수준	4
권장 훈련 방법	집체 훈련

▶ 평가 시 고려사항 : 평가자는 다음과 같은 사항을 평가해야 한다.

- 요리에 적합한 콘디멘트 준비의 적정성.
- 재료의 전 처리와 준비과정의 적정성.
- 전채조리에 필요한 조리도구 사용의 적정성.
- 메뉴와 전채조리에 필요한 조리법 숙지 정도.
- 전채요리의 종류 및 선정 기준에 대한 이해 정도.
- 메뉴에 맞는 양과 모양을 담아내는 방법에 대한 이해 정도.

10 채소로 속을 채운 훈제연어 롤 실기시험

자격종목	양식조리기능사	과제명	채소로 속을 채운 훈제연어 롤 (Smoked Salmon Roll with Vegetables)

▶ 시험시간 : 40분

1. 요구사항

※ 주어진 재료를 사용하여 다음과 같이 훈제연어 롤을 만드시오.

가. 주어진 훈제연어를 슬라이스하여 사용하시오.

나. 당근, 셀러리, 무, 홍피망, 청피망을 0.3㎝ 정도의 두께로 채 써시오.

다. 채소로 속을 채워 롤을 만드시오.

라. 롤을 만든 뒤 일정한 크기로 6등분하여 제출하시오.

마. 생크림, 겨자무(호스래디시), 레몬즙을 이용하여 만든 호스래디시 크림, 케이퍼, 레몬 웨이지, 양파, 파슬리를 곁들이시오.

2. 수험자 유의사항

1) 훈제연어 기름 제거에 유의한다.

2) 슬라이스한 훈제연어의 살이 갈라지지 않도록 한다.

3) 롤은 일정한 두께로 만든다.

4) 조리작품 만드는 순서는 틀리지 않게 하여야 한다.

5) 숙련된 기능으로 맛을 내야하므로 조리 작업 시 음식의 맛을 보지 않는다.

6) 지정된 수험자 지참 준비물 이외의 조리 기구나 재료를 시험장 내에 지참할 수 없다.

7) 지급재료는 시험 전 확인하여 이상이 있을 경우 시험위원으로부터 조치를 받고 시험 도중에는 재료의 교환 및 추가 지급은 하지 않는다.

8) 다음과 같은 경우에는 채점대상에서 제외한다.

가) 시험시간 내에 과제 두 가지를 제출하지 못한 경우 : 미완성

나) 시험시간 내에 제출된 과제라도 다음과 같은 경우

(1) 문제의 요구사항대로 작품의 수량이 만들어지지 않은 경우 : 미완성

(2) 해당과제의 지급재료 이외의 재료를 사용한 경우 : 오작

(3) 구이를 찜으로 조리하는 등과 같이 조리방법을 다르게 한 경우 : 오작

(4) 불을 사용하여 만든 조리작품이 작품특성에 벗어나는 정도로 타거나 익지 않은 경우 : 실격

(5) 가스레인지 화구를 2개 이상 사용한 경우 : 실격

(6) 시험 중 칼, 가스레인지 등 시설·장비 사용 시 감독위원 및 타수험자의 시험 진행에 위협이 될 것으로 감독위원 전원이 합의하여 판단한 경우 : 실격

9) 항목별 배점은 위생상태 및 안전관리 5점, 조리기술 30점, 작품의 평가 15점이다.

English Menu	Smoked Salmon Roll with Vegetables	
Korean Menu	채소로 속을 채운 훈제연어 롤	Menu Section
		the claims postulated (요구사항)
		Time: 40 Minute
		Cooking Point

	재료	수량	재료	수량
재료	훈제연어	150g	호스래디시	1/3ts
	당근	40g	레몬	1/4개
	셀러리	15g	생크림	50ml
	무	15g	소금	5g
	청피망	1/8개	흰 후추	5g
	홍피망	1/8개	양상추	2잎
	양파	1/8개	파슬리	1줄기
	케이퍼	6개		
	생크림	50ml		

Cooking tip

- 연어의 결 방향을 잘 선택하여 썬다.
- 연어롤을 단단하게 잘 말아서 간격을 두며 접시에 담는다.
- 훈제연어를 슬라이스할 때에는 녹기 전에 해야 하며 얇게 흩어지지 않게 한다.
- 호스래디시는 래디쉬의 붉은 부분을 제거하고, 속살만 가공하여 통조림시킨 것인데 많이 넣으면 짜다.
- 생크림을 휘핑할 땐 뒤집어 쏟아지지 않을 정도로 한다.

조리방법	
조리방법	1. 양상추 등 채소는 다듬어 깨끗이 씻는다. 훈제연어는 키친타월이나 깨끗한 면포 위에 올려 놓는다. 2. 당근, 셀러리, 청·홍피망, 무, 양파 등 채소는 0.3cm 정도 두께로 채 썬다. 3. 훈제연어는 부서지지 않게 조심해서 슬라이스한 뒤 수분을 제거한다. 4. 생크림을 휘핑한 뒤 호스래디시, 레몬즙, 소금, 후추를 섞어 둔다. 5. 슬라이스한 훈제연어에 채 썰어 놓은 채소를 올리고 롤을 말아 준다. 길게 말아서 6개 조각이 되도록 한다. 부서진 훈제연어도 이어서 말아 준다. 6. 접시에 양상추를 깔고 연어 롤을 올린다. 7. 양상추 한 조각을 놓고 생크림과 호스래디시 소스를 올린다. 8. 훈제연어 롤 위에 케이퍼를 하나씩 올려 주다 9. 양상추 잎과 파슬리 잎, 레몬 웨이지로 가니시 한다.

[NCS 과정/ 과목명 : 양식 전채 조리]

▶ 훈련 개요

훈련 목표	식욕을 돋우기 위한 요리로 육류, 어패류, 채소류 등을 활용하여 전채요리와 그에 곁들여지는 소스 등을 조리할 수 있는 능력 함양.
수준	4
권장 훈련 방법	집체 훈련

▶ 평가 시 고려사항 : 평가자는 다음과 같은 사항을 평가해야 한다.

- 요리에 적합한 콘디멘트 준비의 적정성.
- 재료의 전 처리와 준비과정의 적정성.
- 전채조리에 필요한 조리도구 사용의 적정성.
- 메뉴와 전채조리에 필요한 조리법 숙지 정도.
- 전채요리의 종류 및 선정 기준에 대한 이해 정도.
- 메뉴에 맞는 양과 모양을 담아내는 방법에 대한 이해 정도.

11 포테이토 샐러드 실기시험

자격종목	양식조리기능사	과제명	포테이토 샐러드 (Potato salad)

▶ 시험시간 : 30분

1. 요구사항

※ 주어진 재료를 사용하여 다음과 같이 포테이토 샐러드를 만드시오.

가. 감자는 껍질을 벗긴 후 1㎝ 정도의 정육면체로 썰어서 삶으시오.

나. 양파는 곱게 다져 매운맛을 제거하시오.

다. 파슬리는 다져서 사용하시오.

2. 수험자 유의사항

1) 감자는 잘 익고 부서지지 않도록 유의하고 양파의 매운 맛 제거에 유의한다.
2) 양파와 파슬리는 뭉치지 않도록 버무린다.
3) 조리작품 만드는 순서는 틀리지 않게 하여야 한다.
4) 숙련된 기능으로 맛을 내야하므로 조리 작업 시 음식의 맛을 보지 않는다.
5) 지정된 수험자 지참 준비물 이외의 조리 기구나 재료를 시험장 내에 지참할 수 없다.
6) 지급재료는 시험 전 확인하여 이상이 있을 경우 시험위원으로부터 조치를 받고 시험 도중에는 재료의 교환 및 추가 지급은 하지 않는다.
7) 다음과 같은 경우에는 채점대상에서 제외한다.
   가) 시험시간 내에 과제 두 가지를 제출하지 못한 경우 : 미완성
   나) 시험시간 내에 제출된 과제라도 다음과 같은 경우
      (1) 문제의 요구사항대로 작품의 수량이 만들어지지 않은 경우 : 미완성
      (2) 해당과제의 지급재료 이외의 재료를 사용한 경우 : 오작
      (3) 구이를 찜으로 조리하는 등과 같이 조리방법을 다르게 한 경우 : 오작
      (4) 불을 사용하여 만든 조리작품이 작품특성에 벗어나는 정도로 타거나 익지 않은 경우 : 실격
      (5) 가스레인지 화구를 2개 이상 사용한 경우 : 실격
      (6) 시험 중 칼, 가스레인지 등 시설·장비 사용 시 감독위원 및 타수험자의 시험 진행에 위협이 될 것으로 감독위원 전원이 합의하여 판단한 경우 : 실격
8) 항목별 배점은 위생상태 및 안전관리 5점, 조리기술 30점, 작품의 평가 15점이다.

English Menu	Potato salad	
Korean Menu	포테이토 샐러드	Menu Section

the claims postulated (요구사항)	
Time	30 Minute
Cooking Point	

재료	수량	재료	수량
감자	150g		
양파	30g		
파슬리	1줄기		
소금	5g		
흰 후추	3g		
마요네즈	50ml		
상추	1잎		

Cooking tip

- 파슬리는 곱게 다진 후 소창에 싸서 찬물에 충분히 헹구어 꼭 짠 다음 사용하면 샐러드에 푸른 물이 들지 않아 깨끗하다.
- 감자는 깨끗이 씻어서 껍질째 삶아 식힌 후 벗겨 썰으면 좋다. 시간이 없을 때는 1cm의 정육면체로 썰어서 찬물에 담갔다 건져 삶아서 사용한다.
- 감자는 약간 뜨거울 때 무쳐야 속까지 잘 배어들어 맛이 좋다.
- 마요네즈에 버무릴 때 감자가 부서지지 않도록 주의한다.

조리방법	
조리방법	1. 감자는 제시된 크기보다 0.5cm 정도 더 크게 주사위 모양으로 썬 뒤에 칼을 으깼을 때 적당히 잘 으깨질 정도로 삶아준다. 감자가 익지 않으면 안된다. 2. 양파는 가로 세로 0.2cm의 크기로 잘게 다진 뒤 찬물에 담궈 매운 맛을 빼 준다. 3. 파슬리는 곱게 다진다. 4. 삶은 감자와 물기 뺀 양파, 그리고 마요네즈를 적당히 넣고 나무젓가락으로 감자가 으스러지지 않도록 잘 버무린다. 5. 접시 밑에 상추를 깔고 샐러드를 피라미드 모양으로 쌓은 뒤, 파슬리 찹을 뿌려 준다.

[NCS 과정/ 과목명 : 양식 샐러드 조리]

▶ **훈련 개요**

훈련 목표	어패류, 육류, 채소류, 유제품류, 가공 식품류를 활용하여 단순 샐러드와 복합 샐러드, 각종 드레싱류를 조리할 수 있는 능력 함양.
수준	3
권장 훈련 방법	집체 훈련

▶ **평가 시 고려사항 : 평가자는 다음과 같은 사항을 평가해야 한다.**

- 냉장·냉동고 사용과 온도 조절의 적정성.
- 샐러드와 어울리는 드레싱(Dressing) 선택의 적정성.
- 샐러드와 어울리는 곁들임을 선택하여 조리하는지의 유무.
- 샐러드의 양, 색, 맛, 모양의 조화 유무.
- 질감, 향미, 색채, 온도의 조화를 고려하여 제공하는지의 유무.

12 월도프 샐러드 실기시험

자격종목	양식조리기능사	과제명	월도프 샐러드 (Waldorf salad)

▶ 시험시간 : 20분

1. 요구사항

※ 주어진 재료를 사용하여 다음과 같이 월도프 샐러드를 만드시오.

가. 사과, 셀러리, 호두알을 사방 1㎝ 정도의 크기로 써시오.

나. 사과의 껍질과 호두알의 속껍질을 벗겨 사용하시오.

다. 상추를 깔고 놓으시오.

2. 수험자 유의사항

1) 사과의 변색에 유의한다.
2) 조리작품 만드는 순서는 틀리지 않게 하여야 한다.
3) 숙련된 기능으로 맛을 내야하므로 조리 작업 시 음식의 맛을 보지 않는다.
4) 지정된 수험자 지참 준비물 이외의 조리 기구나 재료를 시험장 내에 지참할 수 없다.
5) 지급재료는 시험 전 확인하여 이상이 있을 경우 시험위원으로부터 조치를 받고 시험 도중에는 재료의 교환 및 추가 지급은 하지 않는다.
6) 다음과 같은 경우에는 채점대상에서 제외한다.
   가) 시험시간 내에 과제 두 가지를 제출하지 못한 경우 : 미완성
   나) 시험시간 내에 제출된 과제라도 다음과 같은 경우
      (1) 문제의 요구사항대로 작품의 수량이 만들어지지 않은 경우 : 미완성
      (2) 해당과제의 지급재료 이외의 재료를 사용한 경우 : 오작
      (3) 구이를 찜으로 조리하는 등과 같이 조리방법을 다르게 한 경우 : 오작
      (4) 불을 사용하여 만든 조리작품이 작품특성에 벗어나는 정도로 타거나 익지 않은 경우 : 실격
      (5) 가스레인지 화구를 2개 이상 사용한 경우 : 실격
      (6) 시험 중 칼, 가스레인지 등 시설·장비 사용 시 감독위원 및 타수험자의 시험 진행에 위협이 될 것으로 감독위원 전원이 합의하여 판단한 경우 : 실격
7) 항목별 배점은 위생상태 및 안전관리 5점, 조리기술 30점, 작품의 평가 15점이다.

English Menu	Waldorf salad
Korean Menu	월도프 샐러드

Menu Section

the claims postulated (요구사항)

Time	20 Minute

Cooking Point

	재료	수량	재료	수량
재료	사과	1개		
	셀러리	30g		
	호두	3개		
	레몬	1/4개		
	소금	3g		
	흰 후추	2g		
	마요네즈	60g		
	양상추	1잎		
	설탕	10g		

Cooking tip

- 레몬즙이 너무 많이 들어가면 묽어지므로 살짝 만 넣어 준다.
- 사과를 설탕물에 담궈 두었다면 물기를 잘 제거하고 버무린다.
- 호두는 더운 물에 담궈 껍질을 이쑤시개로 벗긴다.

조리방법	
	1. 물을 끓여 호두에 부어 불린 다음 껍질을 벗긴다. 2. 양상추는 씻어 찬물에 담근다. 3. 사과는 껍질을 깎아 사방 1cm의 주사위 모양으로 잘라서, 찬물에 레몬즙과 설탕을 조금 넣고 담가 놓는다. 4. 셀러리는 섬유질 제거 후 사방 1cm로 사과와 같이 주사위 모양으로 자른다. 5. 호두는 이쑤시개를 사용해서 껍질을 깨끗하게 제거한 후 1cm 정도로 자른다. 6. 사과는 체에 받쳐 물기를 빼고 면포로 물기를 완전히 제거한다. 7. 사과, 셀러리, 호두, 설탕 조금, 레몬즙, 흰 후추, 마요네즈 2Ts을 넣고 버무린다. 8. 양상추는 물기 제거 후 세모로 잘라서 가니시를 만든다. 9. 접시에 양상추를 깔고 샐러드를 수북하게 담는다. 그 위에 호두를 올린다.

[NCS 과정/ 과목명 : 양식 샐러드 조리]

▶ 훈련 개요

훈련 목표	어패류, 육류, 채소류, 유제품류, 가공 식품류를 활용하여 단순 샐러드와 복합 샐러드, 각종 드레싱류를 조리할 수 있는 능력 함양.
수준	3
권장 훈련 방법	집체 훈련

▶ 평가 시 고려사항 : 평가자는 다음과 같은 사항을 평가해야 한다.

- 냉장·냉동고 사용과 온도 조절의 적정성.
- 샐러드와 어울리는 드레싱(Dressing) 선택의 적정성.
- 샐러드와 어울리는 곁들임을 선택하여 조리하는지의 유무.
- 샐러드의 양, 색, 맛, 모양의 조화 유무.
- 질감, 향미, 색채, 온도의 조화를 고려하여 제공하는지의 유무.

13 해산물 샐러드 실기시험

자격종목	양식조리기능사	과제명	해산물 샐러드 (Seafood Salad)

▶ 시험시간 : 30분

1. 요구사항

※ 주어진 재료를 사용하여 다음과 같이 해산물 샐러드를 만드시오.

가. 미르포아(Mire-poix), 향신료, 레몬을 이용하여 쿠르 부용(Court Bouillon)을 만드시오.

나. 준비된 쿠르 부용에 해산물을 질기지 않도록 익히시오.

다. 샐러드 채소는 깨끗이 손질하여 싱싱하게 하시오.

라. 레몬 비네그레트는 양파, 레몬즙, 올리브 오일 등을 사용하여 만드시오.

2. 수험자 유의사항

1) 조리작품 만드는 순서는 틀리지 않게 하여야 한다.
2) 숙련된 기능으로 맛을 내야하므로 조리 작업 시 음식의 맛을 보지 않는다.
3) 지정된 수험자 지참 준비물 이외의 조리 기구나 재료를 시험장 내에 지참할 수 없다.
4) 지급재료는 시험 전 확인하여 이상이 있을 경우 시험위원으로부터 조치를 받고 시험 도중에는 재료의 교환 및 추가 지급은 하지 않는다.
5) 다음과 같은 경우에는 채점대상에서 제외한다.
 가) 시험시간 내에 과제 두 가지를 제출하지 못한 경우 : 미완성
 나) 시험시간 내에 제출된 과제라도 다음과 같은 경우
  (1) 문제의 요구사항대로 작품의 수량이 만들어지지 않은 경우 : 미완성
  (2) 해당과제의 지급재료 이외의 재료를 사용한 경우 : 오작
  (3) 구이를 찜으로 조리하는 등과 같이 조리방법을 다르게 한 경우 : 오작
  (4) 불을 사용하여 만든 조리작품이 작품특성에 벗어나는 정도로 타거나 익지 않은 경우 : 실격
  (5) 가스레인지 화구를 2개 이상 사용한 경우 : 실격
  (6) 시험 중 칼, 가스레인지 등 시설·장비 사용 시 감독위원 및 타수험자의 시험 진행에 위협이 될 것으로 감독위원 전원이 합의하여 판단한 경우 : 실격
6) 항목별 배점은 위생상태 및 안전관리 5점, 조리기술 30점, 작품의 평가 15점이다.

English Menu	Seafood Salad
Korean Menu	해산물 샐러드

Menu Section	
the claims postulated (요구사항)	
Time	30 Minute
Cooking Point	

	재료	수량	재료	수량
재료	새우	3마리	올리브 오일	20ml
	관자	1개	소금	5g
	피홍합	3개	흰 후추	5g
	중합	3개	그린 치커리	2줄기
	셀러리	10g	양상추	2잎
	양파	150g	그린 비타민	2잎
	월계수 잎	1잎	롤라로사(잎상추)	2장
	당근	15g	차이브(실파)	3줄기
	흰 통후추	3개		
	레몬	1/4개		
	딜	2줄기		
	식초	10ml		

Cooking tip

- 조개류는 반드시 소금물에 담근다.
- 푸른잎 채소는 찬물에 담근다.
- 조개 종류가 해감이 되지 않았을 경우 지저분하지 않게 깨끗이 씻어 준다.
- 레몬은 웨이지 길이로 잘라서 사용한다.
- 해산물은 살짝 익혀 질기지 않게 한다.
- 소스는 마지막 마무리할 때 살짝 뿌린다.

조리방법	1. 재료 손질하기 – 샐러드에 필요한 채소는 물에 담근다. – 조개는 옅은 소금물에 담근다. 피홍합이 나올 경우 홍합도 물에 담근다. – 각각의 채소는 다듬어 씻고 해산물도 깨끗이 씻는다. – 새우는 머리를 떼고 관자살은 적당한 크기로 썬다. 2. 당근, 양파, 셀러리를 채 썬 미르포아와 월계수 잎, 흰 통후추, 딜 줄기, 식초, 레몬즙을 넣고 쿠르 부용을 만든다. 3. 끓는 쿠르 부용에 새우, 관자, 홍합, 중합 순으로 넣어 데친다. 피홍합이 나오면 피홍합도 함께 데친다. 뚜껑을 열고 데치고 중합이나 피홍합은 입이 벌어질 때까지 데친다. 4. 해산물이 익으면 건져서 찬물에 헹군다. 새우는 껍질과 꼬리를 제거한다. 5. 마늘, 양파는 아주 곱게 다지고, 실파는 푸른 잎만 사용해서 둥근 모양이 살도록 송송 썬다. 6. 데쳐 놓은 해산물에 5번을 넣고 섞어 준다. 7. 올리브 오일, 레몬즙, 식초, 소금, 후추, 딜 다진 것을 섞어 비네그레트 소스를 만든다. 8. 접시에 해산물을 담고 양상추, 롤라로사, 그린 치커리, 그린 비타민, 레몬 웨이지 등으로 가니시 장식을 한다. 9. 비네그레트 소스를 해산물 위에 뿌려 주면 완성된다.

[NCS 과정/ 과목명 : 양식 샐러드 조리]

▶ 훈련 개요

훈련 목표	어패류, 육류, 채소류, 유제품류, 가공 식품류를 활용하여 단순 샐러드와 복합 샐러드, 각종 드레싱류를 조리할 수 있는 능력 함양.
수준	3
권장 훈련 방법	집체 훈련

▶ 평가 시 고려사항 : 평가자는 다음과 같은 사항을 평가해야 한다.

- 냉장·냉동고 사용과 온도 조절의 적정성.
- 샐러드와 어울리는 드레싱(Dressing) 선택의 적정성.
- 샐러드와 어울리는 곁들임을 선택하여 조리하는지의 유무.
- 샐러드의 양, 색, 맛, 모양의 조화 유무.
- 질감, 향미, 색채, 온도의 조화를 고려하여 제공하는지의 유무.

14 햄버거 샌드위치 실기시험

자격종목	양식조리기능사	과제명	햄버거 샌드위치 (Hamburger Sandwich)

▶ 시험시간 : 30분

1. 요구사항

※ 주어진 재료를 사용하여 다음과 같이 햄버거 샌드위치를 만드시오.

가. 구워진 고기의 두께는 1㎝ 정도로 하시오.

나. 토마토, 양파는 0.5㎝ 정도의 두께로 썰고 양상추는 빵 크기에 맞추시오.

다. 빵 사이에 위의 재료를 넣어 반으로 잘라 내시오.

2. 수험자 유의사항

1) 구워진 고기가 단단해지거나 부서지지 않도록 한다.
2) 빵에 수분이 흡수되지 않도록 유의한다.
3) 조리작품 만드는 순서는 틀리지 않게 하여야 한다.
4) 숙련된 기능으로 맛을 내야하므로 조리 작업 시 음식의 맛을 보지 않는다.
5) 지정된 수험자 지참 준비물 이외의 조리 기구나 재료를 시험장 내에 지참할 수 없다.
6) 지급재료는 시험 전 확인하여 이상이 있을 경우 시험위원으로부터 조치를 받고 시험 도중에는 재료의 교환 및 추가 지급은 하지 않는다.
7) 다음과 같은 경우에는 채점대상에서 제외한다.
   가) 시험시간 내에 과제 두 가지를 제출하지 못한 경우 : 미완성
   나) 시험시간 내에 제출된 과제라도 다음과 같은 경우
      (1) 문제의 요구사항대로 작품의 수량이 만들어지지 않은 경우 : 미완성
      (2) 해당과제의 지급재료 이외의 재료를 사용한 경우 : 오작
      (3) 구이를 찜으로 조리하는 등과 같이 조리방법을 다르게 한 경우 : 오작
      (4) 불을 사용하여 만든 조리작품이 작품특성에 벗어나는 정도로 타거나 익지 않은 경우 : 실격
      (5) 가스레인지 화구를 2개 이상 사용한 경우 : 실격
      (6) 시험 중 칼, 가스레인지 등 시설·장비 사용 시 감독위원 및 타수험자의 시험 진행에 위협이 될 것으로 감독위원 전원이 합의하여 판단한 경우 : 실격
8) 항목별 배점은 위생상태 및 안전관리 5점, 조리기술 30점, 작품의 평가 15점이다.

English Menu	Hamburger Sandwich	
Korean Menu	햄버거 샌드위치	Menu Section

the claims postulated (요구사항)	
Time	30 Minute
Cooking Point	

	재료	수량	재료	수량
재료	소고기 갈은 것	100g		
	햄버거용 빵	1개		
	양파	150g		
	셀러리	30g		
	빵가루	30g		
	달걀	1개		
	토마토	1/2개		
	양상추	1잎		
	버터	15g		
	식용유	20ml		
	소금	5g		
	후추	3g		

Cooking tip

- 빵 사이에 끼우는 고기를 양념할 때는 곱게 다진 양파, 셀러리를 볶아 소고기에 끈기 있게 치대어 양념한 후 둥글게 빚는다.
- 고기를 구울 때 가장자리가 잘 타고 가운데 속이 익지 않는 경우가 있으므로 뚜껑을 덮고 잠시 불을 꺼도 좋다. 불 조절을 잘 해야 하며 절대로 태우면 안된다.
- 빵을 자를 때 칼을 불에 살짝 구워서 고정된 칼에 빵을 돌려주면서 자르면 깔끔하게 잘라진다.
- 단면의 소고기 패티가 매끈하려면 고기와 다른 속 재료를 모두 아주 곱게 다져 주고, 패티 반죽할 때 많이 치댄다. 그릇이나 손바닥에 쳐서 공기를 빼주어야 소고기 단면이 충실히 곱게 나온다.

조리방법	
조리방법	1. 양파, 셀러리는 곱게 다진 다음 볶아서 식힌다. 2. 믹싱볼에 소고기, 양파, 셀러리, 빵가루, 달걀, 소금, 후추를 넣고 끈기 있게 잘 섞은 후 1cm 정도 두께의 원형으로 만든다. 3. 햄버거 빵은 두께를 반으로 잘라 프라이팬 또는 토스터에 구운 후 버터를 바른다. 4. 프라이팬에 식용유를 두르고 가열한 후 햄버거를 익힌다. 5. 프라이팬에 양파 링과 토마토 링을 살짝 굽는다. 굽지 않아도 좋다. 6. 구운 빵에 양상추, 햄버거, 토마토, 양파, 빵의 순서로 포갠 후 반으로 잘라 접시에 담는다. 마요네즈를 발라도 맛이 좋다.

[NCS 과정/ 과목명 : 양식 육류 조리]

▶ 훈련 개요

훈련 목표	육류, 가금류 등을 활용하여 육류, 가금류 조리와 곁들이는 소스 등을 조리할 수 있는 능력 함양.
수준	5
권장 훈련 방법	집체 훈련

▶ 평가 시 고려사항 : 평가자는 다음과 같은 사항을 평가해야 한다.

- 재료의 전 처리.
- 준비과정의 적정성.
- 육류과정의 적정성.
- 육류 조리절차, 요구사항, 주의사항에 대한 이해도.
- 육류요리의 접시 담는 규칙 준수 여부.
- 요리의 알맞은 맛과 풍미가 있는지 여부.
- 주재료에 어울리는 가니시(Garnish)의 활용 여부.
- 음식의 색깔과 맛, 풍미, 온도의 적정성 여부.
- 보관, 유지 방법과 과정의 적정성.
- 완성된 요리를 푸드 스타일링 해 담는 방법의 적정성.

15 B.L.T. 샌드위치 실기시험

자격종목	양식조리기능사	과제명	B.L.T. 샌드위치 (Bacon, Lettuce, Tomato Sandwich)

▶ 시험시간 : 30분

1. 요구사항

※ 주어진 재료를 사용하여 다음과 같이 베이컨, 레터스, 토마토 샌드위치를 만드시오.

가. 빵은 구워서 사용하시오.

나. 토마토는 0.5㎝ 정도의 두께로 썰고, 베이컨은 구워서 사용하시오.

다. 완성품은 모양이 있게 썰어 전량을 내시오.

2. 수험자 유의사항

1) 베이컨의 굽는 정도와 기름 제거에 유의한다.
2) 샌드위치의 모양이 나빠지지 않도록 썰 때 유의한다.
3) 조리작품 만드는 순서는 틀리지 않게 하여야 한다.
4) 숙련된 기능으로 맛을 내야하므로 조리 작업 시 음식의 맛을 보지 않는다.
5) 지정된 수험자 지참 준비물 이외의 조리 기구나 재료를 시험장 내에 지참할 수 없다.
6) 지급재료는 시험 전 확인하여 이상이 있을 경우 시험위원으로부터 조치를 받고 시험 도중에는 재료의 교환 및 추가 지급은 하지 않는다.
7) 다음과 같은 경우에는 채점대상에서 제외한다.
   가) 시험시간 내에 과제 두 가지를 제출하지 못한 경우 : 미완성
   나) 시험시간 내에 제출된 과제라도 다음과 같은 경우
      (1) 문제의 요구사항대로 작품의 수량이 만들어지지 않은 경우 : 미완성
      (2) 해당과제의 지급재료 이외의 재료를 사용한 경우 : 오작
      (3) 구이를 찜으로 조리하는 등과 같이 조리방법을 다르게 한 경우 : 오작
      (4) 불을 사용하여 만든 조리작품이 작품특성에 벗어나는 정도로 타거나 익지 않은 경우 : 실격
      (5) 가스레인지 화구를 2개 이상 사용한 경우 : 실격
      (6) 시험 중 칼, 가스레인지 등 시설·장비 사용 시 감독위원 및 타수험자의 시험 진행에 위협이 될 것으로 감독위원 전원이 합의하여 판단한 경우 : 실격
8) 항목별 배점은 위생상태 및 안전관리 5점, 조리기술 30점, 작품의 평가 15점이다.

English Menu	Bacon, Lettuce, Tomato Sandwich	
Korean Menu	B.L.T. 샌드위치	Menu Section

the claims postulated (요구사항)	
Time	30 Minute
Cooking Point	

	재료	수량	재료	수량
재료	토스트용 빵	3쪽		
	양상추	2잎		
	토마토	1/2개		
	베이컨	3조각		
	마요네즈	30ml		
	버터	10ml		
	소금, 후추	각 3g		

Cooking tip

- 프라이팬을 깨끗이 한 뒤, 빵을 구운 후 베이컨을 굽는 것이 순서에 알맞다.
- 빵을 손질할 때는 도마가 깨끗해야 하며 잘 드는 칼로 썰어서 빵의 모양이 흐트러지지 않게 한다.
- 샌드위치용 식빵은 너무 부드러운 것보다 빵의 모양이 흐트러지지 않도록 약간 굳은 것으로 준비하는 것이 좋다.
- 베이컨을 지질 때는 프라이팬에 기름을 적게 넣고 파삭거리게 지진 다음, 종이 네프킨에 놓고 눌러서 기름을 빼서 사용한다.
- 토마토 있는 부분이 토스트 바깥쪽으로 향하게 올린다. 토마토가 지탱해줘 샌드위치가 무너지지 않는다.

조리방법	1. 습기 방지를 위해 아무것도 두르지 않은 팬에 식빵을 구워 세워 둔다. 2. 식빵이 식으면 두 장엔 한 면만 버터 또는 마요네즈를 발라 주고, 한 장엔 양면에 발라 준다. 3. 양상추는 식빵과 적당한 크기로 맞춰 자르고 줄기 부분은 칼날을 이용해 꼭 눌러 준다. 양상추 잎이 겹쳐진 부분도 적당히 잘라 준다. 자르지 않으면 나중에 빵이 뜨는 원인이 된다. 4. 베이컨은 달군 팬에서 굽는다. 5. 토마토는 0.5cm 두께로 둥근 모양을 살려 자른다. 6. 식빵은 버터를 바르지 않은 부분이 바닥으로 가게 놓고 양상추, 베이컨, 식빵(양면 버터 바른 빵), 양상추, 토마토, 식빵(버터 바른 쪽이 안으로 가게)을 순서대로 올리면 된다. 7. 식빵과 재료가 어우러지게 접시 등으로 잠깐 눌러 준다. 8. 도마 위에서 가장자리를 잘라 내고 이쑤시개를 이용해 고정한 뒤 대각선으로 2등분을 해 준다. 또는 4등분으로 자른다. 9. B.L.T. 샌드위치 재료가 흩어지지 않게 조심하면서 자른다.

[NCS 과정/ 과목명 : 양식 전채 조리]

▶ 훈련 개요

훈련 목표	식욕을 돋우기 위한 요리로 육류, 어패류, 채소류 등을 활용하여 전채요리와 그에 곁들여지는 소스 등을 조리할 수 있는 능력 함양.
수준	4
권장 훈련 방법	집체 훈련

▶ 평가 시 고려사항 : 평가자는 다음과 같은 사항을 평가해야 한다.

- 요리에 적합한 콘디멘트 준비의 적정성.
- 재료의 전 처리와 준비과정의 적정성.
- 전채조리에 필요한 조리도구 사용의 적정성.
- 메뉴와 전채조리에 필요한 조리법 숙지 정도.
- 전채요리의 종류 및 선정 기준에 대한 이해 정도.
- 메뉴에 맞는 양과 모양을 담아내는 방법에 대한 이해 정도.

16 브라운 스톡 실기시험

자격종목	양식조리기능사	과제명	브라운 스톡 (Brown Stock)

▶ 시험시간 : 30분

1. 요구사항

※ 주어진 재료를 사용하여 다음과 같이 브라운 스톡을 만드시오.

가. 스톡은 맑고 갈색이 되도록 하시오.

나. 소뼈는 찬물에 담가 핏물을 제거한 후 구워서 사용하시오.

다. 향신료로 사세 데피스(Sachet d'epice)를 만들어 사용하시오.

라. 완성된 스톡의 양이 200㎖ 정도가 되도록 하여 볼에 담아 내시오.

2. 수험자 유의사항

1) 불 조절에 유의한다.
2) 스톡이 끓을 때 생기는 거품을 걷어 내야 한다.
3) 조리작품 만드는 순서는 틀리지 않게 하여야 한다.
4) 숙련된 기능으로 맛을 내야하므로 조리 작업 시 음식의 맛을 보지 않는다.
5) 지정된 수험자 지참 준비물 이외의 조리 기구나 재료를 시험장 내에 지참할 수 없다.
6) 지급재료는 시험 전 확인하여 이상이 있을 경우 시험위원으로부터 조치를 받고 시험 도중에는 재료의 교환 및 추가 지급은 하지 않는다.
7) 다음과 같은 경우에는 채점대상에서 제외한다.
 가) 시험시간 내에 과제 두 가지를 제출하지 못한 경우 : 미완성
 나) 시험시간 내에 제출된 과제라도 다음과 같은 경우
  (1) 문제의 요구사항대로 작품의 수량이 만들어지지 않은 경우 : 미완성
  (2) 해당과제의 지급재료 이외의 재료를 사용한 경우 : 오작
  (3) 구이를 찜으로 조리하는 등과 같이 조리방법을 다르게 한 경우 : 오작
  (4) 불을 사용하여 만든 조리작품이 작품특성에 벗어나는 정도로 타거나 익지 않은 경우 : 실격
  (5) 가스레인지 화구를 2개 이상 사용한 경우 : 실격
  (6) 시험 중 칼, 가스레인지 등 시설·장비 사용 시 감독위원 및 타수험자의 시험 진행에 위협이 될 것으로 감독위원 전원이 합의하여 판단한 경우 : 실격
8) 항목별 배점은 위생상태 및 안전관리 5점, 조리기술 30점, 작품의 평가 15점이다.

English Menu	Brown Stock
Korean Menu	브라운 스톡

Menu Section

the claims postulated (요구사항)

Time	30 Minute

Cooking Point

	재료	수량	재료	수량
재료	소뼈	150g		
	양파	30g		
	당근	40g		
	셀러리	30g		
	토마토	50g		
	월계수 잎	1장		
	정향	1~2개		
	검은 통후추	2~4개		
	파슬리	1줄기		
	물	500ml		
	버터	5g		
	면실	30cm		

Cooking tip

- 너무 오래 끓이면 국물이 탁해지므로 시간조절을 잘 한다. 물의 양과 불 조절이 관건이다. 중간에 불을 끄면 큰 감점을 받으니 주의한다.
- 뼈에 핏물이 많거나 기름기가 많으면 데치기를 오래 해 준다. 완성품에 기름이 뜨면 안 되기 때문에 사전에 기름기를 확실히 제거하고 고기살도 되도록 모두 제거해 뼈만 가지고 데친다.
- 양파를 볶아서 쓰는 비프 콩소메, 프렌치 어니언, 브라운 스톡 중에서 브라운 스톡이 가장 오래 볶아 간장에 조린 듯한 진한 갈색을 낸다.
- 소뼈를 정한 시간 내에 구워 국물 색깔을 내긴 어려우므로 기름기 제거를 잘하고 잘 데쳐서 적당히 구워 사용한다.
- 양파를 잘 볶아서 필요한 브라운 소스 색깔을 얻는 것이 요령이다.

조리방법	
조리방법	1. 냄비에 물을 올리고 뼈는 기름기와 살을 모두 제거하고 씻어서 물에 담궈 핏물을 빼준다. 2. 양파는 속껍질(얇은 막)을 벗기고 2mm의 일정한 두께로 채 썬다. 당근과 셀러리도 채 썬다. 양은 양파3 : 당근2 : 셀러리1의 비율로 맞춘다. 3. 물이 끓으면 뼈를 끓는 물에 데치고 찬물에 헹군 후 물기를 제거한다. 기름기가 많으면 데치는 시간을 좀 더 길게 잡는다. 4. 달궈진 팬의 한쪽에 뼈를 굽기 시작한다. 5. 뼈 굽는 팬의 한쪽 빈곳에 버터를 소량 넣거나 또는 기름기가 없는 상태로 양파를 갈색이 나도록 약불로 타지 않게 볶는다. 팬의 가장자리 벽면에 나무수저로 물을 둘러 넣어주면서 수분 조절을 해 준다. 수분이 부족하면 갈색으로 볶아지는게 아니라 타버린다. 6. 양파가 충분히 볶아져 간장이 살짝 들어간 듯한 진한 갈색이 되면 당근과 셀러리를 추가하여 당근이 잘 익을 정도까지 충분히 볶아 준다. 상황에 따라 양파 볶을 때처럼 수분 조절을 해 준다. 7. 볶고 있던 팬에 찬물 2~2와1/2C을 넣고 흔들어서 냄비로 쏟아붓는다. 통후추 3~4개를 칼등으로 으깨서 넣고 월계수 잎과 정향, 파슬리 줄기도 향채로 넣는다, 콩까세 한 토마토도 함께 끓인다. 8. 처음엔 강불에 끓이다 끓기 시작하면 중불 내지는 약불로 줄이고, 거품을 제거한 후 끓인다. 9. 필요한 양(200ml)만큼 줄어들면 면포를 여러 겹으로 겹쳐서 체에 얹어 만들어진 브라운 스톡 국물을 부어 맑게 걸러 준다. 양이 200ml보다 약간 많은 듯 해야 면포에 거르면 적당한 양이 나온다. 면포에 남은 건더기는 절대로 스톡 국물에 짜내어 보태지 않고 그냥 버린다. 건더기를 짜낸 국물은 탁해져서 맑은 육수로는 적절치 못하다. 10. 제출용 그릇에 깔끔하게 담아 제출한다. 브라운 스톡은 색깔이 중요하다.

[NCS 과정/ 과목명 : 양식 스톡 조리]

▶ 훈련 개요

훈련 목표	육류, 어패류, 채소류 등을 활용하여 조리에 사용되는 스톡을 조리할 수 있는 능력 함양.
수준	2
권장 훈련 방법	집체 훈련

▶ 평가 시 고려사항 : 평가자는 다음과 같은 사항을 평가해야 한다.

- 용도에 맞는 조리방법을 적용할 수 있는 능력.
- 오븐에서 뼈를 로스팅(Roasting) 할 수 있는 능력.
- 화력을 조절하며 스톡을 조리할 수 있는 능력.
- 지정된 맛, 향, 농도, 색을 낼 수 있는 능력.
- 스톡을 맑고 투명하게 거를 수 있는 능력.
- 관능검사를 통한 스톡의 품질을 평가할 수 있는 능력.
- 질감, 향미, 색채와 조화를 고려하여 제공할 수 있는 능력.
- 원하는 상태로 적정하게 조리된 스톡의 양을 생산해 낼 수 있는 능력.

17 사우전 아일랜드 드레싱 실기시험

자격종목	양식조리기능사	과제명	사우전 아일랜드 드레싱 (Thousand Island Dressing)

▶ 시험시간 : 20분

1. 요구사항

※ 주어진 재료를 사용하여 다음과 같이 사우전 아일랜드 드레싱을 만드시오.

가. 드레싱은 핑크빛이 되도록 하시오.

나. 다지는 재료는 0.2㎝ 정도의 크기로 하시오.

2. 수험자 유의사항

1) 다진 재료의 물기를 제거한다.
2) 조리작품 만드는 순서는 틀리지 않게 하여야 한다.
3) 숙련된 기능으로 맛을 내야하므로 조리 작업 시 음식의 맛을 보지 않는다.
4) 지정된 수험자 지참 준비물 이외의 조리 기구나 재료를 시험장 내에 지참할 수 없다.
5) 지급재료는 시험 전 확인하여 이상이 있을 경우 시험위원으로부터 조치를 받고 시험 도중에는 재료의 교환 및 추가 지급은 하지 않는다.
6) 다음과 같은 경우에는 채점대상에서 제외한다.
   가) 시험시간 내에 과제 두 가지를 제출하지 못한 경우 : 미완성
   나) 시험시간 내에 제출된 과제라도 다음과 같은 경우
      (1) 문제의 요구사항대로 작품의 수량이 만들어지지 않은 경우 : 미완성
      (2) 해당과제의 지급재료 이외의 재료를 사용한 경우 : 오작
      (3) 구이를 찜으로 조리하는 등과 같이 조리방법을 다르게 한 경우 : 오작
      (4) 불을 사용하여 만든 조리작품이 작품특성에 벗어나는 정도로 타거나 익지 않은 경우 : 실격
      (5) 가스레인지 화구를 2개 이상 사용한 경우 : 실격
      (6) 시험 중 칼, 가스레인지 등 시설·장비 사용 시 감독위원 및 타수험자의 시험 진행에 위협이 될 것으로 감독위원 전원이 합의하여 판단한 경우 : 실격
7) 항목별 배점은 위생상태 및 안전관리 5점, 조리기술 30점, 작품의 평가 15점이다.

English Menu	Thousand Island Dressing	
Korean Menu	사우전 아일랜드 드레싱	Menu Section

the claims postulated (요구사항)

Time	20 Minute

Cooking Point

	재료	수량	재료	수량
재료	마요네즈	70ml	양파	1/4개
	삶은 달걀	1개	토마토 케첩	25ml
	피클	20g	우유	5ml
	청피망	20g	생크림	5ml
	파슬리	10g		
	레몬즙	1/4개		
	식초	3ml		
	소금	3g		
	흰 후추	3g		

Cooking tip

- 이 소스는 농도와 색깔이 제일 중요하다. 줄줄 흐르는 농도가 아니라 뚝뚝 떨어지는 정도여야 한다.
- 많은 양의 소스를 만들 때에는 양파를 곱게 다져서 소창에 꼭 짠 후 사용하면 좋다.
- 모든 재료를 곱게 다져서 마요네즈에 골고루 섞어야 소스가 부드럽다.
- 소스의 농도가 되직할 때에는 우유나 생크림을 조금 넣어 골고루 섞으면서 농도를 조절한다.
- 양파, 청피망, 파슬리, 피클, 삶은 달걀을 다져서 섞는데 물기가 생기지 않도록 주의한다.

조리방법	1. 달걀은 찬물에 소금을 넣고 끓이기 시작한다. 물이 끓기 시작하면 그때부터 12분 정도 삶으면 완숙이다. 사우전 아일랜드 소스는 노른자가 필히 완숙이 되어야 한다. 2. 채소는 모두 0.2cm으로 다져 놓는다. 양파는 옅은 소금물에 담궈 놓는다. 3. 청피망은 다져서 키친타월에 올려 놓고 물기를 제거한다. 4. 피클은 물기가 있게 그냥 다져 놓고, 파슬리도 곱게 다져 놓는다. 5. 달걀은 다 삶아지면 흰자는 곱게 다지고 노른자 반은 볼에 걸러 체에 내린다. 6. 양파는 면포에 물기 없이 꼭 짠다. 7. 모든 재료를 섞는다. 믹싱볼에 달걀, 양파, 청피망, 피클을 넣고 섞어서 수저로 한 4Ts 정도 나오면 마요네즈 6Ts 정도를 넣는다. 재료와 마요네즈 비율은 1 : 1.5 정도다. 8. 식초나 레몬즙으로 농도를 맞춘다. 너무 시어도 안 되기 때문에 우유를 약간 넣어 조절한다. 9. 파슬리 찹을 올려서 제출한다.

[NCS 과정/ 과목명 : 양식 소스 조리]

▶ 훈련 개요

훈련 목표	육류, 어패류, 채소류, 스톡류 등을 활용하여 조리에 사용되는 소스를 조리할 수 있는 능력 함양.
수준	4
권장 훈련 방법	집체 훈련

▶ 평가 시 고려사항 : 평가자는 다음과 같은 사항을 평가해야 한다.

- 부케가르니(Bouquet Garni)를 활용할 수 있는 능력.
- 미르포아(Mire–Poix)를 활용할 수 있는 능력.
- 와인을 활용할 수 있는 능력.
- 농후제를 활용할 수 있는 능력.
- 대부분 녹말의 전분이 호화되는 원리를 이용한 것이다.
- 소스 조리에 사용되는 조리도구를 활용할 수 있는 능력.
- 원하는 상태로 적정하게 조리된 소스의 양.
- 소스의 보관, 유지 방법에 대한 이해와 과정의 적정성.
- 관능검사를 통한 소스의 품질을 평가할 수 있는 능력.
- 질감, 향미, 색채와 조화를 고려하여 제공할 수 있는 능력.

18 타르타르 소스 실기시험

자격종목	양식조리기능사	과제명	타르타르 소스 (Tartar Sauce)

▶ 시험시간 : 20분

1. 요구사항

※ 주어진 재료를 사용하여 다음과 같이 타르타르 소스를 만드시오.

가. 모든 재료를 0.2㎝ 정도의 크기로 다지시오.

나. 소스의 농도를 잘 맞추시오.

2. 수험자 유의사항

1) 소스의 농도가 너무 묽거나 되직하지 않아야 한다.
2) 채소의 물기 제거에 유의한다.
3) 조리작품 만드는 순서는 틀리지 않게 하여야 한다.
4) 숙련된 기능으로 맛을 내야하므로 조리 작업 시 음식의 맛을 보지 않는다.
5) 지정된 수험자 지참 준비물 이외의 조리 기구나 재료를 시험장 내에 지참할 수 없다.
6) 지급재료는 시험 전 확인하여 이상이 있을 경우 시험위원으로부터 조치를 받고 시험 도중에는 재료의 교환 및 추가 지급은 하지 않는다.
7) 다음과 같은 경우에는 채점대상에서 제외한다.
   가) 시험시간 내에 과제 두 가지를 제출하지 못한 경우 : 미완성
   나) 시험시간 내에 제출된 과제라도 다음과 같은 경우
      (1) 문제의 요구사항대로 작품의 수량이 만들어지지 않은 경우 : 미완성
      (2) 해당과제의 지급재료 이외의 재료를 사용한 경우 : 오작
      (3) 구이를 찜으로 조리하는 등과 같이 조리방법을 다르게 한 경우 : 오작
      (4) 불을 사용하여 만든 조리작품이 작품특성에 벗어나는 정도로 타거나 익지 않은 경우 : 실격
      (5) 가스레인지 화구를 2개 이상 사용한 경우 : 실격
      (6) 시험 중 칼, 가스레인지 등 시설·장비 사용 시 감독위원 및 타수험자의 시험 진행에 위협이 될 것으로 감독위원 전원이 합의하여 판단한 경우 : 실격
8) 항목별 배점은 위생상태 및 안전관리 5점, 조리기술 30점, 작품의 평가 15점이다.

English Menu	Tartar Sauce	
Korean Menu	타르타르 소스	Menu Section
		the claims postulated (요구사항)
		Time: 20 Minute
		Cooking Point

재료	수량	재료	수량
마요네즈	70ml	생크림	약간
삶은 달걀	1개	우유	약간
피클	20g		
청피망	10g		
파슬리	1줄기		
양파	1/5개		
레몬즙	1/4개		
식초	3ml		
흰 후추	3g		
소금	3g		

Cooking tip

- 소스의 농도가 제일 중요하다. 줄줄 흐르는 농도가 아니라 뚝뚝 떨어지는 정도여야 한다.
- 많은 양의 타르타르 소스를 만들 때는 양파를 곱게 다져서 소창에 꼭 짠 후 사용하면 좋다.
- 모든 재료를 곱게 다져서 마요네즈에 골고루 섞어야 소스가 부드럽다.
- 소스의 농도가 되직할 때에는 우유나 생크림을 조금 넣어 골고루 섞으면서 농도를 조절한다.
- 양파, 피망, 파슬리, 피클, 삶은 달걀을 다져서 섞으므로 물기가 생기지 않도록 유의한다.

조리방법	
조리방법	1. 달걀은 찬물에 소금을 넣고 끓이기 시작한다. 물이 끓기 시작하면 그때부터 12분 정도 삶으면 완숙이다. 타르타르 소스는 노른자가 필히 완숙이 되어야 한다. 2. 채소는 모두 0.2cm으로 다져 놓는다. 양파는 옅은 소금물에 담궈 놓는다. 3. 청피망은 다져서 키친타월에 올려 놓고 물기를 제거한다. 4. 피클은 물기가 있게 그냥 다져 놓고, 파슬리도 곱게 다져 놓는다. 5. 달걀은 다 삶아지면 흰자는 곱게 다지고 노른자 반은 볼에 걸러 체에 내린다. 6. 양파는 면포에 물기 없이 꼭 짠다. 7. 모든 재료를 섞는다. 믹싱볼에 달걀, 양파, 청피망, 피클을 넣고 섞어서 수저로 한 4Ts 정도 나오면 마요네즈 6Ts 정도를 넣는다. 재료와 마요네즈 비율은 1 : 1.5 정도다. 8. 식초나 레몬즙으로 농도를 맞춘다. 너무 시어도 안 되기 때문에 우유를 약간 넣어 조절한다. 9. 파슬리 찹을 올려서 제출한다.

[NCS 과정/ 과목명 : 양식 소스 조리]

▶ 훈련 개요

훈련 목표	육류, 어패류, 채소류, 스톡류 등을 활용하여 조리에 사용되는 소스를 조리할 수 있는 능력 함양.
수준	4
권장 훈련 방법	집체 훈련

▶ 평가 시 고려사항 : 평가자는 다음과 같은 사항을 평가해야 한다.

- 부케가르니(Bouquet Garni)를 활용할 수 있는 능력.
- 미르포아(Mire–Poix)를 활용할 수 있는 능력.
- 와인을 활용할 수 있는 능력.
- 농후제를 활용할 수 있는 능력.
- 대부분 녹말의 전분이 호화되는 원리를 이용한 것이다.
- 소스 조리에 사용되는 조리도구를 활용할 수 있는 능력.
- 원하는 상태로 적정하게 조리된 소스의 양.
- 소스의 보관, 유지 방법에 대한 이해와 과정의 적정성.
- 관능검사를 통한 소스의 품질을 평가할 수 있는 능력.
- 질감, 향미, 색채와 조화를 고려하여 제공할 수 있는 능력.

19 홀랜다이즈 소스 실기시험

자격종목	양식조리기능사	과제명	홀랜다이즈 소스 (Hollandaise Sauce)

▶ 시험시간 : 25분

1. 요구사항

※ 주어진 재료를 사용하여 다음과 같이 홀랜다이즈 소스를 만드시오.

가. 양파, 식초를 이용하여 허브 에센스를 만들어 사용하시오.

나. 정제 버터를 만들어 사용하시오.

다. 소스는 중탕으로 만들어 굳지 않게 그릇에 담아내시오.

2. 수험자 유의사항

1) 소스의 농도에 유의한다.

2) 조리작품 만드는 순서는 틀리지 않게 하여야 한다.

3) 숙련된 기능으로 맛을 내야하므로 조리 작업 시 음식의 맛을 보지 않는다.

4) 지정된 수험자 지참 준비물 이외의 조리 기구나 재료를 시험장 내에 지참할 수 없다.

5) 지급재료는 시험 전 확인하여 이상이 있을 경우 시험위원으로부터 조치를 받고 시험 도중에는 재료의 교환 및 추가 지급은 하지 않는다.

6) 다음과 같은 경우에는 채점대상에서 제외한다.

가) 시험시간 내에 과제 두 가지를 제출하지 못한 경우 : 미완성

나) 시험시간 내에 제출된 과제라도 다음과 같은 경우

(1) 문제의 요구사항대로 작품의 수량이 만들어지지 않은 경우 : 미완성

(2) 해당과제의 지급재료 이외의 재료를 사용한 경우 : 오작

(3) 구이를 찜으로 조리하는 등과 같이 조리방법을 다르게 한 경우 : 오작

(4) 불을 사용하여 만든 조리작품이 작품특성에 벗어나는 정도로 타거나 익지 않은 경우 : 실격

(5) 가스레인지 화구를 2개 이상 사용한 경우 : 실격

(6) 시험 중 칼, 가스레인지 등 시설·장비 사용 시 감독위원 및 타수험자의 시험 진행에 위협이 될 것으로 감독위원 전원이 합의하여 판단한 경우 : 실격

7) 항목별 배점은 위생상태 및 안전관리 5점, 조리기술 30점, 작품의 평가 15점이다.

English Menu	Hollandaise Sauce	
Korean Menu	홀랜다이즈 소스	Menu Section

the claims postulated (요구사항)	
Time	25 Minute
Cooking Point	

재료	재료	수량	재료	수량
	맑은 버터	100g		
	달걀 노른자	1~2개		
	양파	1/8개		
	레몬	1/4개		
	월계수 잎	1잎		
	검은 통후추	3개		
	파슬리	1줄기		
	식초	10ml		
	소금	3g		
	흰 후추	3g		
	타라곤 잎	1잎		

Cooking tip

- 녹은 버터를 넣어 부드럽게 젓다가 버터가 굳으면 용기 밑에 따뜻한 물을 받쳐 놓고 거품기로 저어 주면 부드럽다.
- 이때 냄비 속의 물이 뜨거우면 달걀이 익으므로 주의한다. 소스가 되직할 때는 미지근한 물을 조금 넣어 부드럽게 해 준다.
- 중탕한 버터를 달걀 노른자와 허브 에센스를 조금씩 넣어가며 부드럽게 만드는데 버터가 굳지 않도록 빨리 젓는다. 소스가 되직할 때에는 허브 에센스 물을 더 넣는다.
- 허브 에센스는 물(와인)과 식초의 1:1 비율에 레몬즙, 타라곤, 통후추, 파슬리, 월계수 잎, 양파를 넣어 졸인다.

조리방법	1. 버터를 중탕할 물을 끓인다. 2. 양파를 굵직하게 다지고 통후추 3개를 으깬다. 파슬리 줄기도 떼어 놓는다. 3. 허브 에센스 물 만들기 – 물 1/4C, 식초 2Ts, 양파, 파슬리, 통후추, 레몬즙, 월계수 잎, 타라곤 잎을 넣고 졸인다. – 최소 1/2 정도가 남도록 졸인다. – 젖은 면포에 거른 후 식힌다. 4. 버터 중탕하기 – 정제 버터를 사용하고 수면에 떠오른 기름만 사용한다. – 냄비 바닥에 키친타월을 깔고 그 위에 중탕 그릇 믹싱볼을 올려 놓는다. – 중탕 속 물은 중탕 그릇의 1/2 지점까지 수면이 오게 한다. 5. 달걀 노른자에 허브 에센스 물과 녹인 버터를 조금씩 넣어가면서 거품기로 많이 빨리 저어 준다. 불 조절을 잘 해야 한다. 불 조절이 잘 안되면 소스를 실패할 확률이 높아진다. 6. 레몬 씨가 빠지지 않게 다른 한 손으로 받치고 레몬즙 1~2 방울을 넣는다. 소금으로 간을 한다. 농도가 중요하다. 6. 그릇에 담기 전 따뜻한 물에 살짝 담궈 데운 다음 물기를 닦고 담는다.

[NCS 과정/ 과목명 : 양식 소스 조리]

▶ 훈련 개요

훈련 목표	육류, 어패류, 채소류, 스톡류 등을 활용하여 조리에 사용되는 소스를 조리할 수 있는 능력 함양.
수준	4
권장 훈련 방법	집체 훈련

▶ 평가 시 고려사항 : 평가자는 다음과 같은 사항을 평가해야 한다.

- 부케가르니(Bouquet Garni)를 활용할 수 있는 능력.
- 미르포아(Mire–Poix)를 활용할 수 있는 능력.
- 와인을 활용할 수 있는 능력.
- 농후제를 활용할 수 있는 능력.
- 대부분 녹말의 전분이 호화되는 원리를 이용한 것이다.
- 소스 조리에 사용되는 조리도구를 활용할 수 있는 능력.
- 원하는 상태로 적정하게 조리된 소스의 양.
- 소스의 보관, 유지 방법에 대한 이해와 과정의 적정성.
- 관능검사를 통한 소스의 품질을 평가할 수 있는 능력.
- 질감, 향미, 색채와 조화를 고려하여 제공할 수 있는 능력.

20 이탈리안 미트 소스 실기시험

자격종목	양식조리기능사	과제명	이탈리안 미트 소스 (Italian Meat Sauce)

▶ 시험시간 : 30분

1. 요구사항

※ 주어진 재료를 사용하여 다음과 같이 이탈리안 미트 소스를 만드시오.

가. 모든 재료는 다져서 사용하시오.

나. 그릇에 담고 파슬리 다진 것을 뿌려 내시오.

2. 수험자 유의사항

1) 소스의 농도에 유의한다.

2) 조리작품 만드는 순서는 틀리지 않게 하여야 한다.

3) 숙련된 기능으로 맛을 내야하므로 조리 작업 시 음식의 맛을 보지 않는다.

4) 지정된 수험자 지참 준비물 이외의 조리 기구나 재료를 시험장 내에 지참할 수 없다.

5) 지급재료는 시험 전 확인하여 이상이 있을 경우 시험위원으로부터 조치를 받고 시험 도중에는 재료의 교환 및 추가 지급은 하지 않는다.

6) 다음과 같은 경우에는 채점대상에서 제외한다.

가) 시험시간 내에 과제 두 가지를 제출하지 못한 경우 : 미완성

나) 시험시간 내에 제출된 과제라도 다음과 같은 경우

(1) 문제의 요구사항대로 작품의 수량이 만들어지지 않은 경우 : 미완성

(2) 해당과제의 지급재료 이외의 재료를 사용한 경우 : 오작

(3) 구이를 찜으로 조리하는 등과 같이 조리방법을 다르게 한 경우 : 오작

(4) 불을 사용하여 만든 조리작품이 작품특성에 벗어나는 정도로 타거나 익지 않은 경우 : 실격

(5) 가스레인지 화구를 2개 이상 사용한 경우 : 실격

(6) 시험 중 칼, 가스레인지 등 시설·장비 사용 시 감독위원 및 타수험자의 시험 진행에 위협이 될 것으로 감독위원 전원이 합의하여 판단한 경우 : 실격

7) 항목별 배점은 위생상태 및 안전관리 5점, 조리기술 30점, 작품의 평가 15점이다.

English Menu	Italian Meat Sauce	
Korean Menu	이탈리안 미트 소스	Menu Section
		the claims postulated (요구사항)
		Time: 30 Minute
		Cooking Point

	재료	수량	재료	수량
재료	버터	20g	바질	10g
	소고기 갈은 것	80g	오레가노	10g
	양파	40g		
	마늘	2쪽		
	캔 토마토	30g		
	토마토 페이스트	30g		
	셀러리	30g		
	비프 스톡	100ml		
	파슬리	1줄기		
	소금	5g		
	후추	5g		
	올리브 오일	10ml		

Cooking tip

- 이탈리안 미트 소스는 주로 스파게티 같은 요리와 함께 내는 소스이다.
- 모든 재료를 곱게 다져서 냄비에 타지 않도록 충분히 볶다가 토마토 페이스트, 토마토 소스를 넣고 비프 스톡을 넣어 끓여야 소스가 더욱 부드럽다.
- 캔 토마토가 없을 때에는 토마토를 끓는 물에 살짝 데쳐 껍질을 벗긴 후 잘게 썰어 사용하면 된다.
- 고기와 채소는 최대한 잘게 다진다.
- 고기가 뭉치지 않도록 재빨리 저으면서 볶는다.
- 담아낸 후 물기가 많이 생기지 않도록 주의한다.
- 색깔과 농도에 주의한다.

조리방법	
	1. 재료는 헹궈서 물기를 제거한 후 큰 접시에 정리해 둔다. 2. 토마토는 끓는 물에 데쳐서 껍질과 씨를 제거한 뒤 다져 준비한다. 되도록 물에 씻지 않는다. 3. 양파, 셀러리, 마늘은 어느 정도의 형체가 있게 다져 준다. 4. 소고기는 찬물에 담궈 핏물과 기름기를 제거하고 잘게 다진다. 갈은 소고기는 대체로 주어진다. 5. 냄비에 버터 1Ts을 녹이고 양파와 마늘을 볶다가 소고기를 넣어 볶는다. 6. 양파와 셀러리를 넣어 가며 중불에서 볶아 준다. 7. 페이스트 2Ts을 넣고 신맛이 어느 정도 날아갈 때까지 볶다가 토마토 소스를 넣어 약불에서 2~3분 볶는다. 8. 스톡 1과 1/2C을 센불에서 3번과 4번에 나누어 풀어가며 넣는다. 월계수 잎, 바질, 오레가노 등 향신료를 넣고 뚜껑을 덮고 끓인다. 9. 재료를 넣는 순서는 마늘 → 소고기 → 양파 → 셀러리 → 토마토 페이스트 → 토마토 소스 → 비프 스톡 →허브류 순이다. 10. 끓어 오르면 중불로 불을 줄이고 거품을 제거한다. 11. 1C 분량으로 조린 후 월계수 잎을 제거하고 소금, 후추로 간하여 그릇에 담는다. 파슬리 찹을 마지막으로 뿌려 마무리한다.

[NCS 과정/ 과목명 : 양식 소스 조리]

▶ **훈련 개요**

훈련 목표	육류, 어패류, 채소류, 스톡류 등을 활용하여 조리에 사용되는 소스를 조리할 수 있는 능력 함양.
수준	4
권장 훈련 방법	집체 훈련

▶ **평가 시 고려사항 : 평가자는 다음과 같은 사항을 평가해야 한다.**

- 부케가르니(Bouquet Garni)를 활용할 수 있는 능력.
- 미르포아(Mire-Poix)를 활용할 수 있는 능력.
- 와인을 활용할 수 있는 능력.
- 농후제를 활용할 수 있는 능력.
- 대부분 녹말의 전분이 호화되는 원리를 이용한 것이다.
- 소스 조리에 사용되는 조리도구를 활용할 수 있는 능력.
- 원하는 상태로 적정하게 조리된 소스의 양.
- 소스의 보관, 유지 방법에 대한 이해와 과정의 적정성.
- 관능검사를 통한 소스의 품질을 평가할 수 있는 능력.
- 질감, 향미, 색채와 조화를 고려하여 제공할 수 있는 능력.

21 브라운 그래비 소스 실기시험

자격종목	양식조리기능사	과제명	브라운 그래비 소스 (Brown Gravy Sauce)

▶ 시험시간 : 30분

1. 요구사항

※ 주어진 재료를 사용하여 다음과 같이 브라운 그래비 소스를 만드시오.

가. 브라운 루(Brown Roux)를 만들어 사용하시오.

나. 완성된 작품의 양은 200㎖ 정도를 만드시오.

2. 수험자 유의사항

1) 브라운 루(Brown Roux)가 타지 않도록 한다.
2) 소스의 농도에 유의한다.
3) 조리작품 만드는 순서는 틀리지 않게 하여야 한다.
4) 숙련된 기능으로 맛을 내야하므로 조리 작업 시 음식의 맛을 보지 않는다.
5) 지정된 수험자 지참 준비물 이외의 조리 기구나 재료를 시험장 내에 지참할 수 없다.
6) 지급재료는 시험 전 확인하여 이상이 있을 경우 시험위원으로부터 조치를 받고 시험 도중에는 재료의 교환 및 추가 지급은 하지 않는다.
7) 다음과 같은 경우에는 채점대상에서 제외한다.
 가) 시험시간 내에 과제 두 가지를 제출하지 못한 경우 : 미완성
 나) 시험시간 내에 제출된 과제라도 다음과 같은 경우
  (1) 문제의 요구사항대로 작품의 수량이 만들어지지 않은 경우 : 미완성
  (2) 해당과제의 지급재료 이외의 재료를 사용한 경우 : 오작
  (3) 구이를 찜으로 조리하는 등과 같이 조리방법을 다르게 한 경우 : 오작
  (4) 불을 사용하여 만든 조리작품이 작품특성에 벗어나는 정도로 타거나 익지 않은 경우 : 실격
  (5) 가스레인지 화구를 2개 이상 사용한 경우 : 실격
  (6) 시험 중 칼, 가스레인지 등 시설·장비 사용 시 감독위원 및 타수험자의 시험 진행에 위협이 될 것으로 감독위원 전원이 합의하여 판단한 경우 : 실격
8) 항목별 배점은 위생상태 및 안전관리 5점, 조리기술 30점, 작품의 평가 15점이다.

English Menu	Brown Gravy Sauce
Korean Menu	브라운 그래비 소스

Menu Section	
the claims postulated (요구사항)	
Time	30 Minute
Cooking Point	

재료

재료	수량	재료	수량
밀가루	20g		
버터	30g		
브라운 스톡	300ml		
소금	3g		
검은 후추	5g		
양파	50g		
셀러리	20g		
당근	40g		
토마토 페이스트	35g		
월계수 잎	1잎		
정향	1개		
파슬리	1잎		

Cooking tip

- 채소는 일정한 두께로 채를 썰어주는 것이 좋고 채소를 볶을 땐 강불로 타지 않게 볶는다.
- 냄비 바닥이 너무 타지 않도록 볶을 때 조금씩 스톡을 첨가한다.
- 토마토 페이스트를 넣은 뒤 타지 않게 약불에서 잘 조절하며 신맛을 날려 준다.
- 토마토 페이스트는 반드시 냄비를 불에서 내린 뒤에 여열로 서서히 볶아야 신맛이 날아간다.
- 끓이며 생기는 거품을 제거한다. 농도는 바닥을 긁어 보았을 때 바닥이 많이 보일 정도가 좋다.
- 브라운 루는 냄비를 흔들면서 시계 반대 방향으로 계속 저어주면서 갈색으로 만든다. 이때 스톡 3C을 부어주되 조금씩 풀어가면서 넣는다.
- 냄비 가장자리에 붙은 것도 긁어 넣어야 농도가 잘 나온다. 흔들었을 때 찰랑거릴 정도로 농도를 맞춘다.

조리방법	
조리방법	1. 양파, 마늘, 셀러리, 당근을 슬라이스 미르뽀아로 한다. 양파는 부케가르니용으로 한 쪽을 남긴다. 스톡용이므로 크기는 많이 신경 쓰지 않아도 된다. 2. 부케가르니용으로 양파와 정향, 월계수 잎, 파슬리 잎을 준비한다. 3. 팬에 식용유를 조금 두른다. 많이 두르면 소스에서 기름이 뜨기 때문에 조금만 두른다. 4. 마늘, 양파, 당근, 셀러리 순으로 볶는다. 루로 색을 낼 것이므로 노릇하게만 갈색으로 볶아서 접시에 담아 둔다. 5. 냄비에 버터 2Ts을 넣고 녹인 후 밀가루 2Ts을 넣어 중불에서 볶아 루를 만든다. 되직해졌다가 묽어졌다가를 반복하면서 색이 갈색으로 변할 때까지 볶는다. 초콜릿 색이 되면 토마토 페이스트 1Ts을 넣어서 냄비에 남은 여열로 페이스트와 루를 볶아 준다. 페이스트는 타기 쉬우므로 불 조절을 잘 해야 한다. 6. 루와 토마토 페이스트가 하나가 되면 볶은 채소를 넣어서 중불에서 다시 볶고 브라운 스톡 2와 1/2C과 부케가르니를 넣고 강불에서 끓인다. 7. 그래비 소스가 끓어오르면 약중불에서 은근히 끓여 준다. 8. 너무 되직할 때는 체에 잘 걸러지지 않으므로 약간 묽을 때 체에 걸러 내고 소금을 조금 넣어서 다시 되직해질 때까지 끓인다. 9. 중간 오목한 접시에 1C의 양을 담아서 제출한다.

[NCS 과정/ 과목명 : 양식 소스 조리]

▶ 훈련 개요

훈련 목표	육류, 어패류, 채소류, 스톡류 등을 활용하여 조리에 사용되는 소스를 조리할 수 있는 능력 함양.
수준	4
권장 훈련 방법	집체 훈련

▶ 평가 시 고려사항 : 평가자는 다음과 같은 사항을 평가해야 한다.

- 부케가르니(Bouquet Garni)를 활용할 수 있는 능력.
- 미르포아(Mire-Poix)를 활용할 수 있는 능력.
- 와인을 활용할 수 있는 능력.
- 농후제를 활용할 수 있는 능력.
- 대부분 녹말의 전분이 호화되는 원리를 이용한 것이다.
- 소스 조리에 사용되는 조리도구를 활용할 수 있는 능력.
- 원하는 상태로 적정하게 조리된 소스의 양.
- 소스의 보관, 유지 방법에 대한 이해와 과정의 적정성.
- 관능검사를 통한 소스의 품질을 평가할 수 있는 능력.
- 질감, 향미, 색채와 조화를 고려하여 제공할 수 있는 능력.

22 프렌치 프라이드 쉬림프 실기시험

자격종목	양식조리기능사	과제명	프렌치 프라이드 쉬림프 (French Fried Shrimp)

▶ 시험시간 : 25분

1. 요구사항

※ 주어진 재료를 사용하여 다음과 같이 프렌치 프라이드 쉬림프를 만드시오.

가. 새우를 구부러지지 않게 튀기시오.

나. 새우튀김은 4개를 제출하시오.

다. 레몬과 파슬리를 곁들이시오.

2. 수험자 유의사항

1) 새우는 꼬리 쪽에서 한 마디 정도만 껍질을 남긴다.
2) 튀김 반죽에 유의하고, 튀김의 색깔이 깨끗하게 한다.
3) 조리작품 만드는 순서는 틀리지 않게 하여야 한다.
4) 숙련된 기능으로 맛을 내야하므로 조리 작업 시 음식의 맛을 보지 않는다.
5) 지정된 수험자 지참 준비물 이외의 조리 기구나 재료를 시험장 내에 지참할 수 없다.
6) 지급재료는 시험 전 확인하여 이상이 있을 경우 시험위원으로부터 조치를 받고 시험 도중에는 재료의 교환 및 추가 지급은 하지 않는다.
7) 다음과 같은 경우에는 채점대상에서 제외한다.
   가) 시험시간 내에 과제 두 가지를 제출하지 못한 경우 : 미완성
   나) 시험시간 내에 제출된 과제라도 다음과 같은 경우
      (1) 문제의 요구사항대로 작품의 수량이 만들어지지 않은 경우 : 미완성
      (2) 해당과제의 지급재료 이외의 재료를 사용한 경우 : 오작
      (3) 구이를 찜으로 조리하는 등과 같이 조리방법을 다르게 한 경우 : 오작
      (4) 불을 사용하여 만든 조리작품이 작품특성에 벗어나는 정도로 타거나 익지 않은 경우 : 실격
      (5) 가스레인지 화구를 2개 이상 사용한 경우 : 실격
      (6) 시험 중 칼, 가스레인지 등 시설·장비 사용 시 감독위원 및 타수험자의 시험 진행에 위협이 될 것으로 감독위원 전원이 합의하여 판단한 경우 : 실격
8) 항목별 배점은 위생상태 및 안전관리 5점, 조리기술 30점, 작품의 평가 15점이다.

English Menu	French Fried Shrimp	
Korean Menu	프렌치 프라이드 쉬림프	Menu Section

the claims postulated (요구사항)	
Time	25 Minute
Cooking Point	

	재료	수량
재료	새우	4마리
	밀가루	80g
	달걀	1개
	설탕	3g
	소금	3g
	흰 후추	3g
	식용유	500ml
	레몬	1/6개
	파슬리	1줄기
	냅킨	2장
	이쑤시개	1개
	물 이나 와인	30ml

Cooking tip

- 튀김기름의 온도가 160~170℃ 정도인지 확인한 후 타지 않도록 바삭하게 튀긴다.
- 계속 튀김을 하다 보면 온도가 낮아지는 경향이 있으므로 주의한다.
- 새우를 손질할 때 내장은 등쪽에서 이쑤시개로 빼고 껍질을 벗길 때 꼬리가 떨어지지 않도록 주의한다.
- 배쪽에 칼집을 넣은 후에 반듯하게 펴서 소금, 후추에 양념한다.
- 새우의 수분에 따라 반죽의 농도가 달라지므로 튀기기 전에 확인해 보는 것이 좋다.
- 생선요리, 갑각류요리에는 레몬을 곁들여 주는 것이 좋으며 레몬의 양끝을 잘라서 레몬 웨이지로 놓는다.
- 파슬리가 나오면 무조건 처음에 물에 담근다.
- 가니시란 파슬리와 레몬으로 장식하는 것을 말한다.
- 이때 파슬리의 줄기가 보이면 안 되고 레몬은 항상 오른쪽에 놓는다.
- 프렌치 반죽은 밀가루에 와인이나 우유를 넣는 것이 좋다.

조리방법	1. 새우는 머리, 내장을 제거하고 소금물에 씻어 껍질을 제거한 뒤 꼬리 쪽 한 마디만 남긴다. 배쪽에 2~3회 칼집을 넣은 후 소금, 흰 후추로 간을 한다. 2. 달걀의 흰자와 노른자를 분리한 후, 흰자를 거품 낸다. 노른자는 반죽에 혼합한다. 3. 달걀 노른자에 설탕 1/2ts, 물 2Ts을 골고루 섞은 다음 밀가루 3~4Ts을 넣고 가볍게 저어 되직하게 한 뒤, 흰자 거품 낸 것을 넣어 가볍게 섞으며 농도 조절을 하여 튀김옷(반죽)을 만든다. 4. 새우에 밀가루를 묻혔다가 털고 반죽을 묻혀 160℃ 기름에 한 번 튀겨 기름을 제거한다. 5. 그릇에 보기 좋게 담는다. 레몬과 파슬리로 장식을 한다.

[NCS 과정/ 과목명 : 양식 어패류 조리]

▶ 훈련 개요

훈련 목표	생선류, 조개류, 갑각류 등을 활용하여 각각의 특성에 맞게 조리하고 그에 곁들이는 소스 등을 조리할 수 있는 능력 함양.
수준	5
권장 훈련 방법	집체 훈련

▶ 평가 시 고려사항 : 평가자는 다음과 같은 사항을 평가해야 한다.

- 재료의 전 처리와 준비과정의 적정성.
- 생선요리의 접시 담기 규칙 준수 여부.
- 보관과 유지방법에 대한 이해.
- 보관과 유지과정의 적정성.

23 피시 뫼니에르 실기시험

자격종목	양식조리기능사	과제명	피시 뫼니에르 (Fish Meuniere)

▶ 시험시간 : 30분

1. 요구사항

※ 주어진 재료를 사용하여 다음과 같이 피시 뫼니에르를 만드시오.

가. 생선은 길이를 일정하게 하여 4쪽을 구워 내시오.

나. 소스와 함께 레몬, 파슬리를 곁들여 내시오.

2. 수험자 유의사항

1) 생선살은 흐트러지지 않게 5장 포 뜨기를 한다.
2) 생선의 담는 방법에 유의한다.
3) 조리작품 만드는 순서는 틀리지 않게 하여야 한다.
4) 숙련된 기능으로 맛을 내야하므로 조리 작업 시 음식의 맛을 보지 않는다.
5) 지정된 수험자 지참 준비물 이외의 조리 기구나 재료를 시험장 내에 지참할 수 없다.
6) 지급재료는 시험 전 확인하여 이상이 있을 경우 시험위원으로부터 조치를 받고 시험 도중에는 재료의 교환 및 추가 지급은 하지 않는다.
7) 다음과 같은 경우에는 채점대상에서 제외한다.
   가) 시험시간 내에 과제 두 가지를 제출하지 못한 경우 : 미완성
   나) 시험시간 내에 제출된 과제라도 다음과 같은 경우
      (1) 문제의 요구사항대로 작품의 수량이 만들어지지 않은 경우 : 미완성
      (2) 해당과제의 지급재료 이외의 재료를 사용한 경우 : 오작
      (3) 구이를 찜으로 조리하는 등과 같이 조리방법을 다르게 한 경우 : 오작
      (4) 불을 사용하여 만든 조리작품이 작품특성에 벗어나는 정도로 타거나 익지 않은 경우 : 실격
      (5) 가스레인지 화구를 2개 이상 사용한 경우 : 실격
      (6) 시험 중 칼, 가스레인지 등 시설·장비 사용 시 감독위원 및 타수험자의 시험 진행에 위협이 될 것으로 감독위원 전원이 합의하여 판단한 경우 : 실격
8) 항목별 배점은 위생상태 및 안전관리 5점, 조리기술 30점, 작품의 평가 15점이다.

English Menu	Fish Meuniere	
Korean Menu	피시 뫼니에르	Menu Section

the claims postulated (요구사항)	
Time	30 Minute
Cooking Point	

	재료	수량	재료	수량
재료	가자미(넙치)	1마리		
	버터	50g		
	밀가루	20g		
	소금	3g		
	흰 후추	3g		
	레몬	1/2개		
	파슬리	1줄기		

Cooking tip

- 도마 위에서 생선을 다룰 때에는 물기 없이 깨끗이 다루도록 유의한다.
- 생선살은 조리 후의 길이가 조리 전의 길이보다 훨씬 짧아지므로 주의한다.
- 조리된 상태의 길이나 넓이가 알맞도록 조리과정에서 미리 손질하는 것이 좋다.
- 생선을 구울 때 엎었다 뒤집었다 하지 말아야 한다. 한 쪽을 완전히 익힌 후 나머지 한 쪽도 익힌다. 생선이 타지 않도록 한다.
- 레몬버터 소스와 파슬리는 아주 곱게 다져 넣는다.
- 가니시는 생선의 꼬리 쪽에 놓고 레몬은 오른쪽으로 가도록 한다.

조리방법	1. 파슬리는 물에 담궈 싱싱하게 한다. 2. 생선은 꼬리 쪽에서 머리 쪽으로 비늘을 벗기고, 머리와 내장을 제거한 뒤 물로 깨끗이 씻어 5장 포 뜨기 한다. 3. 생선 껍질을 제거하고 9cm 길이로 만든 다음 소금과 후추를 뿌려 놓는다. 4. 레몬은 씨와 막을 제거하고 보기 좋게 손질해 놓고, 파슬리는 찹을 만들어 놓는다. 5. 생선에 있는 수분을 제거하고 밀가루를 발라 버터를 녹인 팬에 노릇하게 지진다. 6. 팬에 버터를 녹이고 불을 끈 후 식용유 조금, 소금, 후추, 레몬즙을 넣어 레몬버터 소스를 만든다. 7. 접시에 생선을 담고 레몬버터 소스를 뿌리고 파슬리 가루를 뿌려 레몬 웨이지와 파슬리로 장식하여 제출한다.

[NCS 과정/ 과목명 : 양식 어패류 조리]

▶ **훈련 개요**

훈련 목표	생선류, 조개류, 갑각류 등을 활용하여 각각의 특성에 맞게 조리하고 그에 곁들이는 소스 등을 조리할 수 있는 능력 함양.
수준	5
권장 훈련 방법	집체 훈련

▶ **평가 시 고려사항 : 평가자는 다음과 같은 사항을 평가해야 한다.**

- 재료의 전 처리와 준비과정의 적정성.
- 생선요리의 접시 담기 규칙 준수 여부.
- 보관과 유지방법에 대한 이해.
- 보관과 유지과정의 적정성.

24 솔 모르네이 실기시험

자격종목	양식조리기능사	과제명	솔 모르네이 (Sole Mornay)

▶ 시험시간 : 40분

1. 요구사항

※ 주어진 재료를 사용하여 다음과 같이 솔 모르네이를 만드시오.

가. 피시 스톡(fish stock)을 만들어 생선을 포칭(poaching)하시오.

나. 베샤멜 소스를 만들어 치즈를 넣고 모르네이 소스를 만드시오.

다. 수량은 같은 크기로 4개 제출하시오.

라. 카엔 페퍼를 뿌려 내시오.

2. 수험자 유의사항

1) 소스의 농도에 유의한다.
2) 생선살이 흐트러지지 않도록 5장 뜨기를 한다.
3) 생선뼈는 지급된 생선으로 사용한다.
4) 조리작품 만드는 순서는 틀리지 않게 하여야 한다.
5) 숙련된 기능으로 맛을 내야하므로 조리 작업 시 음식의 맛을 보지 않는다.
6) 지정된 수험자 지참 준비물 이외의 조리 기구나 재료를 시험장 내에 지참할 수 없다.
7) 지급재료는 시험 전 확인하여 이상이 있을 경우 시험위원으로부터 조치를 받고 시험 도중에는 재료의 교환 및 추가 지급은 하지 않는다.
8) 다음과 같은 경우에는 채점대상에서 제외한다.
 가) 시험시간 내에 과제 두 가지를 제출하지 못한 경우 : 미완성
 나) 시험시간 내에 제출된 과제라도 다음과 같은 경우
  (1) 문제의 요구사항대로 작품의 수량이 만들어지지 않은 경우 : 미완성
  (2) 해당과제의 지급재료 이외의 재료를 사용한 경우 : 오작
  (3) 구이를 찜으로 조리하는 등과 같이 조리방법을 다르게 한 경우 : 오작
  (4) 불을 사용하여 만든 조리작품이 작품특성에 벗어나는 정도로 타거나 익지 않은 경우 : 실격
  (5) 가스레인지 화구를 2개 이상 사용한 경우 : 실격
  (6) 시험 중 칼, 가스레인지 등 시설·장비 사용 시 감독위원 및 타수험자의 시험 진행에 위협이 될 것으로 감독위원 전원이 합의하여 판단한 경우 : 실격
9) 항목별 배점은 위생상태 및 안전관리 5점, 조리기술 30점, 작품의 평가 15점이다.

English Menu	Sole Mornay
Korean Menu	솔 모르네이

Menu Section

the claims postulated (요구사항)

Time	40 Minute

Cooking Point

재료

재료	수량	재료	수량
가자미(넙치)	1마리	흰 통후추	3알
버터	50g		
밀가루	10g		
우유	200ml		
노란치즈	1장(10g)		
소금	3g		
카엔 페퍼	2g		
양파	50g		
파슬리	1줄기		
레몬	1/4개		
월계수 잎	1장		
정향	1개		

Cooking tip

- 자연스럽게 흘러내리는 소스 농도 맞추기와 생선 다루기에 중점을 두어야 하는 요리이다.
- 생선은 살로 포를 떠서 생선 모양을 살려서 익힌 후 사용하는 방법도 있고, 돌돌 말아서 꼬챙이로 꽂아 익혀서 하는 방법도 있다.
- 베샤멜 소스를 만들 때 두툼한 냄비에 색이 나지 않게 깨끗이 볶아서 만든다. 우유를 부어 풀 때 색이 곱다.
- 생선을 포칭할 때 바닥의 스톡 국물을 끼얹어 가며 한다.
- 냉동 생선은 힘줘 말아 주고, 생물은 너무 힘주어 말면 익으면서 흐물흐물해지니 주의한다.
- 생선 포칭 후 완성 사이즈는 일정한 것이 좋다.
- 베샤멜 소스는 밀가루와 우유를 넣고, 벨루테 소스는 밀가루와 생선 스톡으로 끓인다.

<table>
<tr><td>조리방법</td><td>1. 넙치(혹은 가자미)는 비늘을 긁고 깨끗이 씻어 살을 5장 포 뜨고 뼈를 발라낸다. 생선이 얼었을 경우 반드시 찬물에 녹여서 사용한다.
2. 생선살을 껍질을 제거하고, 소금, 흰 후추를 뿌린다. 뼈는 피시 스톡(fish stock) 1C을 만든다.
3. 피시 스톡 만들기
– 뼈를 3~4cm 길이로 토막을 내고 찬물에 담궈 핏물을 제거한다.
– 냄비에 버터를 소량 두르고, 핏물을 제거한 뼈와 양파(혹은 셀러리)를 볶다가 물 150ml를 넣고 냄비 뚜껑을 연채 끓인 후 면포에 걸러 둔다.
– 이 스톡은 나중에 넙치살을 포칭할 때와 소스를 만들 때 사용한다.
3. 생선살은 모양을 만들어 포칭하는데 스톡에 넣고 바로 삶으면 살이 흐물흐물해져서 망가지기 때문에 다음과 같은 방법으로 한다.
– 양파를 굵게 채 썬 후 프라이팬에 깔고, 그 양파 위에 생선살을 올린다.
– 프라이팬에 만들어 둔 스톡을 1/2 내지 2/3 넣고 생선살에도 물기를 살짝 얹어 준다.
– 불에 올리면 양파 아래의 스톡이 증발하면서 양파 위에 생선살을 삶아 준다.
– 다 삶아지면 조심스럽게 접시 위에 부챗살 모양으로 담는다.
4. 화이트 베샤멜 소스 만들기
– 프라이팬(냄비)에 버터를 녹인 다음 밀가루를 넣어 볶아 화이트 루를 만든다. 버터와 밀가루는 1:1 비율이다.
– 여기에 피시 스톡을 넣어 강불에서 끓이면서 우유(주어진 양 전량 사용)를 조금씩 첨가한다.
– 다진 치즈를 넣고 농도와 색을 맞춘다. 소금과 후추로 맛을 낸다.
5. 접시에 포칭한 생선살을 올리고 베샤멜 소스와 카엔 페퍼를 뿌려 준다.</td></tr>
</table>

[NCS 과정/ 과목명 : 양식 어패류 조리]

▶ 훈련 개요

훈련 목표	생선류, 조개류, 갑각류 등을 활용하여 각각의 특성에 맞게 조리하고 그에 곁들이는 소스 등을 조리할 수 있는 능력 함양.
수준	5
권장 훈련 방법	집체 훈련

▶ 평가 시 고려사항 : 평가자는 다음과 같은 사항을 평가해야 한다.

- 재료의 전 처리와 준비과정의 적정성.
- 생선요리의 접시 담기 규칙 준수 여부.
- 보관과 유지방법에 대한 이해.
- 보관과 유지과정의 적정성.

25 치킨 아라 킹 실기시험

자격종목	양식조리기능사	과제명	치킨 아라 킹 (Chicken a la king)

▶ 시험시간 : 30분

1. 요구사항

※ 주어진 재료를 사용하여 다음과 같이 치킨 아라 킹을 만드시오.

가. 완성된 닭고기와 채소, 버섯의 크기는 1.8cm×1.8cm 정도로 균일하게 하시오.
단, 지급된 재료의 크기에 따라 가감하시오.

나. 닭뼈를 이용하여 치킨 육수를 만들어 사용하시오.

다. 화이트 루(White Roux)를 이용하여 베샤멜 소스를 만들어 사용하시오.

2. 수험자 유의사항

1) 소스의 색깔과 농도에 유의한다.
2) 조리작품 만드는 순서는 틀리지 않게 하여야 한다.
3) 숙련된 기능으로 맛을 내야하므로 조리 작업 시 음식의 맛을 보지 않는다.
4) 지정된 수험자 지참 준비물 이외의 조리 기구나 재료를 시험장 내에 지참할 수 없다.
5) 지급재료는 시험 전 확인하여 이상이 있을 경우 시험위원으로부터 조치를 받고 시험 도중에는 재료의 교환 및 추가 지급은 하지 않는다.
6) 다음과 같은 경우에는 채점대상에서 제외한다.
   가) 시험시간 내에 과제 두 가지를 제출하지 못한 경우 : 미완성
   나) 시험시간 내에 제출된 과제라도 다음과 같은 경우
      (1) 문제의 요구사항대로 작품의 수량이 만들어지지 않은 경우 : 미완성
      (2) 해당과제의 지급재료 이외의 재료를 사용한 경우 : 오작
      (3) 구이를 찜으로 조리하는 등과 같이 조리방법을 다르게 한 경우 : 오작
      (4) 불을 사용하여 만든 조리작품이 작품특성에 벗어나는 정도로 타거나 익지 않은 경우 : 실격
      (5) 가스레인지 화구를 2개 이상 사용한 경우 : 실격
      (6) 시험 중 칼, 가스레인지 등 시설·장비 사용 시 감독위원 및 타수험자의 시험 진행에 위협이 될 것으로 감독위원 전원이 합의하여 판단한 경우 : 실격
7) 항목별 배점은 위생상태 및 안전관리 5점, 조리기술 30점, 작품의 평가 15점이다.

English Menu	Chicken a la king	
Korean Menu	치킨 아라 킹	Menu Section

the claims postulated
(요구사항)

Time	30 Minute

Cooking Point

재료	재료	수량	재료	수량
재료	닭다리살	180g		
	버터	25g		
	우유	80ml		
	밀가루	15g		
	소금, 흰 후추	각3g		
	홍 피망	1/6개		
	청 피망	1/4개		
	양송이	20g		
	양파	1/2개		
	생크림	20ml		
	정향	1개		
	월계수 잎	1잎		

Cooking tip

- 닭고기살을 잘라서 팬에 깨끗이 볶아 사용해도 좋다.
- 닭고기살은 가슴살도 가능하다.
- 완성된 요리에 기름이 뜨지 않도록 닭고기 기름을 제거한다.
- 채소 볶을 때 부서지지 않도록 주의한다.
- 전체적으로 화이트 루를 잘 만들어야 하는데, 화이트 루를 태우지 않아야 색이 뽀얗게 잘 나온다.
- 후추는 꼭 흰 후추를 넣어야 한다.
- 또 농도는 걸쭉하게 흐르는 정도가 좋다.
- 채소를 넣고 너무 오래 끓이지 않도록 한다.
- 화이트 루가 색이 나지 않게 볶아 주어야 한다.

조리방법	1. 닭고기는 뼈와 껍질을 제거하고 살만 발라 2cm×2cm로 자른다. 살은 포를 떠서 썬 다음 삶아서 사용해도 좋다. 2. 양파, 청피망, 홍피망은 1.8cm 정사각형으로 자르고 양송이는 껍질을 벗겨 모양을 살려서 썬다. 3. 닭살과 양파 조각을 넣고 2C 정도의 물을 넣어 끓여 닭살이 익으면 면포에 걸러 닭살과 치킨 스톡을 준비한다. 4. 팬에 버터를 살짝 두르고 양파, 양송이, 청피망, 홍피망 순으로 살짝 볶는다. 5. 냄비에 버터 1Ts을 녹이고 밀가루 1Ts을 넣어 약불에서 색이 나지 않게 은근히 볶아 화이트 루를 만든다. 6. 화이트 루에 치킨 스톡을 몽우리가 지지 않게 풀어준 다음 양파 조각에 향신료 꽂은 것을 넣고 은근이 끓이다가 우유와 생크림으로 농도를 맞춘다. 볶은 채소와 닭살을 넣고 끓이다가 향신료는 건져 내고 소금과 흰 후추로 간을 맞춘다. 7. 준비된 접시에 예쁘게 담는다.

[NCS 과정/ 과목명 : 양식 육류 조리]

▶ 훈련 개요

훈련 목표	육류, 가금류 등을 활용하여 육류, 가금류 조리와 곁들이는 소스 등을 조리할 수 있는 능력 함양.
수준	5
권장 훈련 방법	집체 훈련

▶ 평가 시 고려사항 : 평가자는 다음과 같은 사항을 평가해야 한다.

- 재료의 전 처리.
- 준비과정의 적정성.
- 육류과정의 적정성.
- 육류 조리절차, 요구사항, 주의사항에 대한 이해도.
- 육류요리의 접시 담는 규칙 준수 여부.
- 요리의 알맞은 맛과 풍미가 있는지 여부.
- 주재료에 어울리는 가니시(Garnish)의 활용 여부.
- 음식의 색깔과 맛, 풍미, 온도의 적정성 여부.
- 보관, 유지 방법과 과정의 적정성.
- 완성된 요리를 푸드 스타일링 해 담는 방법의 적정성.

26 치킨 커틀릿 실기시험

자격종목	양식조리기능사	과제명	치킨 커틀릿 (Chicken Cutlet)

▶ 시험시간 : 30분

1. 요구사항

※ 주어진 재료를 사용하여 다음과 같이 치킨 커틀릿을 만드시오.

가. 닭은 껍질째 사용하시오.

나. 완성된 커틀릿의 두께를 1㎝ 정도로 하시오.

다. 딥 펫 프라이(deep fat fry)로 하시오.

2. 수험자 유의사항

1) 닭고기 모양에 유의한다.
2) 완성된 커틀릿의 색깔에 유의한다.
3) 조리작품 만드는 순서는 틀리지 않게 하여야 한다.
4) 숙련된 기능으로 맛을 내야하므로 조리 작업 시 음식의 맛을 보지 않는다.
5) 지정된 수험자 지참 준비물 이외의 조리 기구나 재료를 시험장 내에 지참할 수 없다.
6) 지급재료는 시험 전 확인하여 이상이 있을 경우 시험위원으로부터 조치를 받고 시험 도중에는 재료의 교환 및 추가 지급은 하지 않는다.
7) 다음과 같은 경우에는 채점대상에서 제외한다.
 가) 시험시간 내에 과제 두 가지를 제출하지 못한 경우 : 미완성
 나) 시험시간 내에 제출된 과제라도 다음과 같은 경우
  (1) 문제의 요구사항대로 작품의 수량이 만들어지지 않은 경우 : 미완성
  (2) 해당과제의 지급재료 이외의 재료를 사용한 경우 : 오작
  (3) 구이를 찜으로 조리하는 등과 같이 조리방법을 다르게 한 경우 : 오작
  (4) 불을 사용하여 만든 조리작품이 작품특성에 벗어나는 정도로 타거나 익지 않은 경우 : 실격
  (5) 가스레인지 화구를 2개 이상 사용한 경우 : 실격
  (6) 시험 중 칼, 가스레인지 등 시설·장비 사용 시 감독위원 및 타수험자의 시험 진행에 위협이 될 것으로 감독위원 전원이 합의하여 판단한 경우 : 실격
8) 항목별 배점은 위생상태 및 안전관리 5점, 조리기술 30점, 작품의 평가 15점이다.

English Menu	Chicken Cutlet	
Korean Menu	치킨 커틀릿	Menu Section

the claims postulated (요구사항)

Time	30 Minute

Cooking Point

재료	수량	재료	수량
닭다리살	150g		
달걀	1개		
밀가루	30g		
빵가루	50g		
소금	3g		
후추	3g		
식용유	300ml		
버터	10g		
냅킨	2장		

Cooking tip

- 닭다리살에 칼집을 여러 번 넣어 재료가 튀긴 후 모양이 변하지 않게 하여야 하고 소금과 흰 후추로 간을 한다.
- 튀김옷은 꼭 밀가루, 달걀물(흰자와 노른자 섞은 것), 빵가루 순으로 입혀 준다.
- 160~180℃에서 노릇하게 안까지 익도록 튀겨 내어야 한다. 튀길 땐 깊은 팬을 이용한다. 깊은 팬이 없을 땐 냄비를 이용한다.
- 기름의 온도가 너무 높으면 행주에 물을 충분히 묻혀 팬 위에 걸쳐 두면 기름의 온도가 빨리 떨어진다.
- 전체적인 두께는 1~2cm, 너무 얇지 않게 만들고 가니시 없이 커틀릿만 제출한다.
- 치킨 커틀릿 위에 녹인 버터 소스를 살짝 뿌려도 좋다.

조리 방법	
조리 방법	1. 닭다리살 뼈를 바르면서 떨어진 살들은 붙여 주고, 살이 없는 부분의 기름과 껍질은 제거한다. 2. 고기에 골고루 칼집을 내고 소금과 후추로 간을 한다. 껍질 부분은 약간씩 자른다. 3. 밀가루를 묻히고 달걀물을 입힌다. 다시 빵가루를 묻힌다. 넉넉하게 꼭꼭 눌러주면서 사각형에 가까운 모양을 잡아 재워 둔다. 4. 빵가루를 묻힌 닭고기는 잠시 재워 둔다. 그렇지 않으면 빵가루가 떨어진다. 5. 접시에 냅킨을 준비한다. 6. 160℃의 기름에 가장자리로 미끄러지듯이 재료를 넣고 노릇노릇하게 튀겨 낸다. 떠오르면 젓가락으로 눌러 기름에 잠기도록 하고 두꺼운 부분은 찔러서 잘 익도록 한다. 7. 설익지 않도록 하고, 타지 않도록 기름 온도에 주의한다.

[NCS 과정/ 과목명 : 양식 육류 조리]

▶ 훈련 개요

훈련 목표	육류, 가금류 등을 활용하여 육류, 가금류 조리와 곁들이는 소스 등을 조리할 수 있는 능력 함양.
수준	5
권장 훈련 방법	집체 훈련

▶ 평가 시 고려사항 : 평가자는 다음과 같은 사항을 평가해야 한다.

- 재료의 전 처리.
- 준비과정의 적정성.
- 육류과정의 적정성.
- 육류 조리절차, 요구사항, 주의사항에 대한 이해도.
- 육류요리의 접시 담는 규칙 준수 여부.
- 요리의 알맞은 맛과 풍미가 있는지 여부.
- 주재료에 어울리는 가니시(Garnish)의 활용 여부.
- 음식의 색깔과 맛, 풍미, 온도의 적정성 여부.
- 보관, 유지 방법과 과정의 적정성.
- 완성된 요리를 푸드 스타일링 해 담는 방법의 적정성.

27 바베큐 폭찹 실기시험

자격종목	양식조리기능사	과제명	바베큐 폭찹 (Barbecued Pork Chop)

▶ 시험시간 : 40분

1. 요구사항

※ 주어진 재료를 사용하여 다음과 같이 바베큐 폭찹을 만드시오.

가. 고기는 뼈가 붙은 채로 사용하고 고기의 두께는 1㎝ 정도로 하시오.
 단, 지급재료에 따라 가감한다.

나. 완성된 소스 상태가 윤기가 나며 겉물이 흘러나오지 않도록 하시오.

2. 수험자 유의사항

1) 주어진 재료로 소스를 만들고 농도에 유의한다.
2) 재료의 익히는 순서를 고려하여 끓인다.
3) 조리작품 만드는 순서는 틀리지 않게 하여야 한다.
4) 숙련된 기능으로 맛을 내야하므로 조리 작업 시 음식의 맛을 보지 않는다.
5) 지정된 수험자 지참 준비물 이외의 조리 기구나 재료를 시험장 내에 지참할 수 없다.
6) 지급재료는 시험 전 확인하여 이상이 있을 경우 시험위원으로부터 조치를 받고 시험 도중에는 재료의 교환 및 추가 지급은 하지 않는다.
7) 다음과 같은 경우에는 채점대상에서 제외한다.
 가) 시험시간 내에 과제 두 가지를 제출하지 못한 경우 : 미완성
 나) 시험시간 내에 제출된 과제라도 다음과 같은 경우
  (1) 문제의 요구사항대로 작품의 수량이 만들어지지 않은 경우 : 미완성
  (2) 해당과제의 지급재료 이외의 재료를 사용한 경우 : 오작
  (3) 구이를 찜으로 조리하는 등과 같이 조리방법을 다르게 한 경우 : 오작
  (4) 불을 사용하여 만든 조리작품이 작품특성에 벗어나는 정도로 타거나 익지 않은 경우 : 실격
  (5) 가스레인지 화구를 2개 이상 사용한 경우 : 실격
  (6) 시험 중 칼, 가스레인지 등 시설·장비 사용 시 감독위원 및 타수험자의 시험 진행에 위협이 될 것으로 감독위원 전원이 합의하여 판단한 경우 : 실격
8) 항목별 배점은 위생상태 및 안전관리 5점, 조리기술 30점, 작품의 평가 15점이다.

English Menu	Barbecued Pork Chop	
Korean Menu	바베큐 폭찹	Menu Section

the claims postulated (요구사항)	
Time	40 Minute
Cooking Point	

재료	재료	수량	재료	수량
재료	돼지갈비	200g	월계수 잎	1장
	양파	1/4개	파슬리	1줄기
	셀러리	30g	소금	3g
	밀가루	2Ts	후추	3g
	토마토 케첩	30ml	비프 스톡	200ml
	우스터 소스	3ml	식용유	30ml
	황설탕	5g		
	핫 소스	1Ts		
	버터	10g		
	식초	5ml		
	레몬	1/6개		
	마늘	1쪽		

Cooking tip

- 돼지갈비의 기름과 힘줄을 없애고 칼집을 내어 갈비가 줄어들고 두꺼워지는 것을 방지한다.
- 돼지갈비에 밀가루를 입혀야 갈비의 누린내를 없애 준다.
- 우스타 소스는 많이 넣으면 까만색이 된다.
- 고기를 지질 때 기름은 조금만 넣는다.
- 뼈가 있는 부분에서 기름이 나오면 국물이 탁해진다. 핏물이 나오지 않게 지진다.
- 바베큐 소스는 새콤, 달콤, 매콤하게 해야 한다.
- 갈비는 소스가 팔팔 끓을 때 넣는다.
- 소스가 끓을 때 거품을 제거한다.
- 남은 소스는 접시 바닥에 살짝 흘린다.
- 소스를 뿌릴 때 양쪽 끝은 살짝 남기고 가운데 위주로 뿌린다.

조리방법	
조리방법	1. 양파, 셀러리, 마늘은 0.5cm 정도로 곱게 다진다. 2. 돼지갈비는 찬물에 담궈 핏물을 빼고 기름과 힘줄을 제거하고 2cm 두께가 되도록 성형한 후 칼집을 내 준다. 3. 돼지갈비에 소금, 후추를 뿌리고 밀가루를 입힌다. 4. 냄비에 버터를 두르고 돼지갈비를 지진다. 5. 냄비를 달구고 버터를 두르고 양파와 셀러리를 볶는다. 6. 5번에 토마토 케첩, 우스터 소스, 황설탕, 핫 소스, 레몬주스, 마늘, 식초를 넣고 끓이면서 돼지갈비를 넣는다. 7. 바베큐 소스가 끓으면 약불로 조절하고 월계수 잎을 넣는다. 소스는 새콤, 달콤, 매콤하게 만들어야 한다. 8. 바베큐 소스를 갈비에 자주 끼얹어 준다. 9. 바베큐 소스가 걸쭉해지면 월계수 잎을 꺼내고 소금, 후추로 간을 맞춘다. 10. 바베큐 소스와 갈비를 접시에 옮겨 놓고, 다진 파슬리는 갈비 중앙에 올려 놓는다.

[NCS 과정/ 과목명 : 양식 육류 조리]

▶ 훈련 개요

훈련 목표	육류, 가금류 등을 활용하여 육류, 가금류 조리와 곁들이는 소스 등을 조리할 수 있는 능력 함양.
수준	5
권장 훈련 방법	집체 훈련

▶ 평가 시 고려사항 : 평가자는 다음과 같은 사항을 평가해야 한다.

- 재료의 전 처리.
- 준비과정의 적정성.
- 육류과정의 적정성.
- 육류 조리절차, 요구사항, 주의사항에 대한 이해도.
- 육류요리의 접시 담는 규칙 준수 여부.
- 요리의 알맞은 맛과 풍미가 있는지 여부.
- 주재료에 어울리는 가니시(Garnish)의 활용 여부.
- 음식의 색깔과 맛, 풍미, 온도의 적정성 여부.
- 보관, 유지 방법과 과정의 적정성.
- 완성된 요리를 푸드 스타일링 해 담는 방법의 적정성.

28 비프 스튜 실기시험

자격종목	양식조리기능사	과제명	비프 스튜 (Beef Stew)

▶ 시험시간 : 40분

1. 요구사항

※ 주어진 재료를 사용하여 다음과 같이 비프 스튜를 만드시오.

가. 완성된 소고기와 채소의 크기는 1.8㎝ 정도의 정육면체로 하시오.

나. 브라운 루(Brown Roux)를 만들어 사용하시오.

다. 그릇에 비프 스튜를 담고 파슬리 다진 것을 뿌려 내시오.

2. 수험자 유의사항

1) 소스의 농도와 분량에 유의한다.
2) 고기와 채소는 형태를 유지하면서 익히는 데 유의한다.
3) 조리작품 만드는 순서는 틀리지 않게 하여야 한다.
4) 숙련된 기능으로 맛을 내야하므로 조리 작업 시 음식의 맛을 보지 않는다.
5) 지정된 수험자 지참 준비물 이외의 조리 기구나 재료를 시험장 내에 지참할 수 없다.
6) 지급재료는 시험 전 확인하여 이상이 있을 경우 시험위원으로부터 조치를 받고 시험 도중에는 재료의 교환 및 추가 지급은 하지 않는다.
7) 다음과 같은 경우에는 채점대상에서 제외한다.
   가) 시험시간 내에 과제 두 가지를 제출하지 못한 경우 : 미완성
   나) 시험시간 내에 제출된 과제라도 다음과 같은 경우
      (1) 문제의 요구사항대로 작품의 수량이 만들어지지 않은 경우 : 미완성
      (2) 해당과제의 지급재료 이외의 재료를 사용한 경우 : 오작
      (3) 구이를 찜으로 조리하는 등과 같이 조리방법을 다르게 한 경우 : 오작
      (4) 불을 사용하여 만든 조리작품이 작품특성에 벗어나는 정도로 타거나 익지 않은 경우 : 실격
      (5) 가스레인지 화구를 2개 이상 사용한 경우 : 실격
      (6) 시험 중 칼, 가스레인지 등 시설·장비 사용 시 감독위원 및 타수험자의 시험 진행에 위협이 될 것으로 감독위원 전원이 합의하여 판단한 경우 : 실격
8) 항목별 배점은 위생상태 및 안전관리 5점, 조리기술 30점, 작품의 평가 15점이다.

English Menu	Beef Stew
Korean Menu	비프 스튜

Menu Section	
the claims postulated (요구사항)	
Time	40 Minute
Cooking Point	

재료

재료	수량	재료	수량
소고기 덩어리	120g	검은 후추	3g
밀가루	25g	파슬리	1줄기
마늘	1쪽	월계수 잎	1잎
당근	70g	정향	1개
양파	40g		
감자	40g		
셀러리	30g		
버터	30g		
토마토 페이스트	20g		
브라운 스톡	200ml		
부케가르니	1개		
소금	3g		

Cooking tip

- 소고기와 채소를 완성된 크기가 1.8cm의 정육면체가 되도록 썬다. 채소가 익으면 형태를 유지할 수 있도록 한다.
- 채소를 넣어서 볶을 때에 감자는 되도록 처음부터 볶지 말고 나중에 넣는 것이 부서지지 않는다.
- 스튜가 끓으면서 거품이 생기면 걷어 내면서 눌러 붙지 않도록 가끔 저으며 끓인다.
- 채소양이 많을 경우 스톡, 물은 2.5C을, 채소양이 적을 경우 스톡, 물은 2C을 넣는다.
- 마늘이 나오면 저미거나 다져서 함께 끓인다.
- 농도에 주의하고 비프 스튜를 200ml 이상 제출하고 색깔에 주의한다.

조리방법	
조리방법	1. 파슬리는 물에 담궈 싱싱하게 한 후 파슬리 찹을 만들어 놓는다. 2. 소고기는 키친타월에 놓고 핏물을 제거한 후 2cm 정육면체로 썰어 소금, 후추로 간을 한다. 3. 양파, 당근, 셀러리, 감자는 1.8cm 정육면체로 썰어 모서리를 다듬어 놓는다. 감자는 녹말 제거와 갈변 방지를 위해 물에 담가 놓는다. 4. 양파에 월계수 잎, 파슬리 줄기, 정향으로 고정하여 부케가르니를 만든다. 5. 팬에 버터를 두르고 채소를 가볍게 코팅하는 느낌으로 볶아 낸 후 소고기는 밀가루를 묻혀 표면이 갈색이 되게 지진다. 6. 냄비에 버터를 볶다가 밀가루를 넣고 약불에서 브라운 루를 만든다. 여기에 토마토 페이스트를 넣는다. 너무 되직하지 않게 한다. 7. 불에서 내리고 토마토 페이스트를 넣어 덩어리를 만든 뒤 스톡, 물 2~2.5C을 조금씩 부어 가며 몽우리를 풀어 준다. 그리고 감자를 제외한 부케가르니와 마늘, 볶은 소고기, 채소를 넣어 은근히 끓여 준다. 감자는 빨리 넣으면 너무 많이 익는다. 8. 감자를 넣고 푹 끓여 농도를 맞춘다. 브라운 그래비 소스 보다 약간 묽게 한다. 9. 농도가 걸쭉해지면 부케가르니를 건져 내고 소금, 후추로 간을 하고 접시에 담고 파슬리 가루를 뿌려서 제출한다. 양은 200ml 이상 제출한다.

[NCS 과정/ 과목명 : 양식 육류 조리]

▶ 훈련 개요

훈련 목표	육류, 가금류 등을 활용하여 육류, 가금류 조리와 곁들이는 소스 등을 조리할 수 있는 능력 함양.
수준	5
권장 훈련 방법	집체 훈련

▶ 평가 시 고려사항 : 평가자는 다음과 같은 사항을 평가해야 한다.

- 재료의 전 처리.
- 준비과정의 적정성.
- 육류과정의 적정성.
- 육류 조리절차, 요구사항, 주의사항에 대한 이해도.
- 육류요리의 접시 담는 규칙 준수 여부.
- 요리의 알맞은 맛과 풍미가 있는지 여부.
- 주재료에 어울리는 가니시(Garnish)의 활용 여부.
- 음식의 색깔과 맛, 풍미, 온도의 적정성 여부.
- 보관, 유지 방법과 과정의 적정성.
- 완성된 요리를 푸드 스타일링 해 담는 방법의 적정성.
- 완성된 요리를 푸드 스타일링 방법에 의해 담는 방법의 적정성.

29 살리스버리 스테이크 실기시험

자격종목	양식조리기능사	과제명	살리스버리 스테이크 (Salisbury Steak)

▶ 시험시간 : 40분

1. 요구사항

※ 주어진 재료를 사용하여 다음과 같이 살리스버리 스테이크를 만드시오.

가. 고기 앞, 뒤의 색깔을 갈색으로 내시오.

나. 살리스버리 스테이크는 타원형으로 만드시오.

다. 더운 채소(당근, 감자, 시금치)를 각각 모양이 있게 만들어 함께 내시오.

2. 수험자 유의사항

1) 고기가 타지 않도록 하며, 구워진 고기가 단단해지지 않도록 유의한다. 곁들이는 소스는 생략한다.
2) 주어진 조미재료를 활용하며 색, 모양 등 더운 채소의 요리법에 유의한다.
3) 조리작품 만드는 순서는 틀리지 않게 하여야 한다.
4) 숙련된 기능으로 맛을 내야하므로 조리 작업 시 음식의 맛을 보지 않는다.
5) 지정된 수험자 지참 준비물 이외의 조리 기구나 재료를 시험장 내에 지참할 수 없다.
6) 지급재료는 시험 전 확인하여 이상이 있을 경우 시험위원으로부터 조치를 받고 시험 도중에는 재료의 교환 및 추가 지급은 하지 않는다.
7) 다음과 같은 경우에는 채점대상에서 제외한다.
   가) 시험시간 내에 과제 두 가지를 제출하지 못한 경우 : 미완성
   나) 시험시간 내에 제출된 과제라도 다음과 같은 경우
   (1) 문제의 요구사항대로 작품의 수량이 만들어지지 않은 경우 : 미완성
   (2) 해당과제의 지급재료 이외의 재료를 사용한 경우 : 오작
   (3) 구이를 찜으로 조리하는 등과 같이 조리방법을 다르게 한 경우 : 오작
   (4) 불을 사용하여 만든 조리작품이 작품특성에 벗어나는 정도로 타거나 익지 않은 경우 : 실격
   (5) 가스레인지 화구를 2개 이상 사용한 경우 : 실격
   (6) 시험 중 칼, 가스레인지 등 시설·장비 사용 시 감독위원 및 타수험자의 시험 진행에 위협이 될 것으로 감독위원 전원이 합의하여 판단한 경우 : 실격
8) 항목별 배점은 위생상태 및 안전관리 5점, 조리기술 30점, 작품의 평가 15점이다.

English Menu	Salisbury Steak	
Korean Menu	살리스버리 스테이크	Menu Section

the claims postulated (요구사항)	
Time	40 Minute
Cooking Point	

재료

재료	수량	재료	수량
소고기 간 것	130g	넛맥가루	5g
양파	30g	셀러리 다진 것	20g
빵가루	20g	마늘 다진 것	10g
우유	5ml	백설탕	25g
달걀	1개	레몬즙	5ml
검은 후추	3g	당근	70g
소금	3g	감자	1/2개
시금치	70g	버터	50g
식용유	150ml		

Cooking tip

- 당근은 3cm×0.5cm 타원형으로, 감자는 1cm×1cm×5cm 직육면체로 성형 후 소금물에 데쳐 수분을 제거하고 시금치는 줄기째 데친다.
- 양파 일부는 기름 없이 볶아 내 수분기만 제거하고 소고기와 섞는다. 일부는 데친 후 시금치(3cm)와 팬에서 볶아 낸다.
- 셀러리 다진 것과 마늘 다진 것, 넛맥가루를 햄버거 패티에 넣어도 좋다.
- 데친 당근은 설탕 1Ts, 버터, 물 1/2C, 소금을 넣어 윤기를 내 준다.
- 당근을 그라세 한 후에는 물을 한 번 끓여 냄비의 설탕기를 제거해야 한다.
- 소고기 구운 것을 담을 땐 버터를 발라 윤기 나게 해 줘야 한다.
- 감자(왼쪽), 시금치(가운데), 당근(오른쪽)을 보기 좋게 배열해야 한다.

조리방법	1. 양파는 곱게 다진 뒤 소금을 넣고 볶는다. 양파의 수분과 매운맛을 날리기 위해서다. 2. 햄버거에 곁들이는 가르니 채소 손질하기 – 감자 : 4cm×1cm의 직육면체 형태로 4개를 썬다. – 당근 : 모서리를 다듬어 500원 동전 크기에 0.5cm 두께인 비쉬 스타일로 만든다. – 시금치 : 데친 뒤 찬물에 헹구고 4cm 길이로 썬다. 3. 채소 볶기 – 감자 : 기름을 넉넉히 붓고 팬을 기울여서 소금을 넣고 노릇하고 바삭하게 튀긴다. – 당근 : 물(1/2Ts), 버터 소량, 설탕, 소금, 레몬즙을 끓이다 당근을 넣고 윤기나게 졸인다. – 시금치 : 소금을 넣고 볶는다. 재료 목록표에 양파가 있을 경우 곱게 다져서 같이 볶는다. 4. 소고기를 다진 뒤 볶아 놓은 양파(1Ts), 소금, 후추, 빵가루(1Ts), 달걀물(약간), 우유(1Ts 정도)를 섞어 많이 치댄다. 5. 당근은 익으면서 타원형 모양으로 변한다. 6. 소고기는 팬의 중불에서 양면이 갈색이 되도록 굽는다. 갈색이 나면 약불로 서서히 익혀 준다. 즙이 나오지 않을 때까지 익히면 된다. 7. 접시에 햄버거 구운 것을 담고 감자는 왼쪽, 시금치는 가운데, 당근은 왼쪽에 올려 제출한다. 8. 파슬리가 나오면 곱게 다져 꼭 짜서 파슬파슬하게 만들어 당근 위에 올린다.

[NCS 과정/ 과목명 : 양식 육류 조리]

▶ 훈련 개요

훈련 목표	육류, 가금류 등을 활용하여 육류, 가금류 조리와 곁들이는 소스 등을 조리할 수 있는 능력 함양.
수준	5
권장 훈련 방법	집체 훈련

▶ 평가 시 고려사항 : 평가자는 다음과 같은 사항을 평가해야 한다.

- 재료의 전 처리.
- 준비과정의 적정성.
- 육류과정의 적정성.
- 육류 조리절차, 요구사항, 주의사항에 대한 이해도.
- 육류요리의 접시 담는 규칙 준수 여부.
- 요리의 알맞은 맛과 풍미가 있는지 여부.
- 주재료에 어울리는 가니시(Garnish)의 활용 여부.
- 음식의 색깔과 맛, 풍미, 온도의 적정성 여부.
- 보관, 유지 방법과 과정의 적정성.
- 완성된 요리를 푸드 스타일링 해 담는 방법의 적정성.
- 완성된 요리를 푸드 스타일링 방법에 의해 담는 방법의 적정성.

30 서로인 스테이크 실기시험

자격종목	양식조리기능사	과제명	서로인 스테이크 (Sirloin Steak)

▶ 시험시간 : 30분

1. 요구사항

※ 주어진 재료를 사용하여 다음과 같이 서로인 스테이크를 만드시오.

가. 스테이크는 미디움(medium)으로 구우시오.

나. 더운 채소(당근, 감자, 시금치)를 각각 모양이 있게 만들어 함께 내시오.

2. 수험자 유의사항

1) 스테이크의 색에 유의한다. 곁들이는 소스는 생략한다.
2) 주어진 조미재료를 활용하며 색, 모양 등 더운 채소의 요리법에 유의한다.
3) 조리작품 만드는 순서는 틀리지 않게 하여야 한다.
4) 숙련된 기능으로 맛을 내야하므로 조리 작업 시 음식의 맛을 보지 않는다.
5) 지정된 수험자 지참 준비물 이외의 조리 기구나 재료를 시험장 내에 지참할 수 없다.
6) 지급재료는 시험 전 확인하여 이상이 있을 경우 시험위원으로부터 조치를 받고 시험 도중에는 재료의 교환 및 추가 지급은 하지 않는다.
7) 다음과 같은 경우에는 채점대상에서 제외한다.
   가) 시험시간 내에 과제 두 가지를 제출하지 못한 경우 : 미완성
   나) 시험시간 내에 제출된 과제라도 다음과 같은 경우
      (1) 문제의 요구사항대로 작품의 수량이 만들어지지 않은 경우 : 미완성
      (2) 해당과제의 지급재료 이외의 재료를 사용한 경우 : 오작
      (3) 구이를 찜으로 조리하는 등과 같이 조리방법을 다르게 한 경우 : 오작
      (4) 불을 사용하여 만든 조리작품이 작품특성에 벗어나는 정도로 타거나 익지 않은 경우 : 실격
      (5) 가스레인지 화구를 2개 이상 사용한 경우 : 실격
      (6) 시험 중 칼, 가스레인지 등 시설·장비 사용 시 감독위원 및 타수험자의 시험 진행에 위협이 될 것으로 감독위원 전원이 합의하여 판단한 경우 : 실격
8) 항목별 배점은 위생상태 및 안전관리 5점, 조리기술 30점, 작품의 평가 15점이다.

English Menu	Sirloin Steak	
Korean Menu	서로인 스테이크	Menu Section

the claims postulated (요구사항)	
Time	30 Minute
Cooking Point	

	재료	수량	재료	수량
재료	등심(채끝살)	200g		
	감자	1개		
	양파	30g		
	시금치	70g		
	당근	70g		
	버터	50g		
	식용유	60ml		
	소금	3g		
	후추	3g		
	설탕	25g		
	파슬리	1줄기		

Cooking tip

- 등심은 힘줄과 지방질을 제거한 후 연육하여 소금, 검은 후추를 뿌린다. 식용유를 붓고 은근한 불에 미디움으로 익혀 준다.
- 등심을 먼저 손질하고 채소를 손질한다.
- 두께가 두꺼운 경우 포를 뜬다. 4cm 이상인 경우 포를 떠서 편다. 두께 3cm인 경우 규격에 맞게 포 떠서 버린다.
- 감자, 당근, 시금치는 데쳐 빨리 찬물에 헹군다.
- 당근 졸일 때 윤기가 나고 색이 변하지 않게 한다.
- 소고기 구울 때 식용유, 버터가 착 소리가 날 정도로 달궈지면 고기를 팬에 넣는다.
- 고기는 핏물이 나오지 않고 속이 장밋빛이 될 때가 가장 좋은 상태이다.
- 충분히 달구어지지 않은 프라이팬에서 지지면 고기색이 연하고 핏물이 많이 생겨 좋지 않다.

조리방법	1. 등심 소고기 손질하기 – 등심 부위를 사용하는데 각진 부분을 제거하여 타원을 만든다. – 앞뒤 모두 칼집을 넣는데, 칼끝 칼날을 이용하여 대각선으로 살짝 넣어 준다. – 앞뒤 모두 소금, 후추를 뿌려 둔다. 2. 채소 손질하기 – 감자 : 4cm×1cm로 4개를 썬다. – 당근 : 모서리를 다듬어 500원 동전 크기에 0.5cm 두께인 비쉬 스타일로 만든다. – 시금치 : 데친 뒤 찬물에 헹구고 4cm 길이로 썬다. – 시금치 데친 물에 당근과 감자를 넣어 데친다. 3. 채소 볶기 – 감자 : 기름을 넉넉히 붓고 팬을 기울여서 소금을 넣고 노릇하고 바삭하게 튀긴다. – 시금치 : 소금을 넣고 볶는데, 재료 목록표에 양파가 있으면 곱게 다져서 시금치와 함께 볶는다. – 당근 : 물(1/2Ts), 버터 소량, 설탕, 소금, 레몬즙을 끓이다 당근을 넣고 윤기나게 졸인다. 4. 등심은 팬에 식용유, 버터를 약간만 넣고 갈색 나도록 미디움으로 지진다. 5. 접시에 구워 놓은 스테이크와 가니시를 보기 좋게 담아 낸다.

[NCS 과정/ 과목명 : 양식 육류 조리]

▶ 훈련 개요

훈련 목표	육류, 가금류 등을 활용하여 육류, 가금류 조리와 곁들이는 소스 등을 조리할 수 있는 능력 함양.
수준	5
권장 훈련 방법	집체 훈련

▶ 평가 시 고려사항 : 평가자는 다음과 같은 사항을 평가해야 한다.

- 재료의 전 처리.
- 준비과정의 적정성.
- 육류과정의 적정성.
- 육류 조리절차, 요구사항, 주의사항에 대한 이해도.
- 육류요리의 접시 담는 규칙 준수 여부.
- 요리의 알맞은 맛과 풍미가 있는지 여부.
- 주재료에 어울리는 가니시(Garnish)의 활용 여부.
- 음식의 색깔과 맛, 풍미, 온도의 적정성 여부.
- 보관, 유지 방법과 과정의 적정성.
- 완성된 요리를 푸드 스타일링 해 담는 방법의 적정성.
- 완성된 요리를 푸드 스타일링 방법에 의해 담는 방법의 적정성.

31 스파게티 카르보나라 실기시험

자격종목	양식조리기능사	과제명	스파게티 카르보나라 (Spaghetti Carbonara)

▶ 시험시간 : 30분

1. 요구사항

※ 주어진 재료를 사용하여 다음과 같이 스파게티 카르보나라를 만드시오.

가. 스파게티 면은 알 단테(Al dante)로 삶아서 사용하시오.

나. 파슬리는 다지고 통후추는 곱게 으깨서 사용하시오.

다. 베이컨은 1㎝ 정도 크기로 썰어, 으깬 통후추와 볶아서 향이 잘 우러나게 하시오.

라. 생크림은 달걀 노른자를 이용한 리에종(Liaison)과 소스에 사용하시오.

2. 수험자 유의사항

1) 크림에 리에종을 넣어 소스 농도를 잘 조절하며, 소스가 분리 되지 않도록 한다.

2) 조리작품 만드는 순서는 틀리지 않게 하여야 한다.

3) 숙련된 기능으로 맛을 내야하므로 조리 작업 시 음식의 맛을 보지 않는다.

4) 지정된 수험자 지참 준비물 이외의 조리 기구나 재료를 시험장 내에 지참할 수 없다.

5) 지급재료는 시험 전 확인하여 이상이 있을 경우 시험위원으로부터 조치를 받고 시험 도중에는 재료의 교환 및 추가 지급은 하지 않는다.

6) 다음과 같은 경우에는 채점대상에서 제외한다.

가) 시험시간 내에 과제 두 가지를 제출하지 못한 경우 : 미완성

나) 시험시간 내에 제출된 과제라도 다음과 같은 경우

(1) 문제의 요구사항대로 작품의 수량이 만들어지지 않은 경우 : 미완성

(2) 해당과제의 지급재료 이외의 재료를 사용한 경우 : 오작

(3) 구이를 찜으로 조리하는 등과 같이 조리방법을 다르게 한 경우 : 오작

(4) 불을 사용하여 만든 조리작품이 작품특성에 벗어나는 정도로 타거나 익지 않은 경우 : 실격

(5) 가스레인지 화구를 2개 이상 사용한 경우 : 실격

(6) 시험 중 칼, 가스레인지 등 시설·장비 사용 시 감독위원 및 타수험자의 시험 진행에 위협이 될 것으로 감독위원 전원이 합의하여 판단한 경우 : 실격

7) 항목별 배점은 위생상태 및 안전관리 5점, 조리기술 30점, 작품의 평가 15점이다.

English Menu	Spaghetti Carbonara
Korean Menu	스파게티 카르보나라

Menu Section

the claims postulated
(요구사항)

Time	30 Minute

Cooking Point

	재료	수량	재료	수량
재료	스파게티	80g		
	올리브 오일	20ml		
	버터	20g		
	생크림	180ml		
	베이컨	2쪽		
	달걀 노른자	1개		
	파마산 치즈가루	15g		
	파슬리 찹	1줄기		
	검은 통후춧가루	5g		
	소금	3g		
	식용유	20ml		
	올리브 오일	15ml		

Cooking tip

- 스파게티는 알 단테(Al dente)로 삶는다.
- 스파게티는 삶은 후 올리브 오일을 살짝 발라 보기 좋게 둥글게 말아서 접시에 담는다.
- 스파게티 삶은 물은 버리지 않고 보관하여 소스 농도 조절에 사용한다.
- 검정 통후추는 알맞게 부셔 다진다.
- 소금은 넣지 않는다.
- 파마산 치즈가 들어가면 짜진다.
- 파슬리 잎은 아주 곱게 다져서 위에 뿌려 마무리한다.

조리방법	
조리방법	1. 스파게티는 물에 올리브 오일을 약간 넣고 끓으면 면을 넣어 약 5~6분 정도 알 단테로 삶는다. 2. 스파게티는 삶아서 올리브 오일을 바른다. 3. 삶은 스파게티는 젓가락으로 돌돌 말아서 보기 좋게 접시에 놓는다. 4. 프라이팬에 베이컨을 넣어 약간 볶고 다음에 생크림을 넣고 졸인다. 5. 생크림 소스에 파마산 치즈를 넣고 으깬 통후추를 약간 넣어 소스 농도와 맛을 조절한다. 6. 삶아 놓은 스파게티를 소스에 함께 잘 섞고 달걀 노른자를 넣어 마무리한다. 7. 스파게티를 소스에 함께 넣어도 되지만, 따로 돌돌 말아서 먼저 접시에 담아도 좋다. 8. 접시에 스파게티를 예쁘게 담고 그 위에 적당히 남은 소스를 뿌린 다음 통후춧가루와 파슬리 찹을 뿌린다.

[NCS 과정/ 과목명 : 양식 파스타 조리]

▶ **훈련 개요**

훈련 목표	파스타와 어패류, 육류, 채소류, 유제품류, 가공 식품류 등을 활용하여 파스타와 곁들여지는 소스 등을 조리할 수 있는 능력 함양.
수준	4
권장 훈련 방법	집체 훈련

▶ **평가 시 고려사항 : 평가자는 다음과 같은 사항을 평가해야 한다.**

- 파스타 재료의 전 처리 적절성.
- 파스타 삶기 준비과정의 적정성.
- 삶아 익힌 면을 적절하게 처리할 수 있는 능력.
- 주재료에 어울리는 조리절차, 요구사항, 주의사항에 대한 이해도.
- 파스타요리의 접시 담기 규칙 준수 여부.
- 주재료에 어울리는 가니시(Garnish)의 활용 여부.
- 음식 색깔과 맛, 풍미, 온도의 적정성 여부.

32 토마토 소스 해산물 스파게티 실기시험

자격종목	양식조리기능사	과제명	토마토 소스 해산물 스파게티 (Seafood Spaghetti Tomato Sauce)

▶ 시험시간 : 35분

1. 요구사항

※ 주어진 재료를 사용하여 다음과 같이 토마토 소스 해산물 스파게티를 만드시오.

가. 스파게티 면은 알 단테(Al dante)로 삶아서 사용하시오.

나. 조개는 껍질째, 새우는 껍질을 벗겨 내장을 제거하고, 관자살은 편으로 썰고, 오징어는 0.8㎝×5㎝ 정도 크기로 썰어 사용하시오.

다. 해산물은 화이트 와인을 사용하여 조리하고, 마늘과 양파는 해산물 조리와 토마토 소스 조리에 나누어 사용하시오.

라. 바질을 넣은 토마토 소스를 만들어 사용하시오.

마. 스파게티는 토마토 소스에 버무리고 다진 파슬리와 슬라이스 한 바질을 넣어 완성하시오.

2. 수험자 유의사항

1) 토마토 소스는 자작한 농도로 만들고, 스파게티는 토마토 소스와 잘 어우러지도록 한다.

2) 조리작품 만드는 순서는 틀리지 않게 하여야 한다.

3) 숙련된 기능으로 맛을 내야하므로 조리 작업 시 음식의 맛을 보지 않는다.

4) 지정된 수험자 지참 준비물 이외의 조리 기구나 재료를 시험장 내에 지참할 수 없다.

5) 지급재료는 시험 전 확인하여 이상이 있을 경우 시험위원으로부터 조치를 받고 시험 도중에는 재료의 교환 및 추가 지급은 하지 않는다.

6) 다음과 같은 경우에는 채점대상에서 제외한다.

가) 시험시간 내에 과제 두 가지를 제출하지 못한 경우 : 미완성

나) 시험시간 내에 제출된 과제라도 다음과 같은 경우

(1) 문제의 요구사항대로 작품의 수량이 만들어지지 않은 경우 : 미완성

(2) 해당과제의 지급재료 이외의 재료를 사용한 경우 : 오작

(3) 구이를 찜으로 조리하는 등과 같이 조리방법을 다르게 한 경우 : 오작

(4) 불을 사용하여 만든 조리작품이 작품특성에 벗어나는 정도로 타거나 익지 않은 경우 : 실격

(5) 가스레인지 화구를 2개 이상 사용한 경우 : 실격

(6) 시험 중 칼, 가스레인지 등 시설·장비 사용 시 감독위원 및 타수험자의 시험 진행에 위협이 될 것으로 감독위원 전원이 합의하여 판단한 경우 : 실격

7) 항목별 배점은 위생상태 및 안전관리 5점, 조리기술 30점, 작품의 평가 15점이다.

English Menu	Seafood Spaghetti Tomato Sauce	
		Menu Section
Korean Menu	토마토 소스 해산물 스파게티	

the claims postulated (요구사항)

Time	35 Minute

Cooking Point

재료	재료	수량	재료	수량
재료	스파게티	80g	올리브 오일	50ml
	캔 토마토 소스	300g	화이트 와인	25ml
	새우	3마리	소금, 후추	각 5g
	모시조개	3개	바질 잎	1잎
	오징어	50g		
	관자살	2개		
	마늘	3쪽		
	양파	1/4개		
	바질	4잎		
	파슬리	1줄기		
	방울토마토	2개		

Cooking tip

- 스파게티는 5~6분 정도 삶는 알 단테로 한다.
- 스파게티 삶은 물은 버리지 말고 토마토 소스의 농도 조절에 사용한다.
- 삶은 스파게티는 올리브 오일에 살짝 버무려 놓는다.
- 토마토 소스의 농도는 알맞게 잘 조절한다.
- 모시조개는 해감하여 살짝 데친다.
- 바질 한 잎은 마무리할 때 가니시로 준비한다.

조리방법	
조리방법	1. 스파게티는 5~6분 정도 알 단테로 삶아서 올리브 오일에 버무려 준비한다. 2. 다진 마늘, 다진 양파, 다진 파슬리, 줄리엔 바질을 준비한다. 3. 프라이팬에 올리브 오일, 다진 양파, 다진 마늘을 넣어 살짝 볶다가 화이트 와인을 넣어 맛과 풍미를 살린다. 4. 그리고 준비한 크기의 해산물을 넣어 조리하다가 캔 토마토 소스를 넣어 맛과 농도를 잘 맞춘다. 5. 잘 만들어진 토마토 소스와 삶은 스파게티를 섞어 잘 버무린다. 6. 접시에 스파게티를 보기 좋게 먼저 담고 해산물과 토마토 소스를 잘 어울리게 위에 얹는다. 7. 토마토 소스 농도가 되직하면 스파게티 삶은 물로 농도를 맞춘다. 8. 완성된 스파게티에 방울토마토를 반으로 잘라서 예쁘게 올리고, 그 위에 바질 한 잎으로 가니시 한다.

[NCS 과정/ 과목명 : 양식 파스타 조리]

▶ 훈련 개요

훈련 목표	파스타와 어패류, 육류, 채소류, 유제품류, 가공 식품류 등을 활용하여 파스타와 곁들여지는 소스 등을 조리할 수 있는 능력 함양.
수준	4
권장 훈련 방법	집체 훈련

▶ 평가 시 고려사항 : 평가자는 다음과 같은 사항을 평가해야 한다.

- 파스타 재료의 전 처리 적절성.
- 파스타 삶기 준비과정의 적정성.
- 삶아 익힌 면을 적절하게 처리할 수 있는 능력.
- 주재료에 어울리는 조리절차, 요구사항, 주의사항에 대한 이해도.
- 파스타요리의 접시 담기 규칙 준수 여부.
- 주재료에 어울리는 가니시(Garnish)의 활용 여부.
- 음식 색깔과 맛, 풍미, 온도의 적정성 여부.

에필로그

나는 1976년부터 서울 로얄호텔 근무를 시작으로 1978년 서울 롯데호텔 오픈 멤버로 참여하였고, 1984년부터 서울 신라호텔에서 근무를 하였다. 또 1988년 서울의 라마다 르네상스호텔을 거쳐 1988년부터 1989년까지 호주 시드니 라마다 르네상스호텔에서 오픈 멤버로 활동을 하면서 많은 경험과 프렌치 레스토랑 주방장으로서의 커리어를 쌓았다. 그리고 호주 시드니 쉐라톤호텔, 홀리데인 인 호텔 등에서 근무를 하였으며, 전문 고급 츄러퍼스 레스토랑에서 헤드 주방장 임무를 끝으로 호텔 현장에서 주방장 실무를 마쳤다.

1990년 3월부터 대구산업정보대학(현 수성대학) 호텔조리학과에 임용되어 최초로 조리학과를 개설, 계속 학과장으로 근무했다. 또 1994년 3월 대구미래대학에도 최초로 국제호텔쿠킹과를 개설하여 10여 년 동안 학과장, 산학협력처장으로 근무를 하였다. 그리고 2004년 3월에는 광주광역시에 위치한 남부대학교에도 최초로 호텔조리학과를 개설하였고 대학원 석박사과정도 최초로 개설하였다.

대학의 업무를 성실히 수행하면서 모든 열정을 쏟겠다는 신념 하나로 열심히 연구하며 학부장, 학과장, 원장 등으로 29년째 다양한 학생들의 연구 학습지도를 하고 있다. 하지만 지방대학의 한계를 뛰어넘는 데는 역부족이라고 느끼는 것이 솔직한 심정이다.

나는 호텔조리 현장실무를 바탕으로 글로벌 요리의 이론적 요리연구 및 요리실무와 호텔주방경영관리 등 연구를 지속하고 있다. 특히 캐나다의 외국 음식문화, 음식 트렌드, 레스토랑 경영 등의 사례 연구를 위해 하계와 동계방학에 현장 방문을 꾸준히 하며 부족한 학문 연구에 매진하고 있다.

한국산업인력공단 주관으로 1990년도부터 조리기능사 감독, 심사위원, 출제위원을 계속 하고 있으며, 지방기능경기대회 분과장 및 심사장으로 10년 이상 참여하고 있다. 전국기능경기대회 심사위원으로도 참여하였다. 2009년도엔 국제기능올림픽 한국위원회에서 공로로 표창장도 받았다. 그 외에도 전국의 다양한 지역 요리대회 심사위원, 호텔등급 심사위원, 캐나다 세계요리대회 심사위원 등으로 참여하였다.

아울러 호주 시드니, 대만, 중국, 방콕, 싱가포르, 말레이시아, 캐나다 등 다양한 나라에서 오랫동안 요리투어 및 요리문화 연구, 요리실무 연수에 참여했다.

다양한 요리책과 논문도 많이 썼지만 항상 부족함을 느끼며 산다. 따라서 나는 지금도 그 부족함을 채우며 산다.

요즘 이 시대의 지방 대학은 학령인구 감소로 학생 수급에 어려움을 겪고 있는 것이 현실이다. 이 어려운 시기에 위기 탈출을 위해 부단한 백방의 노력을 기울이고는 있지만 기대 이상의 성과를 내기가 여간 어려운 것이 아니다. 이 같은 불확실성을 타개할 수 있는 길은 기업의 원하는 인재를 키우겠다는 신념과 대학의 인재육성 노하우가 최상의 시너지를 내는 것이다.

요리 분야도 대학의 요리전공을 통해 전문 지식산업으로 승부해야 한다고 본다. 요리는 자기 정답을 고집하면 백전백패라고 한다. 우리는 늘 스스로 부족함을 깨닫고 후회하고 되돌아오기를 반복한다. 따라서 항상 겸손을 생활화하며 부족한 부분을 개선·발전시켜 나가야 이 어려운 세상의 역경을 헤치고 앞으로 계속 달려 나갈 수 있다.

2018년 2월

연구실에서 구담(拘譚) 박정준 올림

REFERENCE

Arnold Zabert (1988). Kochen.

Arrangement with Author (1992). Great Chef.

David Johansson (2013). Food's Ready.

Eugen Pauli (1979). Classical Cooking the Way.

Escoffier (1948, 1979). Le Guide Culinaire.

Jane Grigson (1988). The Book of Ingredients.

Joanna Lorenz (2004, 2006). "Fruit & Vegetable Cookbook.

Laura Calder (2011). Dinner Chef Moi.

Louis Weber (2011). Crock-Pot Main Dishes.

Louis Weber (2011). Clssic Comfort Foods.

Natalie Chapman (2011). Cookbook.

Paul Bouse (1991). The New Professional Chef.

Renaud Cointreau & Cie (1991). Le Cordon Blue.

Silvena Rowe (2010). Purple Citrus & Sweet Perfume. EccoPress.

William Sonoma (2005). Desserts.

다니엘 마르탱 (2000). **프랑스요리의 기초.** 베스트홈.

박정준 (2002). **기초 서양조리.** 기문사.

박정준 (2012). **레스토랑 메뉴.** 훈민사.

박정준 (2013). **정통 프랑스요리 바이블.** 군자출판사.

박정준 (1989). 특급호텔 프랑스요리 주방운영에 관한 연구.

박정준 외 (2001). **성인병과 식생활.** 학문사.

박정준 외 (2003). **건강을 위한 운동과 식사 다이어트.** 학문사.

서진영 역 (2012). **음식문화의 수수께끼.** 한길사.

특급호텔 (1998~2013). 특급호텔 조리메뉴 및 매뉴얼 요리노트.

한국기술자격검정원 (2017). 양식조리기능사 실기공개문제.

한국화학연구원 (2016). 맛있는 화학.

저자소개

학 력
- 경원대학교 영문학과 졸업(영문학사)
- 경희대학교 경영대학원 호텔경영 전공(호텔경영학(조리) 석사)
- 대구대학교 대학원 호텔관광경영 전공(호텔경영학(조리) 박사)

교직 경력
- 대구산업정보대학(현 수성대학) 조리과 초대개설 학과장, 조교수 역임(1990~1994, 4년 재직함)
- 대구미래대학 호텔조리과 초대개설 학과장, 산학처장, 부교수 역임(1994~2004, 10년 재직함)
- 남부대학교 호텔관광학부 및 호텔조리학과 초대개설 학부과장, 원장, 교수(2004~2018, 15년 재직 중)

호텔 경력
- 서울 로얄호텔 조리부 근무(1976~1978)
- 서울 롯데호텔 조리부 근무(1978~1984)
- 서울 신라호텔 조리부 근무(1984~1988)
- 라마다 르네상스호텔 서울 조리부 프렌치 및 이태리 레스토랑 Section Chef 근무(1988)
- 라마다 르네상스호텔 시드니 및 홀리데인 인 호텔 시드니 프렌치 Section Chef 근무(1988~1989)
- 호주 시드니 특급호텔 및 전문 고급 츄러퍼스 레스토랑 Head Chef 근무(1988~1989)

일반 경력
- 동남아지역 특급호텔 조리연수–대만, 태국, 싱가포르 특급호텔 조리연수 프로그램 실시
- 캐나다 밴쿠버 특급호텔 및 고급 전문레스토랑 조리실무 연수(1998~2013)
- 호주 시드니 이스트 칼리지 텝 - 요리, 메뉴관리 및 알콜관리 과정 자격증 취득 연수(2001년)
- 대구지역 수성관광호텔 프렌치요리자문(Executive Chef) 역임(1991~1993)
- 대구지역 뉴영남관광호텔 조리자문 역임 및 여타 호텔 자문과 레스토랑 CEO 역임(1994~1997)
- 대구 및 경북지역 조리기능사 이론 및 실기 감독 역임(1990~2003)
- 대구김치축제 요리경진대회 음식전시 개최 및 요리경진대회 요리심사위원장(2000~2003)
- 한국조리사협회 대구지부 조리자문 위원(1996~2003)
- 호텔 & 외식산업 및 관광개발 연구소 수석컨설턴트 역임(1999~2002)
- 광주광역시 조리기능사 이론 및 실기 감독위원(2003~2009)
- 광주광역시 지방기능경기대회 요리 부문 분과장 및 심사장(2005~2009)
- 전라남도 및 대전광역시 지방기능경기대회 요리 부문 분과장 및 심사장(2010~2016)
- 국제기능올림픽대회 한국위원회 공로표창장 수여 받음(2009)
- 대구 및 광주, 전남 각종 전국요리대회 전문심사위원 초빙(2004~2018)
- 캐나다 전 지역 및 밴쿠버 세계요리대회 심사위원(2006~2018)
- 대구음식관광박람회 요리경진대회 심사위원(2017)
- 광주김치축제 요리경진대회 심사위원(2015, 2016, 2017)
- 세계호텔조리학회 회장(2016~2018, 현재)

최신서양조리

초판 1쇄 인쇄 2018년 2월 26일
초판 1쇄 발행 2018년 2월 26일

지 은 이 | 박정준
펴 낸 이 | 김기섭
편 집 인 | 이윤희
펴 낸 곳 | 창지사 www.changjisa.com
08589 서울시 금천구 가산디지털 1로 83 파트너스타워 1차 9층
전화 (02)719-2211~3
팩스 (02)701-9386
등 록 | 1977년 4월 28일 · 제1-421호

ISBN 978-89-426-0959-8 (93590)

값 26,000원

이 도서의 국립중앙도서관 출판예정도서목록(CIP)은 서지정보유통지원시스템 홈페이지(http://seoji.nl.go.kr)와 국가자료공동목록시스템(http://www.nl.go.kr/kolisnet)에서 이용하실 수 있습니다.(CIP제어번호: CIP2018006408)